权威·前沿·原创

皮书系列为
"十二五""十三五"国家重点图书出版规划项目

工业和信息化蓝皮书

BLUE BOOK OF INDUSTRY AND INFORMATIZATION

集成电路产业发展报告
（2018~2019）

ANNUAL REPORT ON THE DEVELOPMENT OF
INTEGRATED CIRCUIT INDUSTRY (2018-2019)

主　编／尹丽波
国家工业信息安全发展研究中心

社会科学文献出版社
SOCIAL SCIENCES ACADEMIC PRESS (CHINA)

图书在版编目(CIP)数据

集成电路产业发展报告. 2018~2019 / 尹丽波主编
.--北京:社会科学文献出版社,2019.6
(工业和信息化蓝皮书)
ISBN 978-7-5201-4558-9

Ⅰ.①集… Ⅱ.①尹… Ⅲ.①集成电路产业-产业发展-研究报告-中国-2018-2019 Ⅳ.①F426.63

中国版本图书馆 CIP 数据核字(2019)第 054690 号

工业和信息化蓝皮书

集成电路产业发展报告(2018~2019)

主　　编 / 尹丽波

出　版　人 / 谢寿光
责任编辑 / 宋　静　吴云苓

出　　版 / 社会科学文献出版社·皮书出版分社(010)59367127
　　　　　　地址:北京市北三环中路甲29号院华龙大厦　邮编:100029
　　　　　　网址:www.ssap.com.cn

发　　行 / 市场营销中心(010)59367081　59367083
印　　装 / 三河市东方印刷有限公司

规　　格 / 开　本:787mm×1092mm　1/16
　　　　　　印　张:23.25　字　数:347千字

版　　次 / 2019年6月第1版　2019年6月第1次印刷

书　　号 / ISBN 978-7-5201-4558-9
定　　价 / 128.00元

本书如有印装质量问题,请与读者服务中心(010-59367028)联系

▲ 版权所有 翻印必究

工业和信息化蓝皮书编委会

主　编　尹丽波
副主任　程晓明　李新社　何小龙　郝志强
委　员　邱惠君　黄　鹏　夏万利　陈正坤　李　丽
　　　　　高　玮

《集成电路产业发展报告（2018~2019）》
课 题 组

课题编写 国家工业信息安全发展研究中心
数据资源所

组　　长 何小龙

副 组 长 陈正坤　李琳琳

编写人员 苏建南　冯园园　贾　丹　张洁雪　范增杰
冯　华　郎宇洁

主编简介

尹丽波 国家工业信息安全发展研究中心（工业和信息化部电子第一研究所）主任、党委副书记，高级工程师。工业信息安全产业发展联盟理事长、工业大数据分析与集成应用工业和信息化部重点实验室主任。长期从事网络信息安全和信息化领域的理论与技术研究，先后主持工业转型升级专项、国家发改委信息安全专项等重要研究课题，作为第一完成人获部级奖励3项。

国家工业信息安全发展研究中心

国家工业信息安全发展研究中心（工业和信息化部电子第一研究所），前身为工业和信息化部电子科学技术情报研究所，成立于 1959 年。经过 60 年的发展与积淀，中心在工业信息安全、两化深度融合、工业互联网、大数据、人工智能、物联网、军工电子和工业经济等诸多领域具有较强的优势积累和持续能力，逐渐形成软硬协同的业务体系。多年来，中心积极参与国家重大战略、规划、政策编制，为行业主管部门、科研机构、高等院校和行业企业提供专业咨询和技术服务。国家工业信息安全发展研究中心还是两化融合服务联盟、工业信息安全产业发展联盟等的发起单位和依托单位。

国家工业信息安全发展研究中心将深入贯彻习近平新时代中国特色社会主义思想，以服务于新时代制造强国和网络强国建设为使命，以保障工业领域信息安全、推进信息化和工业化深度融合为主攻方向，致力于成为支撑国家战略决策的高端智库和服务产业创新发展的权威机构。

序　言

习近平总书记指出，新一轮科技革命和产业变革正在重构全球创新版图、重塑全球经济结构，要推进互联网、大数据、人工智能同实体经济深度融合，做大做强数字经济。当前，新一代信息通信技术创新步伐不断加快，以前所未有的广度和深度与经济社会交汇融合，创新活力、集聚效应和应用潜能加速释放。我们要深刻学习领会习近平总书记重要指示精神，把握科技革命和产业变革的大趋势，洞察工业和信息化发展的内在规律，提升应对新情况新问题新挑战的能力，推动工业和信息化领域高质量发展。

一是新一代信息技术与实体经济深度融合，制造业数字化转型引领全球产业变革。

全球范围内，新一轮工业革命正蓬勃兴起，以互联网、大数据、人工智能为代表的新一代信息技术加速向制造业渗透融合，新技术、新模式、新业态层出不穷，推动实体经济特别是制造业加快数字化转型步伐。发达国家纷纷制定制造业数字化转型战略，《德国工业 2030 战略》明确指出新一代信息技术与制造业融合发展是大势所趋，《先进制造业美国领导力战略》则提出推动融合型技术产品发展。据 IDC 数据，近年来，全球制造业数字化转型投入持续攀升，2018 年达到 3330 亿美元。

我国长期以来持续推进信息化和工业化融合，新一代信息技术与制造业融合发展步伐不断加快，在提升技术产业创新能力、激发制造业"双创"活力、培育新模式新业态等方面成效日益显现。进入新时代，我国经济正在由高速增长阶段转向高质量发展阶段，中央经济工作会议将推动制造业高质量发展作为七项重点工作的首要任务，强调要坚定不移建设制造强国。2019 年政府工作报告提出，打造工业互联网平台，拓展"智能＋"，为制造业转

型升级赋能。我们必须牢牢把握信息化带来的千载难逢的机遇，立足实体经济特别是制造业这一立国之本、强国之基，将制造业数字化转型作为推动我国科技跨越发展、产业优化升级、生产力整体跃升的战略支点，全面推进新一代信息技术与制造业全要素、全产业链、全价值链的深度融合，加速制造业迈向全球价值链中高端，加快制造强国和网络强国建设。

二是全球数字经济发展迈入全面推进新阶段，围绕国际规则制定的探讨日益频繁。

全球数字经济继续蓬勃发展，成为带动新兴产业发展、推动传统产业转型、实现包容性增长和可持续发展的重要驱动力。相关数据显示，全球数字经济规模增至近13万亿美元，数据增长率维持在40%左右。领先国家聚焦新一代信息技术进行战略布局，打造数字经济核心竞争力。2018年，OECD调研的38个经济体全部制定了国家数字化战略、议程或规划。与此同时，全球数字经济发展迈入规则探讨和针对大数据、人工智能和信息安全等建章立制的重要时期。在国际多边对话与合作平台上，各经济体充分探讨新技术新应用带来的机遇及其在增强公共服务效用、提升社会福利水平的积极作用。2018年APEC会议以"把握包容性机遇，拥抱数字化未来"为主题，探讨数字经济发展和包容性二者之间的关系。2019年G20大阪峰会依然关注数字经济推动可持续发展问题，重点讨论共享数字化转型机遇。

党的十九大指出，要推动互联网、大数据、人工智能和实体经济深度融合。在十九届中央政治局第二次集体学习时，习近平总书记再次强调，要构建以数据为关键要素的数字经济，推动实体经济和数字经济融合发展。在习近平新时代中国特色社会主义思想指引下，我国数字经济蓬勃兴起，迈入发展的快车道。我们要准确把握发展大势，发挥经济大国、数据大国的叠加优势，以更高站位、更大格局、更宽视野共同推动我国数字经济做大做强，打造经济高质量发展新动能。

三是信息技术产业发展格局存在不确定性，新兴技术领域竞争日趋激烈。

信息技术产业是全球研发投入最集中、创新最活跃、应用最广泛、辐射带动作用最大的领域，是国际技术创新的竞争高地。美国、英国、德国、日本等信息技术发达国家长期占据产业价值链高端。普华永道思略特《2018年度全球创新1000强报告》显示，全球创新1000强企业中，北美企业数量分别在软件和互联网、计算机与电子产品两个行业中占据61%和38%，前10名中共计有6家，处于绝对的领导者地位。与此同时，亚洲等其他地区的创新不断加快。美国国家科学基金会在《2018科学与工程指标》报告中强调，世界科技创新格局正呈现多极化发展趋势。随着中国、印度、韩国和其他亚洲经济体的快速发展，全球整体科技能力日益提升。以人工智能、5G为代表的新一代信息技术正处于创新突破的新一轮"黄金时期"。在海量数据、深度学习算法和高性能计算力的联合驱动下，人工智能技术引发的智能化变革成为未来生产力提升和经济发展的重要驱动力，将持续创造新市场、新业态、新机会，全面重塑传统行业发展模式和竞争格局。凭借强大的赋能作用，人工智能已成为当前国际竞争的新焦点。

我国信息技术产业经历了从无到有、由小到大的转变，实现了持续快速发展。特别是党的十八大以来，党中央国务院高度重视信息技术产业补短板、强基础、抓创新，不断推动产业高端化、融合化、国际化发展，产业内生发展动力日益增强，成为驱动企业创新发展的新引擎、促进经济增长的新动能。但我国信息技术整机产品世界领先与底层核心技术自主可控缺失并存，产品供应链的安全问题凸显。在当前日益复杂严峻的国际形势下，我们要强化核心技术和关键产品攻关、新模式新业态培育、传统产业数字化转型、新型基础设施建设等，全方位推动我国实体经济高质量发展。

四是开放互联和技术进步带来新的安全风险，工业控制系统面临严重威胁。伴随现代制造业数字化、网络化、智能化快速发展，工业信息安全越来越受到各国尤其是发达国家的高度重视，成为网络空间安全的一大焦点领域。全球范围内工业设备联网数量持续增长，越来越多的生产组件和服务与互联网相连接，云计算、大数据等技术在工业领域加速融合应用，催生新的技术架构、运营模式，也不断产生安全新漏洞和攻击点。工业控制系统、智能设备、物联网等安全漏洞数量居高不下。大规模高强度安全事件屡有发生，网络钓鱼和勒索病毒攻击精准指向制造、航空、冶金、采矿、能源等重点领域工业企业，攫取经济利益，盗取知识产权，工业信息安全成为各国政府持续高度关注的重大安全领域。美国、欧盟、新加坡等国家和地区以关键信息基础设施安全防护为切入点，聚焦能源、电力等重要工业领域，进一步提升和细化安全防护要求，优化工业网络等基础设施。

习近平总书记指出，"没有网络安全就没有国家安全""坚持总体国家安全观。统筹发展和安全，增强忧患意识，做到居安思危，是我们党治国理政的一个重大原则"。工业信息安全作为国家安全体系的有机组成部分，事关经济运行、社会稳定和国家安全。我们必须充分认识工业信息安全的极端重要性，围绕工业互联网、工业云、工业大数据等产业发展需求，以应用为牵引，推动工业信息安全技术创新突破、企业做大做强、安全产业规模持续增长，大力提升工业信息安全保障能力，不断开创工业信息安全新局面。

工业和信息化领域是国际竞争的战略高地，新热点新形势新问题不断出现，亟须进行前瞻性和系统性地研究。值此新中国成立70周年之际，国家工业信息安全发展研究中心推出2018~2019年度"工业和信息化蓝皮书"，对数字经济、工业信息安全、集成电路产业、人工智能、新兴产业等工业和信息化重点领域的最新动态、重点问题、发展趋势进行了详细探讨。相信读者们能够从书中汲取经验，不断探索，共同推动工业和信息化快速健康发展，为制造强国和网络强国建设作出新的更大贡献。

是为序。

中国工程院院士

摘 要

集成电路是电子信息产业的基础，是支撑经济社会发展和保障国家安全的战略性、基础性和先导性产业，已逐渐发展成为衡量一个国家或地区综合竞争力的重要标志。2014年我国将大力发展集成电路产业首次写入政府工作报告，2018年政府工作报告将集成电路产业排在实体经济首位。我国经济已由高速增长阶段转向高质量发展阶段，加快构建以集成电路为核心的现代信息技术产业体系已经成为建设网络强国、制造强国等国家战略的迫切需求。

经济的快速增长为集成电路行业发展提供了积极的增长环境。根据国际货币基金组织（IMF）预测，2018年全球经济平稳向好，全球国内生产总值保持增长，排名分列第一、二、三、十一位的美、中、日、韩等国均在全球集成电路行业占据重要的地位。在经济、政策等多方面积极因素的推动下，预计2018年全球集成电路产业仍旧保持高速增长，增速达到16%。同时应当看到，2018年全球贸易保护主义抬头，多个国家发生贸易摩擦，这种贸易的不确定性将影响集成电路企业的全球投资，并对集成电路相关产品、设备、技术等进出口产生不利影响。

尽管面临诸多不利因素，2018年我国集成电路产业仍保持高速增长，市场规模保持全球第一。在国内企业销售额增长的同时，对进口产品的需求也在增长，集成电路产量、进口数量及进口金额均高于上一年度。在市场对集成电路产业高质量发展的迫切需求下，在国家及地方相关鼓励政策的推动和扶持下，在"国家集成电路产业投资基金"及各地方产业基金的带动下，我国集成电路产业创新能力不断提高，规模企业数量持续增多，骨干企业实力大幅增强。从产业链来看，2018年，我国集成电路产业链整体全面发展，制造业需求增大，国外领先的代工厂均计划或正在于中国建厂，国内企业也在大规模扩建8英寸和12英寸晶圆厂，制造业规模涨幅居全球之首；设计业发展向好，其规模占集成电路产业总规模比重最大，海思半导体和紫光集团两家龙头企业进入世界设计企业前十，销售额过亿设计企业数量超过200家，关键产品有所突破；封测业是我国发展最好、最强大的产业链环节，跻身世界前三；设备业和材料业发展势头强劲，国产设备和材料发展迎来良机。但同时，我国在高端集成电路设计、先进工艺制造、高端设备、关键材料等领域仍与国外存在巨大差距。

国家工业信息安全发展研究中心一直对全球集成电路产业进行跟踪研究，为我国集成电路产业发展提供有力的信息支撑服务。推出的《集成电路产业发展报告（2018～2019）》包括总报告、国家和地区篇、产业链篇、政策措施篇、园区篇、专题研究篇及附录，从多个角度对2018年集成电路产业发展情况进行深度研究，包括美国、欧洲、日本、亚太地区和中国的集成电路产业发展情况，全球设计、制造、封测以及设备和材料业等集成电路产业链环节的发展情况，中美相关政策措施，全球主要园区发展经验等，并对人工智能芯片、三维堆叠、军用集成电路等热点问题做了专题论述。

《集成电路产业发展报告（2018～2019）》的主要数据由IC Insights、世界半导体贸易统计协会（WSTS）、中国半导体行业协会、国内外权威研究咨询机构、企业官方网站以及网络信息经研究整理所得。若有错误和疏漏之处，敬请批评指正。

关键词： 集成电路　半导体　区域发展　关键技术　产业链

目 录

Ⅰ 总报告

B.1 全球集成电路产业发展综述 ………………………… 苏建南 / 001
  一　2018年集成电路市场规模发展态势 ………………………… / 002
  二　2018年集成电路产业链发展态势 …………………………… / 009
  三　2018年集成电路企业发展态势 ……………………………… / 011
  四　2018年集成电路技术发展态势 ……………………………… / 017
  五　2018年集成电路产品市场发展态势 ………………………… / 019
  六　未来集成电路市场发展趋势 ………………………………… / 022

Ⅱ 国家和地区篇

B.2 2018年美国集成电路产业发展概览 ……………………… 冯园园 / 031
B.3 2018年欧洲集成电路产业发展概览 ……………………… 冯园园 / 048
B.4 2018年日本集成电路产业发展概览 ……………………… 贾　丹 / 062
B.5 2018年亚太地区集成电路产业发展概览 ………………… 贾　丹 / 077
B.6 2018年中国集成电路产业发展概览 ……………………… 苏建南 / 092

001

Ⅲ 产业链篇

- B.7 全球集成电路设计业发展概况 ············· 苏建南 / 112
- B.8 全球集成电路制造业发展概况 ············· 苏建南 / 123
- B.9 全球集成电路封装测试业发展概况 ············· 贾 丹 / 144
- B.10 全球集成电路设备和材料业发展概况 ········ 冯园园 范增杰 / 162

Ⅳ 政策措施篇

- B.11 中国集成电路产业发展主要政策措施 ············· 贾 丹 / 181
- B.12 中国国家和地方集成电路产业基金概况 ······ 苏建南 冯 华 / 196
- B.13 美国下一代军用半导体技术发展举措研究
  ································· 冯园园 范增杰 张洁雪 / 204

Ⅴ 园区篇

- B.14 美国、日本和中国台湾地区集成电路产业园区发展经验
  ································· 苏建南 郎宇洁 / 218

Ⅵ 专题研究篇

- B.15 全球200毫米晶圆制造产能分析及启示 ········ 冯园园 郎宇洁 / 232
- B.16 美国军用集成电路制造能力建设研究
  ································· 冯园园 郎宇洁 苏建南 / 241

B.17 人工智能芯片发展现状和趋势 …………………… 张洁雪 冯园园 / 252

B.18 三维硅通孔堆叠封装技术发展现状及趋势

　　　……………………………………………… 贾　丹 张洁雪 / 264

B.19 空间用抗辐射集成电路发展现状 ………………………… 苏建南 / 276

B.20 氮化镓器件技术应用现状及趋势 ………………… 冯园园 张洁雪 / 294

Ⅶ 附录

B.21 全球重要集成电路企业排名 ……………………………… 贾　丹 / 306

B.22 2018年集成电路产业大事记 ……………………………… 贾　丹 / 321

Abstract ……………………………………………………………… / 331
Contents ……………………………………………………………… / 334

皮书数据库阅读使用指南

总报告

General Report

B.1 全球集成电路产业发展综述

苏建南[*]

摘　要： 集成电路是电子信息产业的基础，已逐渐发展成为衡量一个国家或地区综合竞争力的重要标志。2018年，全球集成电路市场规模将以16%的速度扩大到4280亿美元，并在未来几年内持续增长；美国在设计业领域独占鳌头，全球主要纯晶圆代工企业集聚亚太，封测业中国领跑，设备业美日荷三分天下，材料业日本实力垄断；先进技术和尖端工艺是集成电路产业的发展方向。2018年集成电路产品市场增长放缓，汽车电子将成为集成电路发展的最强劲动力。

关键词： 集成电路　市场规模　出货量　平均售价

---

[*] 苏建南，国家工业信息安全发展研究中心（工业和信息化部电子第一研究所）工程师，研究方向为集成电路、半导体、电子元器件等。

根据世界银行、国际货币基金组织（IMF）和 IC Insights 的预测，2018年，除美国外所有主要高收入国家和地区的经济增长率均低于 2017 年。预计 2018 年发展中国家整体经济增速将达到 4.6%。2018 年全球国内生产总值（GDP）预计将增长 3.0%，虽然略低于 2017 年 3.1% 的增幅，但 3.0% 的增长仍将为集成电路产业提供稳步增长的积极环境。2018 年，全球多个国家之间发生关税摩擦，大规模贸易摩擦风险迅速上升，而贸易摩擦的结果将使消费者为产品支付更多费用，全球几乎每个行业都将受到负面影响，集成电路也不能幸免。

一 2018年集成电路市场规模发展态势

（一）2018年集成电路市场高速增长，增长率达到16%

2018 年，动态随机存储器（DRAM）和 NAND 闪存市场表现稳健，由于这些器件价格的持续上涨，2018 年上半年集成电路市场的增长超出预期。根据 IC Insights 预测，2018 年集成电路市场规模增长将达到 16%，规模超过 4000 亿美元大关，达到 4280 亿美元。如果没有 DRAM 和 NAND 闪存销售增长的推动，整体集成电路市场规模增长预测为 10%。而世界半导体贸易统计协会（WSTS）于 2018 年 11 月预测，2018 年全球集成电路市场规模将为 4016 亿美元。

2018 年集成电路产业产能利用率将低于 90%，产量增长率将达到 10%，产品出货量增长率比 2017 年下降 5 个百分点。预计 2018 年半导体器件（包括集成电路和光电子—传感器—分立器件）总出货量将超过 1 万亿块（全年每天出货超过 29 亿块）。IC Insights 预测，2017～2022 年半导体器件的总出货量将以 7% 的复合年增长率（CAGR）增长。同时，集成电路平均售价（ASP）增长 5%。

2017 年第四季度全球集成电路市场规模首次超过 1000 亿美元，2018 年后 3 个季度均超过这一水平。过去两年，集成电路市场实现强劲增长，预计

2018年第四季度集成电路市场将达到1135亿美元，比2016年第四季度高出39%。2018年上半年的市场规模连续季度增长率仅低于2017年同期，第三季度的连续增长率（8%）比2017年第四季度（11%）低3个百分点，预计2018年第四季度增长仅为2%，如表1所示。

表1 2016～2018年全球集成电路市场规模及增速

2016年	第一季度	环比增速	第二季度	环比增速	第三季度	环比增速	第四季度	环比增速	合计	年增长率
IC市场规模（十亿美元）	66.9	-4%	70.1	5%	77.7	11%	81.4	5%	296.1	3%
IC出货量（十亿块）	56.1	-3%	60.0	7%	67.7	13%	67.9	0%	251.7	7%
IC ASP	1.19	-1%	1.17	-2%	1.15	-2%	1.20	4%	1.18	-3%
2017年	第一季度	环比增速	第二季度	环比增速	第三季度	环比增速	第四季度	环比增速	合计	年增长率
IC市场规模（十亿美元）	81.8	0%	87.1	6%	97.1	11%	103.4	6%	369.4	25%
IC出货量（十亿块）	66.7	-2%	69.9	5%	77.1	10%	75.9	-2%	289.6	15%
IC ASP	1.23	2%	1.25	2%	1.26	1%	1.36	8%	1.28	8%
2018年	第一季度	环比增速	第二季度	环比增速	第三季度	环比增速	第四季度	环比增速	合计	年增长率
IC市场规模（十亿美元）	99.8	-3%	103.3	4%	111.4	8%	113.5	2%	428.0	16%
IC出货量（十亿块）	74.3	-2%	76.9	3%	84.5	10%	82.4	-2%	318.1	10%
IC ASP	1.34	-1%	1.34	0%	1.32	-2%	1.38	4%	1.35	5%

注：2018年数据为2018年6月预测值。
资料来源：IC Insights。

二十年前，个人计算机的发展是集成电路产业增长的催化剂，如今，个人计算机仍然在集成电路市场中发挥重要作用。通信、消费电子、汽车、工业和医疗系统等新兴应用的增长也推动了高速、低功耗集成电路的增长。人工智能、虚拟现实、物联网、自动驾驶汽车及其他技术有望为2022年前集成电路市场的稳定增长提供坚实的基础。根据IC Insights预测，2017～2022

年集成电路市场规模的复合年增长率将达到7%左右,集成电路产量复合年增长率达到8.2%,但整体集成电路平均售价将以2.3%的速度下降。

(二)亚太地区集成电路市场最大,是美洲市场的两倍以上

2018年,亚太地区集成电路市场规模达到2572亿美元,是美洲(主要为美国)集成电路市场规模的2.5倍,是欧洲和日本的6.8倍和8.7倍。预计亚太地区集成电路市场规模在2017~2022年的复合年增长率将达到7%,与美洲集成电路市场规模的复合年增长率相同。相比之下,欧洲和日本的集成电路市场规模更小,预计2018年分别为377亿美元和295亿美元,2017~2022年的复合年增长率分别为6%和4%,低于此间整个集成电路市场的复合年增长率(见表2)。

表2 全球各地区集成电路市场规模预测

单位:十亿美元,%

地 区	2017年	2017年增长率	2018年	2018年增长率	2019年	2020年	2021年	2022年	2017~2022年 CAGR
美 洲	87.2	34	103.6	19	107.1	104.3	111.7	121.2	7
欧 洲	33.2	21	37.7	13	39.7	39.4	41.1	43.6	6
日 本	26.2	20	29.5	13	30.8	29.4	30.4	32.5	4
亚 太	222.7	23	257.2	15	268.7	265.1	284.1	309.8	7
合 计	369.3	25	428.0	16	446.3	438.2	467.3	507.1	7

注:2018~2022年数据为预测值。
资料来源:WSTS,IC Insights。

2009年以来,美洲地区集成电路市场的主要驱动因素之一是NAND闪存市场(美洲市场在2017年和2018年上半年占据了NAND闪存市场40%的份额)。美洲的NAND闪存市场在很大程度上受苹果等公司生产的先进手机和平板电脑的刺激,市场规模从2008年的28亿美元飙升至2017年的212亿美元,复合年增长率达25%。

日本的集成电路市场远远大于其相对较小的电子系统生产能力。这种情况产生的原因是日本主要电子系统生产商在日本购买大量的集成电路,并将其运往中国大陆、马来西亚、中国台湾等地进行"离岸"电子系统组装。

过去十年，亚太地区集成电路市场规模的剧增反映了亚太地区电子系统产量增长的趋势，特别是中国、越南、马来西亚和泰国。总的来说，区域集成电路市场规模的增长通常与区域电子系统生产能力的增强密切相关。未来，亚太地区电子系统的产量将进一步提高，预计未来五年将继续保持稳定增长。

图1显示了2012年、2016年、2017年、2018年和2022年按地区划分的全球集成电路市场份额。由于NAND闪存和DRAM市场份额显著增长，2017年美洲集成电路市场份额比2012年高出3.2个百分点，而亚太地区在同一时间段内增长3.6个百分点。相比之下，日本市场份额下跌了4.6个百分点，而欧洲市场份额从2012年到2017年下降了2.2个百分点。2018年，美洲市场份额将比2017年增长0.6个百分点，而欧洲、日本和亚太地区将分别下降0.2个百分点。预计日本的集成电路市场份额在2022年将比2012年减少5.3个百分点。此外，预计2022年欧洲在全球集成电路市场的份额仅为8.6%，低于2012年的11.2%。

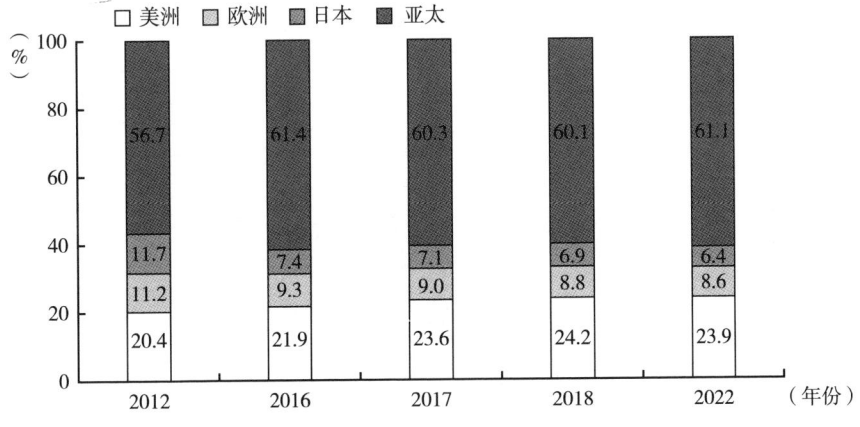

图1 全球各地区集成电路市场份额

注：2018年和2022年数据为预测值。
资料来源：IC Insights。

尽管自2012年以来美洲地区集成电路市场份额有所增加，但不可否认，亚太地区集成电路市场份额增长将是长期趋势，2012~2018年，亚太地区市场份额平均每年增长约0.6个百分点。如图1所示，预计未来五年美洲集成电路市场份额将保持相对平稳，到2022年达到亚太集成电路市场份额的39%。

图 2 预测了 2018 年全球各地区集成电路消费数量占比及市场份额。美洲的集成电路市场份额预计达到 24%，但消费的集成电路数量仅占 11%，比欧洲低 1 个百分点。日本消费的集成电路数量占比最低，为 9%，而市场

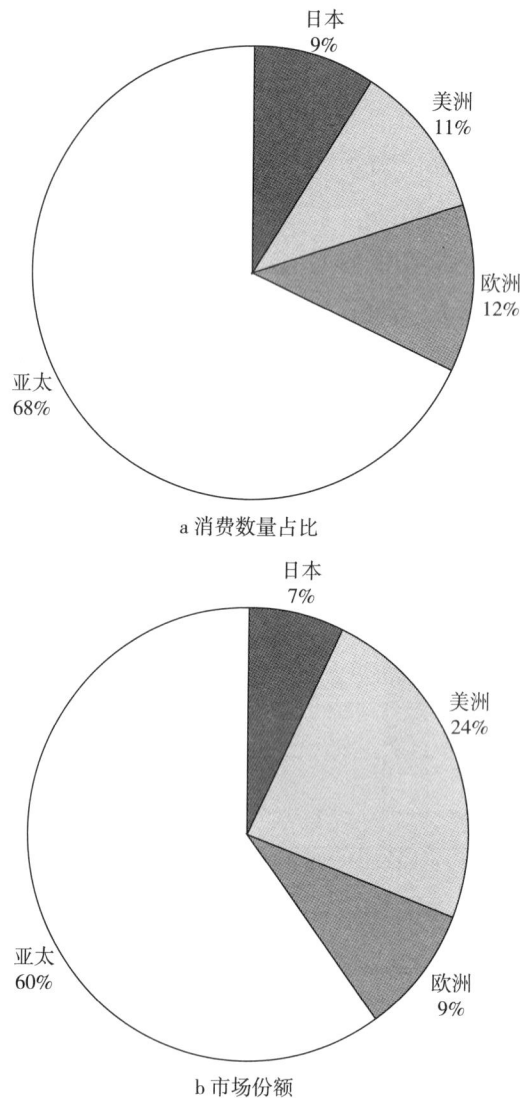

图 2　2018 年全球各地区集成电路消费数量占比及市场份额

注：2018 年数据为预测值，2018 年全球各地区消费集成电路总量 318 亿块。
资料来源：IC Insights。

份额为7%。相比之下,亚太地区消费的集成电路数量将占68%,市场份额占60%,遥遥领先于美洲、欧洲和日本。

(三)美洲市场平均售价最高,是全球平均售价的2.3倍

亚太地区集成电路市场平均售价低于整体集成电路市场平均售价,预计2018年将再次出现这种情况。原因是该地区生产大量的消费电子系统,而消费电子系统主要采用低价模拟和标准逻辑器件,这些廉价的集成电路产品降低了该区域市场的平均售价。

值得注意的是,预计2018年欧洲集成电路市场的平均售价最低(低于1.00美元)。部分原因为欧洲是汽车集成电路的最大市场,其平均售价相对较低。例如,2018年第一季度汽车专用模拟集成电路的平均售价仅为0.62美元,不到2018年上半年整体集成电路平均售价(1.27美元)的一半。欧洲是继亚太之后的微控制器(MCU)第二大市场,而2018年上半年MCU的平均售价仅为0.62美元。

2018年,亚太、欧洲和日本地区集成电路平均售价约为美洲市场的1/3。美洲市场2018年的集成电路平均售价为3.07美元,为全球平均售价(1.35美元)的2.3倍,如图3所示。

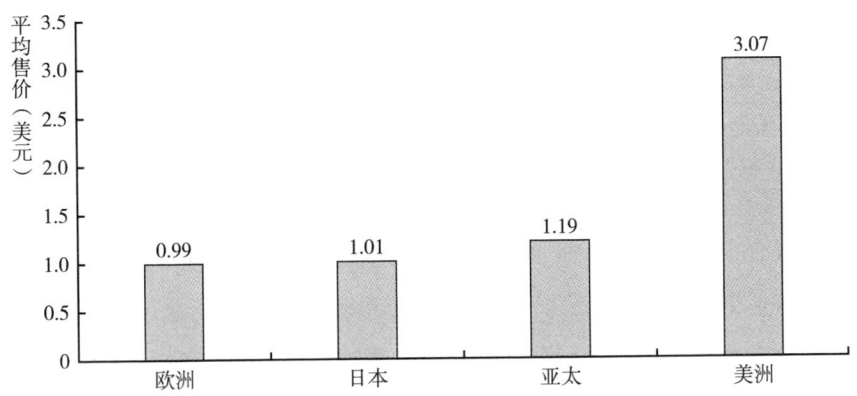

图3 2018年全球各地区集成电路平均售价

注:2018年数据为预测值,2018年全球IC平均售价为1.35美元。
资料来源:IC Insights。

（四）中国是亚太地区最大市场，占全球市场一半以上

表3为2012年和2016~2022年主要亚太国家和地区的集成电路市场份额情况。预计2018年中国大陆和中国台湾地区将占亚太地区集成电路市场的近84.8%，此外，中国大陆集成电路市场规模在2016年首次超过1000亿美元，预计将在2022年超过2000亿美元大关。

表3 2012年和2016~2022年主要亚太国家和地区集成电路市场份额

单位：十亿美元，%

地区	2012年	2016年	2017年	2018年	2019年	2020年	2021年	2022年
中国大陆	74.3	100.9	128.2	156.6	166.1	166.7	182.1	201.4
占比	50.5	55.5	57.6	60.9	61.8	62.9	64.1	65.0
中国台湾	40.3	46.9	56.8	61.5	63.1	61.0	63.6	67.8
占比	27.4	25.8	25.5	23.9	23.5	23.0	22.4	21.9
韩国	14.9	16.2	18.3	19.3	19.6	18.6	19.0	19.8
占比	10.1	8.9	8.2	7.5	7.3	7.0	6.7	6.4
新加坡	10.9	11.3	12.2	12.6	12.6	11.9	12.2	12.7
占比	7.4	6.2	5.5	4.9	4.7	4.5	4.3	4.1
其他地区	6.8	6.5	7.1	7.2	7.3	6.9	7.1	8.1
占比	4.6	3.6	3.2	2.8	2.7	2.6	2.5	2.6
亚太地区合计	147.2	181.8	222.6	257.2	268.7	265.1	284.1	309.8

注：2018~2022年数据为预测值。

资料来源：IC Insights。

据IC Insights预测，到2022年中国大陆和中国台湾地区的集成电路市场规模将达到2692亿美元，约占亚太地区集成电路市场总量的87%，占全球集成电路市场（5070亿美元）的一半以上。预计亚太地区"其他地区"集成电路市场份额将在预测期结束时略有增加，原因是越南等国家作为中国大陆和中国台湾地区等地的电子系统生产替代地区，将继续保持良好的发展势头。

二 2018年集成电路产业链发展态势

（一）设计业市场持续增长，美国占据霸主地位

集成电路设计业位于集成电路产业的上游，是集成电路产业的核心基础，具有极高的技术壁垒，需要大量高端人才的投入，以及长时间的技术积累和经验沉淀。近年来，全球集成电路设计行业的规模和技术水平逐年提升，集成电路设计行业占全球集成电路行业的比重也呈现稳步提升态势。2017年全球集成电路设计业销售额为1006亿美元，首次突破1000亿美元大关，占集成电路产业总销售额的27%，2018年全球集成电路设计业销售额继续上涨13.2%，约占2018年全球集成电路产业总销售额的26%。

目前，全球最先进的集成电路设计企业基本为美国企业，美国在集成电路设计领域遥遥领先，占据最大的市场份额。2017年，美国集成电路设计业销售额约537亿美元，占全球市场规模的53%，居全球第一，2018年美国集成电路设计业份额进一步提高，约可达69%；中国大陆销售额达212.2亿美元，占比为21%，居全球第二；中国台湾地区销售额达161.6亿美元，占比16%，居全球第三；欧洲和日本分列第四和第五位，占比分别为2%和1%。

（二）纯晶圆代工市场增幅显著，亚太是主战场

2017年，纯晶圆代工市场增长强劲，增长率为9%，预计2018年纯晶圆代工市场规模将达到577.32亿美元，同比增长5.32%。

2018年，台积电、格罗方德、台联电和中芯国际等全球主要纯晶圆代工厂销售额将占纯晶圆代工厂总销售额的84%。其中，台积电约占市场总额的59%，与2017年基本持平。而这4家代工厂除格罗方德外全部集聚在亚太地区，亚太无疑是纯晶圆代工的全球主战场。

预计2018年有7家纯晶圆代工厂的销售额增长超过13%,包括中国的华虹集团(Huahong Group)、武汉新芯(XMC)和上海先进半导体(ASMC);中国台湾地区的力晶(Powerchip)、先锋半导体(Vanguard)和宏捷科技(AWSC);美国的SkyWater。

18家纯代工厂中有13家位于亚太地区,其余5家分别是总部位于欧洲的XFab,以色列的TowerJazz,美国的格罗方德、TSI Semi(前Telefunken)和SkyWater。

(三)封测业中国领跑,先进封装市场占比近半

未来,先进封装技术将主导集成电路封测市场,集成电路封装将朝着小型化、轻型化方向发展,但随着集成电路设计复杂度的提高,先进封装面临的挑战也越来越多。根据YoleDevelopment预测,全球先进封装市场将在2020年达到整体集成电路封装服务的44%,年营业收入约为315亿美元;中国先进封装市场规模将在2020年达到46亿美元,复合年增长率为16%。

在2017年和2018年上半年全球封测前十大厂商中,中国台湾地区占5家、中国大陆3家、美国1家、新加坡1家。前十大封测代工厂2018年上半年营业收入达111.2亿美元,年增长率为10.5%,低于上年同期的16.4%,其中中国封测三雄——长电科技、华天科技、通富微电上半年皆有双位数营业收入增长,占前十大封测代工厂总营业收入的26.9%,创下历年新高。2018年上半年营业收入增速最快的企业分别为华天科技和力成科技,增速分别为40.9%和31.5%,联合科技和南茂科技销售额略有下降。

(四)设备业美日荷三强鼎立,材料业日本独占鳌头

美国、日本、荷兰是全球集成电路设备制造的三大强国,全球前十大半导体设备生产商中,这三个国家2017年的市场份额分别为38.78%、19.93%和12.69%,占比总和超过七成。2018年前三季度,前七大半导体

设备供应商的市场份额有4家"缩水"，尤其是排在首位的美国应用材料公司，比2017年同期减少3.4个百分点，相反，日本东京电子、荷兰阿斯麦和美国科天公司都表现出继续增长的趋势，比2017年同期分别提升1.6个百分点、2.10个百分点和0.9个百分点。这些领先供应商凭借技术、资金等优势高度垄断半导体设备细分市场，尤其是在光刻机、沉积设备和刻蚀设备等精度和稳定性要求最高的晶圆加工设备方面。

在全球半导体材料供应商中，日本和美国企业具有绝对优势，韩国和德国企业也具有相当的话语权，其中日本企业在全球多数细分材料领域都能提供一半以上的产能份额。按照市场占有率排名，全球前五大硅片供应商包括日本信越化学（Shin-Etsu Chemical）、日本胜高（Sumco）、中国台湾地区环球晶圆（GlobalWafers）、德国Siltronic和韩国SK Siltron公司，这五家公司为全球贡献超过九成的市场份额，其中仅日本两家公司在全球的市场占有率已超过五成。2017年，日本信越化学和胜高公司的硅片供应市场份额分别为30%和27%，市场研究机构Digitimes Research预测这两个硅片巨头公司的营业利润率在2018年增势较大，2018年全球硅片销售额将增长20%以上，SEMI预测2019~2021年硅片的出货量依然将保持强劲增长。全球光刻胶市场也主要由日本企业垄断，此外，日本企业在溅射靶材、光掩膜板、陶瓷封装材料、键合丝等领域的市场份额也超过五成。

三　2018年集成电路企业发展态势

（一）市场集中度呈上升趋势，大者恒大

2018年全球半导体（包括集成电路和光电—传感器—分立器件）企业销售前25名如表4所示，其中13家企业总部位于美国，欧洲、日本和中国台湾地区均有3家，韩国有2家，中国大陆有1家。前五名分别是三星、英特尔、SK海力士、台积电和美光，其中台积电为纯晶圆代工厂，另外4家为整合器件制造商（IDM）。

表4　2018年全球半导体企业销售额前25名

单位：百万美元，%

2018年排名	2017年排名	公司（总部）	2017年IC销售额	2017年OSD销售额	2017年半导体销售额	2018年IC销售额	2018年OSD销售额	2018年半导体销售额	2018年增长率
1	1	三星（韩国）	62642	3240	65882	79398	3860	83258	26
2	2	英特尔（美国）	61720	0	61720	70154	0	70154	14
3	4	SK海力士（韩国）	26262	460	26722	36966	765	37731	41
4	3	台积电①（中国台湾）	32163	0	32163	34209	0	34209	6
5	5	美光（美国）	23920	0	23920	31806	0	31806	33
6	6	博通②（美国）	16201	1594	17795	16639	1816	18455	4
7	7	高通②（美国）	17029	0	17029	16481	0	16481	-3
8	8	东芝/东芝存储（日本）	12205	1128	13333	14137	1270	15407	16
9	9	德州仪器（美国）	13018	892	13910	14043	919	14962	8
10	10	英伟达②（美国）	9402	0	9402	12281	0	12281	31
11	12	意法半导体（欧洲）	6368	1945	8313	7388	2251	9639	16
12	15	西部数据/闪迪（美国）	7840	0	7840	9480	0	9480	21
13	11	恩智浦（欧洲）	8228	1028	9256	8352	1042	9394	1
14	13	英飞凌（欧洲）	4841	3285	8126	5547	3699	9246	14
15	14	索尼（日本）	1026	6865	7891	917	7125	8042	2
16	16	联发科②（中国台湾）	7838	0	7838	7931	0	7931	1

续表

2018年排名	2017年排名	公司（总部）	2017年IC销售额	2017年OSD销售额	2017年半导体销售额	2018年IC销售额	2018年OSD销售额	2018年半导体销售额	2018年增长率
17	17	苹果*② （美国）	6960	0	6960	7425	0	7425	7
18	18	瑞萨③ （日本）	5328	1502	6830	5237	1474	6711	-2
19	23	AMD② （美国）	5329	0	5329	6506	0	6506	22
20	19	格罗方德① （美国）	6176	0	6176	6209	0	6209	1
21	20	ADI③ （美国）	5433	329	5762	5759	442	6201	8
22	25	海思② （中国大陆）	4715	0	4715	6080	0	6080	29
23	22	安森美 （美国）	2668	2875	5543	2832	3049	5881	6
24	21	微芯③ （美国）	4797	829	5626	4960	794	5754	2
25	24	台联电①③ （中国台湾）	4898	0	4898	5039	0	5039	3
—	—	前10合计	274562	7314	281876	326114	8630	334744	19
—	—	前25合计	357007	25972	382979	415776	28506	444282	16

注：①代表纯代工厂；②代表无晶圆厂；③包括收购公司2017年和2018年的销售额；*表示苹果公司定制处理器仅供公司内部使用；2018年数据为预测值。

资料来源：IC Insights。

表4数据统计分析得出，2017年全球排名前5位的半导体公司集成电路销售额总和在前25家公司中占比约为57.9%，预计2018年该占比略有上升，为60.7%；2017年全球排名前10位的半导体公司集成电路销售额总和在前25家公司中占比约为76.9%，预计2018年该占比同样稳中有升，为78.4%。可见，全球半导体行业市场集中度有上升趋势。排名前5位的企业占比近六成，而排名前5~10位的企业占比不足两成，可见，大者恒大趋势

更为明显。

2018年,全球前25家半导体企业的销售额将比2017年增长16%,与2016年全球半导体行业增长率相同。2018年三星、SK海力士和美光三大内存供应商同比增长超过25%,SK海力士预计将成为前25家企业中增长最快的公司,销售额激增41%。总体而言,预计前25名销售领导者中只有7位将超过2017年16%的行业增长率,分别是SK海力士、美光、英伟达、海思、三星、AMD和西部数据/闪迪,如表5所示。

表5 2018年半导体销售额增长率前25名企业

单位:百万美元,%

2018年排名	公司（总部）	2017年IC销售额	2017年OSD销售额	2017年半导体销售额	2018年IC销售额	2018年OSD销售额	2018年半导体销售额	2018年增长率
1	SK海力士（韩国）	26262	460	26722	36966	765	37731	41
2	美光（美国）	23920	0	23920	31806	0	31806	33
3	英伟达[②]（美国）	9402	0	9402	12281	0	12281	31
4	海思[②]（中国大陆）	4715	0	4715	6080	0	6080	29
5	三星（韩国）	62642	3240	65882	79398	3860	83258	26
6	AMD[②]（美国）	5329	0	5329	6506	0	6506	22
7	西部数据/闪迪（美国）	7840	0	7840	9480	0	9480	21
8	意法半导体（欧洲）	6368	1945	8313	7388	2251	9639	16
9	东芝/东芝存储（日本）	12205	1128	13333	14137	1270	15407	16
10	英飞凌（欧洲）	4841	3285	8126	5547	3699	9246	14

续表

2018年排名	公司（总部）	2017年IC销售额	2017年OSD销售额	2017年半导体销售额	2018年IC销售额	2018年OSD销售额	2018年半导体销售额	2018年增长率
11	英特尔（美国）	61720	0	61720	70154	0	70154	14
12	ADI③（美国）	5433	329	5762	5759	442	6201	8
13	德州仪器（美国）	13018	892	13910	14043	919	14962	8
14	苹果*②（美国）	6960	0	6960	7425	0	7425	7
15	台积电①（中国台湾）	32163	0	32163	34209	0	34209	6
16	安森美（美国）	2668	2875	5543	2832	3049	5881	6
17	博通②（美国）	16201	1594	17795	16639	1816	18455	4
18	台联电①③（中国台湾）	4898	0	4898	5039	0	5039	3
19	微芯③（美国）	4797	829	5626	4960	794	5754	2
20	索尼（日本）	1026	6865	7891	917	7125	8042	2
21	恩智浦（欧洲）	8228	1028	9256	8352	1042	9394	1
22	联发科②（中国台湾）	7838	0	7838	7931	0	7931	1
23	格罗方德①（美国）	6176	0	6176	6209	0	6209	1
24	瑞萨③（日本）	5328	1502	6830	5237	1474	6711	-2
25	高通②（美国）	17029	0	17029	16481	0	16481	-3

注：①代表纯代工厂；②代表无晶圆厂；③包括收购公司2017年和2018年的销售额；*表示苹果公司定制处理器仅供公司内部使用；2018年数据为预测值。

资料来源：IC Insights。

苹果公司设计的处理器仅供公司内部使用，其微处理器（MPU）产品未销售给其他系统制造商。据 IC Insights 预测，苹果公司定制的基于 ARM 架构的片上系统（SoC）处理器和其他定制器件在 2018 年的销售价值将达到 74 亿美元。

（二）海思销售增长名列前茅，中国企业迎头赶上

海思半导体是跻身全球半导体企业前 25 的唯一中国大陆企业，2017 年排名第 25 位。由于海思超过 90% 的销售额是对其母公司华为的内部转移，其发展态势与华为的智能手机销售量同步上升和下降，随着华为智能手机销量在 2018 年将至少增长 30%，预计海思半导体 2018 年的销售增长率将达到 29%，增长率排名有望跻身第 4 位，销售额排名有望上升 3 位，表明中国企业正在迎头赶上，中国半导体产业取得令人振奋的进步。

无晶圆厂供应商 AMD 公司的排名上升幅度最大，预计 2018 年销售额涨幅达到 22%，排名上升 4 位至第 19 位。相比之下，微芯（于 2018 年 5 月底完成了对美高森美的收购）在 2018 年的销售额仅增长 2%，预计销售额排名下降 3 位至第 24 位。然而，半导体销售额增长率排名中表现最差的公司预计是高通，2018 年半导体收入下降 3%，与瑞萨（下降 2%）一道成为前 25 家企业中预计销售额下降的难兄难弟。

英特尔在 2017 年第一季度是排名第一的半导体供应商，但第二季度让位于三星。三星在 2017 年全年排名中位居榜首。随着 2017 年 DRAM 和 NAND 闪存市场的强劲增长，预计三星的市场份额将增长 7%。2018 年三星半导体销售总额将比英特尔高 19%。内存产品预计占 2018 年三星半导体销售额的 84%，比 2017 年的 81% 上升 3 个百分点，比 2016 年的 71% 上升 10 个百分点。此外，预计该公司 2018 年的非内存销售额将达到 133 亿美元，仅比 2017 年非内存销售额 125 亿美元增长 6%。相比之下，预计 2018 年三星的内存销售额将增长 31% 并达到 700 亿美元。

排名前 25 的企业包括 3 家纯代工厂（台积电、格罗方德和台联电）和 7 家无晶圆厂。若不统计台积电、格罗方德和台联电，则日本夏普（49 亿

美元)、美国Skyworks（38亿美元）和美国Qorvo（31亿美元）将进入前25名，分列第23位、第24位和第25位。

四 2018年集成电路技术发展态势

（一）先进设计技术不断涌现，新架构和算法成为发展重点

"摩尔定律"在技术和经济双重压力下发展遇困，全球争相探索新的路径，继续推进集成电路产业的发展。通过创新架构和新计算模式等技术获得集成电路性能和功能上的大幅提升，已经成为先进设计的发展热点。

在新架构方面，产业界提出了自适应供电、模拟功能数字化和加入新材料等方式，以及二维堆叠晶体管等新结构。例如，美国在互连技术和架构领域的发展重点包括实现10纳米以下电子互连、金属通孔之外的层间新型互连、新型自对准和自组装技术、光子开关器件和互连、自旋互连、新型互连材料等。

在新算法方面，神经形态计算和量子计算等新型计算范式成为发展热点，均有望对产业带来颠覆性影响。神经形态计算指可模拟人脑的信息处理方式，具备感知、识别和学习等多种能力，该技术正在成为人工智能领域的重要技术方向。美国IBM公司、比利时微电子研究中心（IMEC）等都在该领域积极布局和发力；量子计算指以量子力学规律进行超高速、大数据量的数学和逻辑运算，在核爆模拟、密码破译、材料和微纳制造等领域具有独特优势，美国谷歌、英特尔、IBM等信息技术龙头企业都已投身该领域。

（二）尖端工艺技术玩家稀缺，200毫米晶圆需求量大增

集成电路制造工艺节点一直按照"摩尔定律"持续微缩，当前已逼近物理和经济极限。由于先进工艺节点的建厂成本呈指数级增长，当前全球也仅有中国台湾地区台积电、韩国三星等极个别代工厂可以继续投资7纳米及

以下工艺的研发和生产线建设,连格罗方德等国际领先代工厂都已搁置7纳米研发计划,美国英特尔公司也在10纳米工艺节点上遇到巨大困难,同步正在研发7纳米工艺,目前台积电和三星已开始布局3纳米。此外,集成电路设计企业也难以承受先进工艺节点的高昂研制成本,该领域的玩家将呈现大者恒大的局面。

与当前需要先进制造工艺的尖端应用场景所不同的是,包括传感器、电源、人机接口、射频器件等在内的物联网、工控、医疗等大量应用场景对芯片产生了多种多样的需求,且芯片的需求量常常不足百万片。这些"类多量少"的芯片无须最先进工艺节点,加上大尺寸晶圆的制造工艺研发和厂房建设所需费用极高。在此发展形势下,200毫米晶圆呈现巨大需求。为了满足这种需求,制造厂商正采取多种措施增加200毫米晶圆制造产能,设备供应商也正生产新的200毫米晶圆制造设备。

(三)先进封装提升性能,三维硅通孔技术最受关注

为了满足集成电路小型化、高性能等发展需求,系统级封装(SiP)、三维硅通孔(TSV)堆叠封装、引线键合型芯片级封装(CSP)、晶圆级封装(WLP)、扇出型晶圆级封装(FO-WLP)、倒装芯片、凸点集成电路以及多芯片模块等先进封装技术正蓬勃发展,法国悠乐(Yole)公司预测,到2020年,全球先进封装市场占整个集成电路封装服务市场的比重将达到44%。

在不同的先进封装技术中,扇出型晶圆级封装、系统级封装、三维硅通孔堆叠封装是最受关注的三种先进封测技术,而三维硅通孔堆叠封装是三维堆叠封装的重要发展方向,也是进一步提升晶体管密度、缩小尺寸、缩短连线、降低功耗、提升高频性能等的重要手段。在不同的先进封装平台中,三维硅通孔堆叠封装在以29%的速度增长,且已开始大批量生产,尤其是在存储器领域。未来,随着封装技术的不断成熟,将有更多的器件实现三维立体封装和系统级集成等高密度集成化,不断满足微型、多功能和低功耗集成电路的发展需求。

（四）极紫外光刻荷兰垄断，新型二维材料百花齐放

高端光刻技术是未来芯片技术发展的关键，该领域技术发展由荷兰企业主导，尤其是阿斯麦（ASML）公司，该企业是高端光刻机领域的霸主。目前业界尖端的7纳米工艺使用的极紫外光刻机（EUV）仅有ASML一家公司能够提供。

在"摩尔定律"发展遇困的背景下，以石墨烯、二硫化钼、硅烯等为代表的新型二维材料成为各国发展热点，新型材料正不断涌现。二维材料可促成高性能晶体管发展，未来有巨大的发展潜力。美国能源部和高校、英国高校和实验室、荷兰高校、日本高校等纷纷研发出具备不同特色的新型二维材料，为下一代集成电路的发展奠定技术基础。

五 2018年集成电路产品市场发展态势

（一）模拟产品市场增长最强劲，存储产品价格上扬

集成电路产品可以分为四大类：模拟、逻辑、存储和微组件。模拟集成电路市场包括通用模拟集成电路和专用模拟集成电路等；逻辑市场包括门阵列、专用集成电路（ASIC）和现场可编程门阵列（FPGA）等；存储市场包含动态随机存储器（DRAM）和闪存等；微组件市场包含MCU和MPU等。2017~2022年，四大类集成电路产品市场规模总的复合年增长率（CAGR）为6.5%，各类产品市场规模的CAGR如图4所示。到2022年，预计模拟集成电路市场增长率最为强劲。

2016年，各类主要集成电路产品（模拟、逻辑、存储和微组件）的平均售价均下降，模拟和逻辑下降1%，存储下降9%（受DRAM平均售价下跌12%的影响）。2017年，存储产品的平均售价出现了巨大转变，DRAM和NAND闪存平均售价上扬带动2017年存储产品平均售价增长达到惊人的56%，2018年又增长了33%。预计到2019年，各类主要产品的平均售价将下降，预计整个集成电路市场平均售价将下降5%（见表6）。

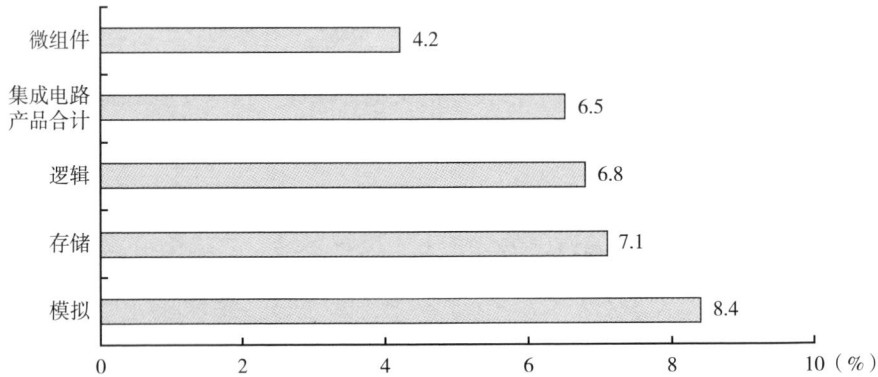

图4 主要集成电路产品市场规模的复合年增长率（2017～2022年）

资料来源：IC Insights。

表6 2016～2019年模拟、逻辑、存储和全部集成电路市场预测

项目	模拟		逻辑		存储		集成电路市场合计	
2016年	合计	增长率（%）	合计	增长率（%）	合计	增长率（%）	合计	增长率（%）
市场规模（十亿美元）	49.44	5	167.23	4	79.44	2	296.1	4
出货量（十亿块）	133.26	6	75.73	6	42.68	12	251.66	7
平均售价（美元）	0.37	-1	2.21	-1	1.86	-9	1.18	-3
2017年	合计	增长率（%）	合计	增长率（%）	合计	增长率（%）	合计	增长率（%）
市场规模（十亿美元）	54.54	10	184.92	11	129.92	64	369.37	25
出货量（十亿块）	154.85	16	90.15	19	44.61	5	289.61	15
平均售价（美元）	0.35	-5	2.05	-7	2.91	56	1.28	8
2018年	合计	增长率（%）	合计	增长率（%）	合计	增长率（%）	合计	增长率（%）
市场规模（十亿美元）	60.26	10	202.09	9	170.00	31	432.34	17
出货量（十亿块）	177.37	15	100.48	11	44.03	-1	321.88	11
平均售价（美元）	0.34	-4	2.01	-2	3.86	33	1.34	5

续表

项目	模拟		逻辑		存储		集成电路市场合计	
2019年	合计	增长率（%）	合计	增长率（%）	合计	增长率（%）	合计	增长率（%）
市场规模（十亿美元）	64.86	8	215.00	6	163.56	−4	443.42	3
出货量（十亿块）	193.20	9	110.27	10	45.28	3	348.76	8
平均售价（美元）	0.34	−1	1.95	−3	3.61	−6	1.27	−5

注：逻辑市场包括逻辑和微组件（如MPU、MCU等）。
资料来源：IC Insights。

（二）市场需求量增长放缓，或进入中低速发展阶段

如今，集成电路市场规模很难再以两位数的速度增长。继2015年下降2%，2016年仅增长3%之后，整个集成电路市场在2017年的销售额增长了25%，这几乎完全归功于DRAM和NAND闪存平均售价的快速增长。预计2018年将是另一个强劲增长的年份。长期的集成电路市场增长更多地依赖于全球GDP增长，而非仅仅是计算机、手机等终端应用的需求扩张。2019~2022年，预计集成电路市场总增长率将保持在10%以下。

虽然预计2018年模拟和逻辑器件的出货量将分别增长15%和11%，但存储器件的出货量将下降1%。由于2019年存储产品的平均售价预计下跌6%，价格下跌将刺激需求增加，预计2019年存储产品出货量将增加3%。

2018年，模拟集成电路市场规模涨幅为10%，比集成电路市场总增长率低7个百分点。模拟集成电路的出货量增长预计为15%，比2017年的16%低1个百分点。2017~2022年，模拟集成电路市场的复合年增长率预计为8.4%，出货量的复合年增长率预计为10%，超过整体集成电路市场增长。电源管理等模拟集成电路对于延长便携式和无线系统的电池寿命至关重要，近年来市场增长强劲。电源管理市场在2017年增长13%后，预计2018年将增长12%。同时，无线通信、工业和汽车应用等特定市场将成为增长最快的几个市场。

2018年，逻辑集成电路市场规模涨幅为9%，比集成电路市场增长率低6个百分点，出货量增长预计为11%，市场增幅最快的逻辑器件预计为汽车专用逻辑产品，预计增长26%，仅落后于DRAM的40%。2017~2022年的逻辑集成电路市场复合年增长率预计为6.8%，出货量的复合年增长率预计为9.1%。逻辑器件的平均售价自2014年以来一直在下滑，预计2019~2022年将呈现下降趋势，每年降幅在1%~3%。

DRAM市场在过去五年一直处于波动状态，原因是价格剧烈变化，而非出货量的上升或下降。由于计算机市场持续疲软，2013~2015年资本支出增加导致产能过剩，2015年DRAM平均售价下跌4%，2016年又下跌了12%。2017年增长高达81%，推动DRAM市场增长77%，DRAM销售额占整个集成电路市场的19.7%，预计2018年DRAM销售额将占集成电路市场的23.7%。然而，随着大量新产能于2018年晚些时候上线，DRAM平均售价和市场增长率将会在2019年开始下降，并持续到2020年。2018年，NAND闪存市场增长率将达到19%，平均售价将增长12%。NAND闪存新产能已经开始上线，许多新生产线计划在2018年底和2019年扩大生产。

在微组件市场领域，预计到2022年，4/8位产品市场略有增加，但仅为35亿美元；16位产品市场略微疲软，市场规模为42亿美元。据预测，势头最强的MCU将是32位产品，2017~2022年复合年增长率达到8%，2022年市场规模预计将达到136亿美元，而出货量将以每年12.7%的速度增长至2022年的231亿块。过去几年，台式机、笔记本电脑和平板电脑出货量的减少降低了整个微组件市场的出货量，除32位MCU市场外，预计到2022年，大多数微组件市场的销售增长将保持在中低等水平。因此，预计2017~2022年的微组件复合年增长率在集成电路主要产品领域中最低。

六 未来集成电路市场发展趋势

预计2019年第一季度集成电路市场的季节性下滑幅度将略大于正常水

平，平均售价达到5%。在2019年第二季度和第三季度连续的温和增长后，预计全年集成电路市场规模将增长3%，集成电路出货量增长率将达到8%。2019年和2020年，存储器的平均售价将低于2018年和2017年，致使2017~2022年集成电路平均售价年均下降2%，同时受集成电路出货量年均增长9%的推动，集成电路市场规模复合年增长率将达到7%，如表7所示。

表7 全球集成电路市场规模、出货量和平均售价预测

年份	市场规模（十亿美元）	增长率（%）	出货量（十亿块）	增长率（%）	平均售价	增长率（%）
2012	259.3	-4	191.3	-1	1.36	-3
2013	271.9	5	205.9	8	1.32	-3
2014	291.6	7	224.7	9	1.30	-2
2015	286.9	-2	235.5	5	1.22	-6
2016	296.1	3	251.7	7	1.18	-3
2017	369.4	25	289.6	15	1.28	8
2018	432.3	17	321.9	11	1.34	5
2019	443.4	3	348.8	8	1.27	-5
2020	436.7	-2	368.9	6	1.18	-7
2021	468.8	7	398.8	8	1.18	-1
2022	512.6	9	437.6	10	1.17	0
2017~2022年CAGR	—	7	—	9	—	-2

注：2018~2022年数据为预测值。
资料来源：IC Insights，2018年11月。

（一）汽车电子快速发展，将成集成电路市场的最强驱动力

汽车电子系统使用半导体器件数量的逐渐增加，预计在2021年以前，汽车电子系统将一直是主要半导体终端市场中成长最强劲的应用领域。当前，随着不同级别的先进驾驶辅助系统（ADAS）日益普及，以及自动驾驶汽车的发展，汽车中应用的存储器件、模拟集成电路、传感器和其他半导体器件数量将持续增长，汽车半导体供应商面临巨大的潜在机会。

根据IC Insights预测，2018年汽车电子系统的销售额将增长7%，达到

1520亿美元，2019年将再增长6.6%，达到1620亿美元。预计2017~2021年，汽车电子系统销售额将以6.4%的年均速率增长，幅度超过其他类别的主要电子系统。2017年，平均每辆汽车使用的集成电路数量占半导体器件数量的65%，而OSD器件约占35%。在未来几年，汽车电子市场将是集成电路增长最强的应用领域，预计2016~2021年的复合年增长率为13.4%，超过工业、计算机、通信、消费、政府/军事领域以及整个集成电路市场的增长率，如图5所示。

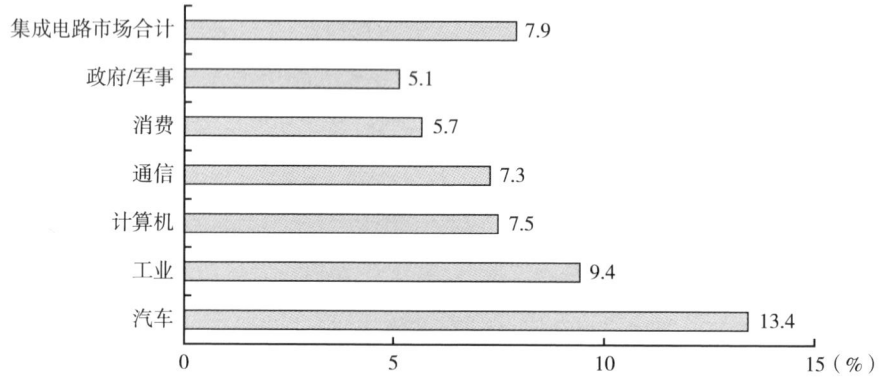

图5 各终端应用领域集成电路市场复合年增长率（2016~2021年）

资料来源：IC Insights。

2017年汽车集成电路销售额占集成电路销售总额的7.7%，低于计算机、通信和消费类应用。但到2021年，汽车集成电路市场预计占集成电路总销量的近10%，这将使其成为集成电路的第三大终端应用领域，如图6所示。

2018~2021年，汽车集成电路市场规模将持续上升，2018年达到323亿美元，预计到2021年将达到436亿美元。汽车集成电路市场规模在2017年飙升了约19.4%后，2018年和2019年仍有两位数的增长，分别为18.5%和13.9%，如图7所示。

模拟集成电路约占汽车集成电路市场的40%以上，其中MCU占比达20%以上。汽车模拟集成电路供应商数量众多，但近年来的大量收购事件致使大型制造商数量减少，如恩智浦公司收购飞思卡尔，ADI公司收购凌力尔

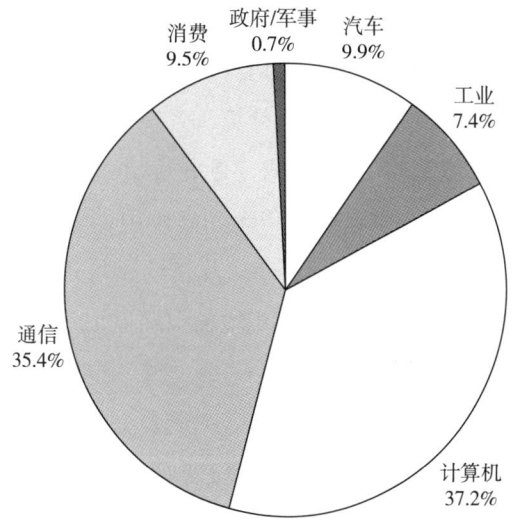

图6 2021年各终端应用领域的集成电路市场占有率预测

资料来源：IC Insights。

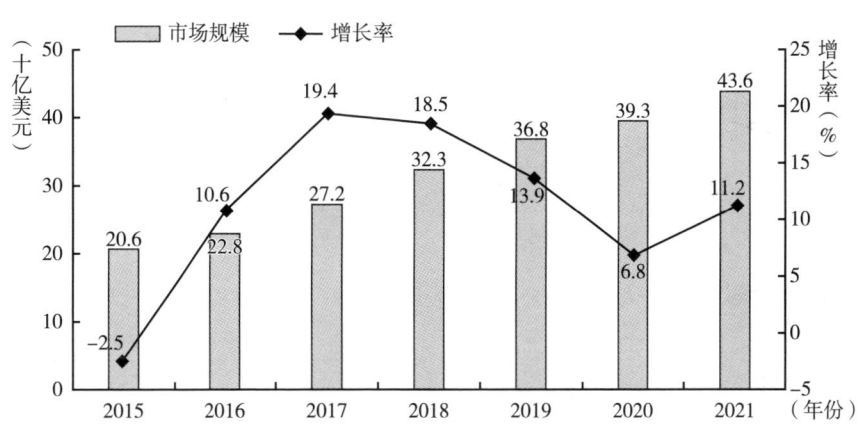

图7 全球汽车集成电路市场规模及增长率（2015~2021年）

注：2012~2021年数据为预测值。
资料来源：IC Insights。

特，瑞萨收购英特希尔等。其他大型汽车模拟集成电路供应商包括德州仪器、东芝和意法半导体等。

MCU用于整个汽车平台，可快速处理传感器数据，加快各种电子系统之间的通信速度，保障保护系统正常运行，并改善各种网络和车载系统之间的通信。越来越多的车辆采用嵌入式计算机系统来解决政府和消费者看重的安全和效率问题，使汽车MCU的需求不断扩大。一辆典型的新车可能包括25～35个MCU，但对于许多高端豪华车和高配中档车辆来说，常常会配备超过100个MCU。未来几年，各类MCU及其设计和开发所需的软件都将迎来良好的发展机遇，特别是32位MCU增长空间巨大。32位MCU可在动力系统中控制电子节气门、汽缸和燃油喷射，此外，也正应用于下一代底盘和安全系统，包括主动高端电子稳定控制、智能安全气囊系统等。

随着汽车更加智能、通信系统更加复杂，汽车用内存和存储的需求也不断增长，特别是在汽车快速启动领域。在汽车应用中，最好将存储器嵌入控制器或处理器芯片内，这样能够提供最快的响应并有效屏蔽杂乱的射频信号。鉴于许多汽车MCU都嵌入了2MB甚至10MB的闪存，嵌入式闪存将继续得到广泛使用。

2016～2022年各类汽车电子集成电路产品市场规模及复合年增长率如表8所示。汽车存储器件市场规模预计将从2016年的17亿美元增长到2021年的近50亿美元，增长190%，复合年增长率为23.8%，在各类汽车集成电路产品中增长最强劲。预计逻辑器件在同期的复合年增长率为20.7%，位居第二。

表8 各类汽车电子集成电路产品的市场规模及复合年增长率（2016～2021年）

单位：百万美元，%

产品类型	2016年	2021年	2016～2021 CAGR
MCU	5988	9264	9.1
DSP	1027	1651	9.9
模拟	10826	18757	11.6
MPU	405	850	16.0
逻辑	2909	7441	20.7
存储	1707	4958	23.8
合计	22862	42921	13.4

注：2021年数据为预测值。
资料来源：IC Insights。

（二）个人计算机集成电路市场低迷，规模小于手机市场

计算机市场一度是集成电路的最大应用市场，但近年来，台式机和笔记本电脑市场较为低迷，包括标准计算机、平板电脑和互联网/云计算中心在内的整体个人计算机集成电路市场也低于手机集成电路市场。2018年个人计算机集成电路市场规模（销售额）为853亿美元，比手机集成电路市场低184亿美元。到2021年，个人计算机集成电路市场规模甚至比2018年低1亿美元，远落后于手机集成电路的1064亿美元，占整个集成电路市场的37%（见图8）。

标准计算机中使用的集成电路规模在2018年将增长7.4%至741亿美元，而2019年市场将降温，增速仅为2.4%，达到759亿美元。预计2016～2021年，计算机用集成电路的销售额复合年增长率为4.9%，最终在2021年达到743亿美元。

图8　全球计算机系统及手机领域集成电路市场规模变化（2010～2021年）

注：2018～2021年数据为预测值。
资料来源：IC Insights。

平板电脑所用集成电路的市场呈萎缩状态，2018年销售额将下降约10%，从2017年的114亿美元降至2018年的103亿美元，2016～2021年的

复合年增长率将为-4.5%,在2021年仅有96亿美元(见图9)。

在快速增长的互联网/云计算系统市场中,集成电路销售预测保持不变。2018年此类集成电路销售额将从2017年的约8.38亿美元增长至约9.54亿美元,预计2019年将达到11亿美元。2016~2021年,互联网/云计算系统使用的集成电路将以14.9%的复合年增长率增长,至2021年达到14亿美元(见图9)。

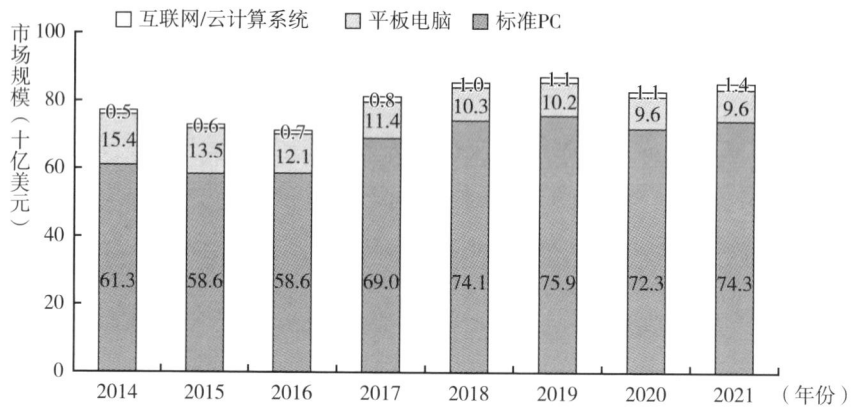

图9 全球个人计算机系统领域集成电路市场规模(2014~2021年)

注:2018~2021年数据为预测值。
资料来源:IC Insights。

(三)通信集成电路市场增长乏力,上涨趋势不稳

通信是集成电路的第二大应用市场,占比达到30%以上。未来几年,预计通信集成电路市场增长乏力,继2017年增长22%以后增长率持续下降,2022年甚至会出现负增长。而2017年的大幅增长则主要受移动DRAM和NAND闪存市场激增的推动。IC Insights预计,2018年通信集成电路市场规模将实现13%的增长,达到1489亿美元,而2019年增长仅有3%,如图10所示。

存储器对通信集成电路市场规模影响巨大。2012~2017年通信集成电路市场规模的复合年增长率为8.0%,但是如果除去内存部分,全球通信集

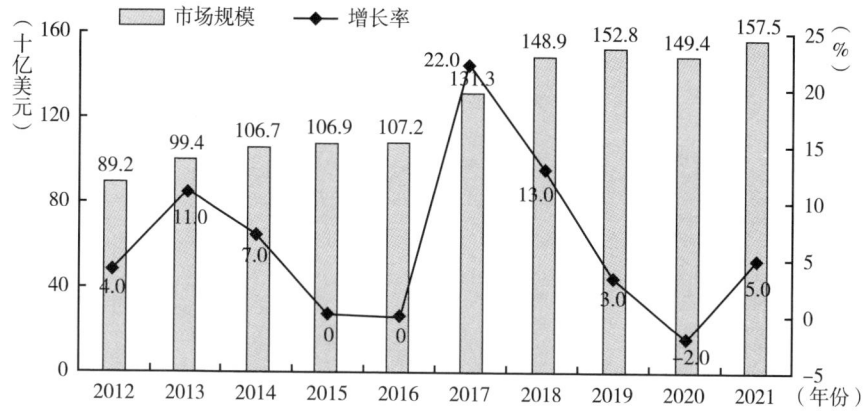

图 10　全球通信集成电路市场规模及增长率（2012~2021 年）

注：2018~2021 年数据为预测值。
资料来源：IC Insights。

成电路市场规模的复合年增长率仅为 3.3%。根据 IC Insights 预测，在不考虑存储器市场的情况下，2017~2021 年全球通信集成电路市场规模的复合年增长率预计为 4.7%。

无线通信集成电路是通信集成电路市场的主要组成部分，占比超过 80%，预计 2018 年无线通信集成电路市场规模将以 15% 的速率增长，达到 1276 亿美元（2017 年首次超过 1000 亿美元大关，达到 1109 亿美元）。无线通信集成电路市场规模的大幅增长主要得益于智能手机应用对 DRAM 的强劲需求，以及 DRAM 平均价格的上涨。预计 2021 年，无线 DRAM 市场将达到 274 亿美元，比 2017 年的 219 亿美元高出 25%。

随着全球经济放缓，手机销售量在 2014 年达到 19 亿部顶峰之后，呈现下降趋势，2015 年、2016 年和 2017 年分别下降了 1%、2% 和 3%。预计在 5G 智能手机上市后，手机销售量能够略微增长，但仍低于 2014 年。随着智能手机占比不断增长，每部手机的集成电路用量也在增加，价值最高的产品为 MPU，其次为 DRAM。根据 IC Insights 预测，未来几年，手机集成电路市场仍将上涨，2017~2021 年复合年增长率将达到 4.3%，2013~2021 年全球手机集成电路市场规模及增长率如图 11 所示。

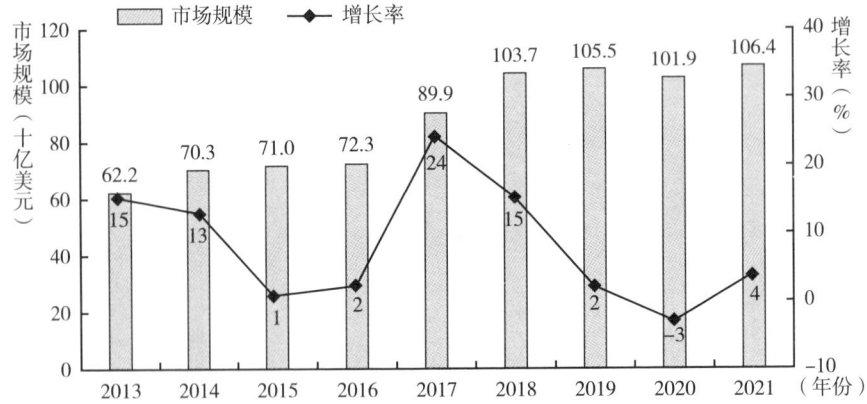

图 11　全球手机集成电路市场规模及增长率（2013～2021 年）

注：2018～2021 年数据为预测值。
资料来源：IC Insights。

参考文献

IC Insights：*The McClean Report - 2018*.
IC Insights：*IC Market Drivers 2018*.

国家和地区篇

National and Regional Reports

B.2
2018年美国集成电路产业发展概览

冯园园*

摘　要： 2018年，美国集成电路产业保持了相对稳定的发展态势。虽然市场规模仍旧大幅落后亚太地区，但保持了继续增长的态势。美国继续引领集成电路产业的发展，产值能力全球领先，在全球排名前10的巨头企业中，美国企业占据6个席位，贡献了全球近一半的市场份额。美国集成电路设计能力遥遥领先，在全球高端集成电路产品领域拥有绝对的话语权和垄断地位。制造能力外迁是美国集成电路产业的软肋，美国政府正采取各种措施大力推动制造业回归。未来，受5G、人工智能、国家安全等方面需求驱动，美国在集成电路先进技术、安全芯片技术等领域会加快创新变革，将继续对全球集成电

---

* 冯园园，国家工业信息安全发展研究中心（工业和信息化部电子第一研究所）高级工程师，研究方向为集成电路、半导体、军用电子元器件等。

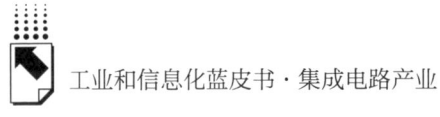

路产业发展起重要推动作用。

关键词： 美国　集成电路　市场规模　设计业　制造业

美国是集成电路产业的发源地，也是全球集成电路技术最先进的国家，在产业规模和产业结构方面都处于全球领先地位。依托经济高度发达的优势，美国集成电路产业得到了长足发展，先进的集成电路产业又进一步促进了美国经济的发展。2018年，美国经济继续保持了相对稳定的发展态势，预计GDP增速从2017年2.3%提升到了2.9%。2018年，美国集成电路产业表现出良好的发展态势，产值和市场规模稳健提升，处于集成电路产业价值链最高端位置的设计业优势继续凸显。

一　市场规模继续攀升，全球市场占比保持稳定

世界半导体贸易统计协会（WSTS）预测，2018年全球半导体市场规模将高达4779亿美元，比2017年4122亿美元同比增长15.9%，成为新的历史最高点。其中，美洲地区（主要为美国）将增长最快，比2017年同比增长19.6%达到1058亿美元，但相比2017年增速有所放缓，占全球半导体产业规模的22%，为全球半导体市场规模第二大区域，比规模最大的亚太地区在全球中的占比少39个百分点，如图1所示。

根据WSTS数据，在整个半导体市场中，预计2018年全球集成电路市场规模达到4016亿美元，占比高达84%，比2017年（3432亿美元）同比增长17%。而根据国际领先的半导体市场研究公司美国IC Insights的数据，2017年美洲地区（主要为美国）集成电路市场规模为872亿美元，在全球集成电路市场中的占比约为24%，预计2018年为1036亿美元，在全球集成电路市场中的份额保持24%未变（见图2），同比增长19%。

美洲地区（主要为美国）集成电路市场规模在2012~2017年的复合年

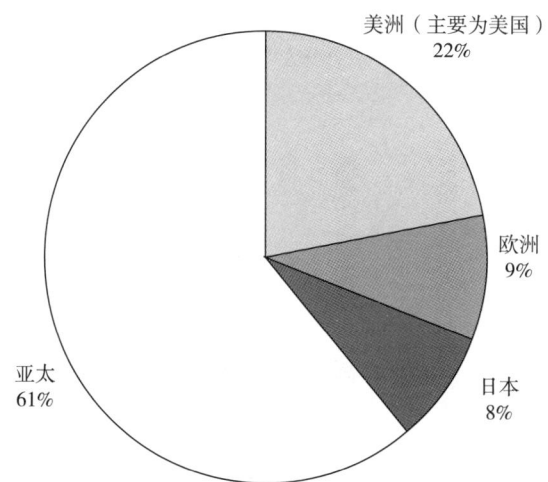

图 1　2018 年全球半导体市场规模及各地区市场份额

注：2018 年数据为预测值。
资料来源：世界半导体贸易统计协会，2018 年 11 月。

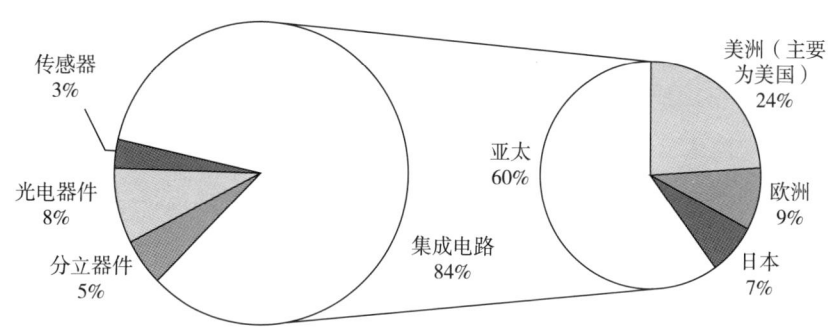

图 2　2018 年全球集成电路市场规模及各地区市场份额

注：2018 年数据为预测值。
资料来源：世界半导体贸易统计协会，2018 年 11 月；IC Insights，2018 年 7 月。

增长率为 11%，预计 2017~2022 年为 7%。2016~2022 年美洲（主要为美国）同全球集成电路市场规模对比及美洲市场规模增长率情况如图 3 所示，可以看出美国集成电路市场在未来几年的发展步伐将放缓，到 2021 年将慢慢回暖发展。

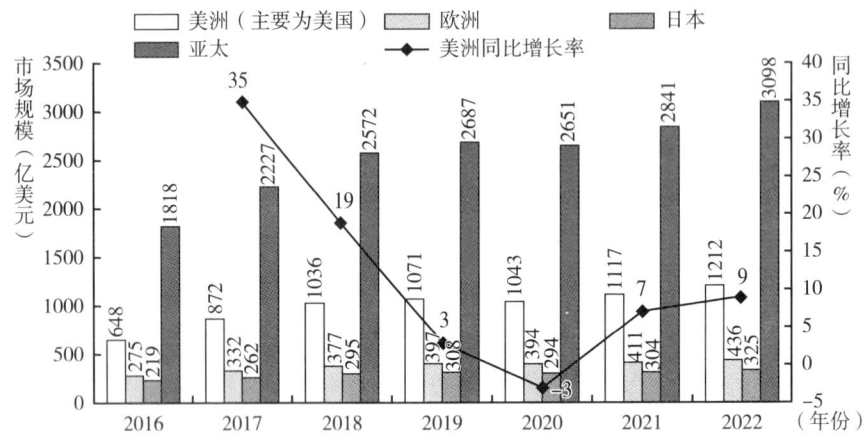

图 3　2016～2022 年全球集成电路市场规模及美洲增长率情况

注：2018～2022 年数据为预测值。
资料来源：IC Insights，2018 年 7 月。

二　供应能力全球领先，主要企业贡献全球五成份额

2017 年全球前 50 大半导体供应商中，美国公司有 21 家，全球前 25 大半导体供应商中，美国公司有 12 家；IC Insights 预测，2018 年全球前 25 大半导体供应商中包括美国公司 13 家，数量过半，其中英特尔（Intel）、美光（Micron）、博通（Broadcom）、高通（Qualcomm）、德州仪器（TI）、英伟达（Nvidia）等 6 家公司预计位列全球前 10 名；13 家美国公司集成电路和半导体销售额分别共计 2045.75 亿美元和 2115.95 亿美元，在全球 25 家公司集成电路和半导体销售额中的占比分别高达 49% 和 48%，均比 2017 年同比增长 13%，2017～2018 年全球排名前 25 的美国半导体企业集成电路和半导体销售额如表 1 所示。需要特别说明的是，苹果公司（Apple）在主要半导体供应商的排名中是一个异常，该公司仅在自己的产品中设计和使用其处理器，没有将微处理器销售给其他系统制造商。

此外，与美国领先的集成电路供应水平一致的是，美洲（主要为美国）地区集成电路平均售价最高，为全球平均售价的 2.3 倍。如图 4 所示，预计

2018年美国集成电路产业发展概览

表1 2017~2018年全球排名前25的美国半导体企业集成电路和半导体销售额

单位：亿美元，%

2018年全球排名	2017年全球排名	公司名称	2017年集成电路	2017年半导体	2018年集成电路	2018年半导体	2018年/2017年集成电路销售额同比增长
2	2	英特尔	617.2	617.20	701.54	701.54	14
5	5	美光	239.2	239.20	318.06	318.06	33
6	6	博通*	162.01	177.95	166.39	184.55	3
7	7	高通*	170.29	170.29	164.81	164.81	-3
9	8	德州仪器	130.18	139.10	140.43	149.62	8
10	10	英伟达*	94.02	94.02	122.81	122.81	31
12	15	西部数据/闪迪	78.40	78.40	94.80	94.80	21
17	17	苹果*	69.60	69.60	74.25	74.25	7
19	23	AMD*	53.29	53.29	65.06	65.06	22
20	19	格罗方德**	61.76	61.76	62.09	62.09	1
21	20	模拟器件***	54.33	57.62	57.59	62.01	6
23	22	安森美半导体	26.68	55.43	28.32	58.81	6
24	21	微芯科技***	47.97	56.26	49.60	57.54	3
		合计	1804.93	1870.12	2045.75	2115.95	13

注：2018年数据为预测值；*表示纯设计企业（Fabless）；**表示代工厂；***包括收购公司2017年和2018年全年的销售额。

资料来源：IC Insights，2018年11月。

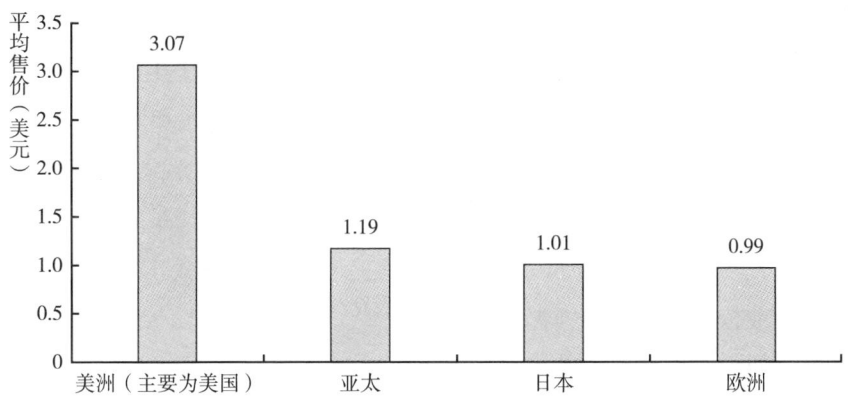

图4 2018年全球集成电路平均售价对比预测

资料来源：IC Insights，2018年7月。

035

工业和信息化蓝皮书·集成电路产业

2018年亚太、欧洲和日本地区使用集成电路的平均售价为美洲（主要为美国）地区的1/3左右，美洲（主要为美国）市场集成电路平均售价为3.07美元，预计为全球集成电路平均售价1.35美元的2.3倍。

三 掌控全球设计业，销售额占全球设计业近六成

2017年，在全球前50大纯设计企业（Fabless）中，美国公司有21家，全球前25大纯设计企业中，美国公司有12家。2017年美国纯设计企业集成电路销售额为537.42亿美元，在全球中的占比高达53%，排名第一位。相比之下，排在第二位的中国台湾地区和第三位的中国大陆地区在全球的占比仅为16%和11%，其他地区更是处于较低的个位数水平，因此美国的纯设计企业集成电路销售额遥遥领先于全球其他地区。随着被新加坡Avago公司收购的原美国博通公司在2018年从新加坡迁回美国，美国纯设计企业2018年集成电路销售额增加不少份额。博通公司在2017年全球前50大纯设计企业中排名第二，在全球占据16%的销售额，因此预计2018年美国纯设计企业集成电路销售额在全球的份额至少为69%。表1的2018年全球排名前25位的13家美国半导体企业中，纯设计企业为5家，集成电路销售额为593.32亿美元，超出2017年美国全部纯设计企业集成电路销售总额。而其他地区的纯设计企业，仅中国台湾地区的联发科公司和中国的海思半导体公司跻身此排名中，集成电路销售额分别为79.31亿美元和60.8亿美元。除了纯设计企业，还有一些整合器件制造商（IDM）也从事集成电路设计，例如美国的英特尔、美光，韩国的三星（Samsung）、SK海力士（SK Hynix），日本的东芝（Toshiba）等，把这些企业的设计业份额一并考虑，美国设计业依然处于全球领先地位。

从集成电路产品层面看，产品种类众多，而美国集成电路设计企业在中央处理器（CPU）、现场可编程门阵列（FPGA）、图形处理器（GPU）、模数/数模（AD/DA）等高端通用集成电路产品领域均具有绝对优势。在CPU领域，英特尔公司是全球最大处理器生产厂商，AMD公司在该领域也表现

出强劲的发展态势；在FPGA领域，美国占据绝对垄断地位，当前全球四大FPGA厂商均为美国企业，分别为赛灵思（Xilinx）、已被英特尔收购的阿尔特拉（Altera）、莱迪思（Lattice）和美高森美（Microsemi），四家公司FPGA市场份额超过全球份额的90%；在GPU领域，全球排名前两位的英伟达和AMD公司均在美国；在AD/DA领域，美国公司包括德州仪器、ADI（Analog Devices）、Maxim、微芯科技（Microchip）、安森美半导体（ON Semiconductor）等。

四 制造产能占全球10%，制造业回归缓慢

2018年，全球排名前13位的主要集成电路代工厂销售额总和预计达到688亿美元，占全球代工厂总销售额726亿美元的95%，其中美国企业仅包括格罗方德（GlobalFoundries）一家，销售额为66.4亿美元，全球占比仅为9%，这意味着全球约九成的制造产能位于美国境外。与此现状相反的是，全球纯晶圆代工厂的销售额大多来自美国。IC Insights预测，2018年全球约53%的纯晶圆代工厂销售额来自美洲地区（主要是美国），销售额预计为311.67亿美元，如表2所示。

表2 2017～2018年全球纯晶圆代工企业在美国区域销售额对比

单位：亿美元，%

纯晶圆 代工企业	2017年			2018年		
	美洲	全球	美洲占比	美洲	全球	美洲占比
台积电（TSMC）	204.32	321.63	64	204.63	347.65	59
格罗方德（GF）	42.61	61.76	69	44.49	66.4	67
联电（UMC）	20.7	48.98	42	20.13	51.65	39
中芯国际（SMIC）	12.41	31.01	40	10.32	32.75	32
其他	31.39	84.79	37	32.1	91.75	35
合 计	311.43	548.17	57	311.67	590.2	53

注：美洲地区主要是美国，2018年数据为预测值。
资料来源：IC Insights，2018年9月。

近年来，美国企业越来越多地在美国境外建设制造能力（代工厂），且主要集中在亚洲地区，同时，一些企业也正转型为无晶圆厂，使美国境内严重依赖境外代工厂来制造产品。当前美国特朗普政府正在积极采取包括刺激投资、促进就业、提升工资、减少贸易逆差等各种措施，促使制造业回归美国，重振美国制造业。例如，一直致力于扩大半导体领域布局的全球最大的电子产业科技制造服务商富士康公司已于2018年在美国动工建厂，投资百亿美元，成为特朗普就任以来最大的制造业回流项目。但从目前形势来看，由于技术人员储备、劳动力成本等问题，尽管个别企业将工厂迁入美国，"制造业回流"的普遍趋势并未在美国出现。

五 资本支出全球增幅最高，主要企业增幅30%以上

根据IC Insights统计的全球半导体企业资本支出数据，主要半导体企业共有27家，这些公司预计在2018年共占全球半导体行业资本支出的92%，比2017年的86%高出6个百分点。按照这些企业所在地区划分，位于北美（主要为美国）地区的主要企业有6家，按照排名分别为英特尔、美光、格罗方德、闪迪/西部数据（SanDisk/WD）、德州仪器和安森美半导体公司，这6家公司在2018年的资本支出总和预计为313.35亿美元，其中除了格罗方德比2017年小幅增长7%外，其他5家公司都表现出强劲的增长势头，增幅均超过30%（见表3）；加上其他公司的资本支出，北美（主要为美国）地区半导体企业资本支出预计达到332.25亿美元，在全球的份额为31%，跟资本支出最多的韩国地区仅相差2个百分点（见图5），比2017年同比增长35%，为全球半导体资本支出增幅最高的地区，而韩国地区位居半导体资本支出龙头主要归功于三星电子和SK海力士的大规模投资。

2018年美国集成电路产业发展概览

表3 2016~2018年北美（主要为美国）地区半导体企业资本支出

单位：亿美元，%

2018年排名	公司名称	2016年	2017年	同比增长	2018年	同比增长
1	英特尔	96.25	117.78	22	155	32
2	美光	57.6	64.75	12	99.6	54
3	格罗方德	11.35	21.4	89	23	7
4	闪迪/西部数据	17.5	13	-26	20	54
5	德州仪器	5.31	6.95	31	10.5	51
6	安森美半导体	2.11	3.88	84	5.25	35
—	其他	14.02	17.83	27	18.9	6
—	合计	204.14	245.59	20	332.25	35

注：2018年数据为预测值。
资料来源：IC Insights，2018年11月。

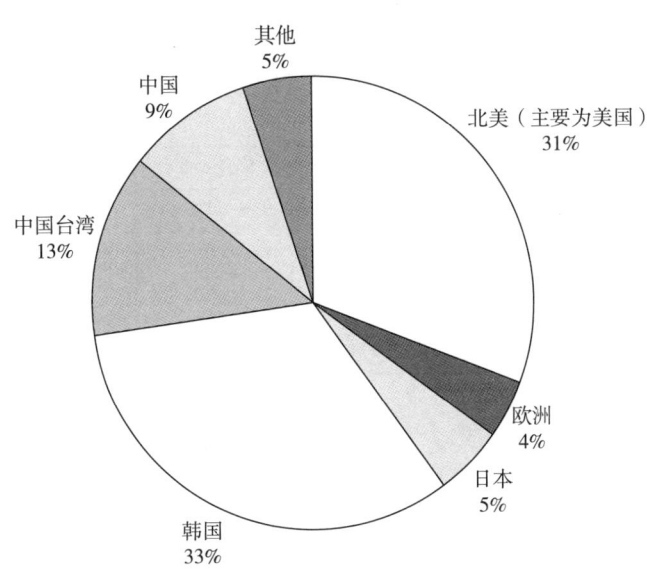

图5 2018年全球各区域半导体资本支出份额分布

注：2018年数据为预测值。
资料来源：IC Insights，2018年11月。

039

六 存储器市场扩张速度减缓，市场份额和增速依旧最高

从集成电路产品层面看，美洲（主要为美国）集成电路产品在模拟电路、逻辑器件、微组件（包括MPU、MCU、DSP）和存储器领域市场规模比2017年都有所增长，其中存储器市场份额最大，市场规模预计达到569.06亿美元，同比增速达31%。相比2017年高达82%的强劲增速，2018年增速有所下降，主要原因是2018年初NAND快闪存储器芯片价格急速下滑，动态随机存取存储器（DRAM）价格也在第四季出现松动；市场份额排在第二位的是微组件（包括MPU、MCU、DSP），2018年预计达到218.51亿美元；模拟电路经历了2017年1%低迷增速后，在2018年表现出色，同比增长13%。2016~2018年美洲（主要为美国）的集成电路产品市场规模情况如表4所示。

表4 2016~2018年美洲（主要为美国）地区集成电路产品市场规模

单位：亿美元，%

集成电路产品类型	2016年	2017年	同比增长	2018年	同比增长
模拟电路	81.08	81.80	1	92.53	13
逻辑器件	138.59	150.37	8	156.38	4
微组件（包括MPU、MCU、DSP）	192.3	205.66	7	218.51	6
存储器	238.55	434.74	82	569.06	31
合计	650.52	872.57	34	1036.48	19

注：2018年数据为预测值。
资料来源：IC Insights，2018年6月。

七 军事应用市场全球最大，工业应用增速最快[①]

在细分应用市场领域，美洲（主要为美国）集成电路应用市场规模在

---

① 不含美国英特尔和AMD公司的数据。

政府/军用、通信、工业、计算机、汽车和消费电子领域继续攀升（见图6）。计算机市场为美国最大的集成电路应用市场，2018年市场规模为457.13亿美元，在整个应用市场规模中占比44%，其次是规模为333.88亿美元的通信市场，占比32%，消费电子规模为125.64亿美元，占比12%，排名第三（见图7）。虽然政府/军用市场在美国整体应用市场的规模占比最小，仅为2%，但其在全球政府/军用集成电路市场规模中份额一直保持最大，预计2018年将达到18.47亿美元，占全球政府/军用集成电路市场的66%（见图8），这也跟美国是全球最强的军事大国且正在大力夯实其军事实力密不可分。

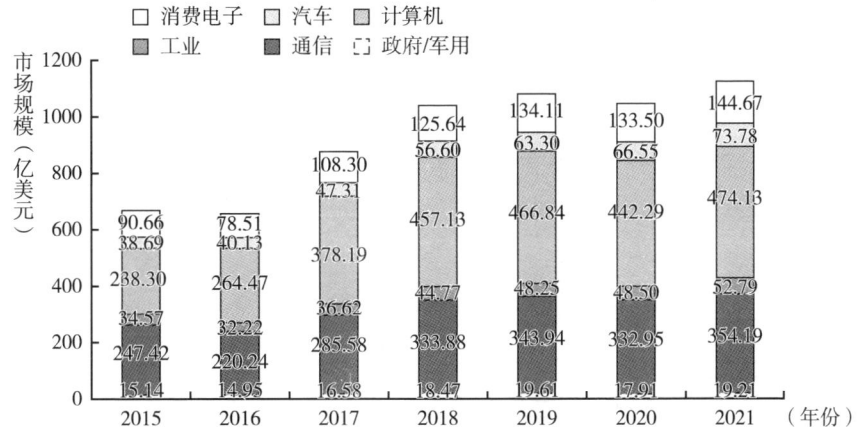

图6　2015～2021年美洲（主要为美国）集成电路应用市场规模

注：2018～2021年数据为预测值。
资料来源：IC Insights，2018年6月。

2018年，美洲（主要为美国）集成电路应用市场规模在各细分领域预计仍然保持两位数的增长速度，但相比2017年，预计政府/军用、工业、汽车领域应用市场增速会继续升高，其中工业应用市场增速最大，为22.26%，而通信、计算机和消费电子领域应用市场增速会小幅下降（见图9）。预计2017～2021年美洲（主要为美国）集成电路应用市场复合年增长率为6.4%，细分应用领域中汽车复合年增长率最高，达11.8%（见图10），因此汽车将是美国未来集成电路一个快速发展的应用市场。

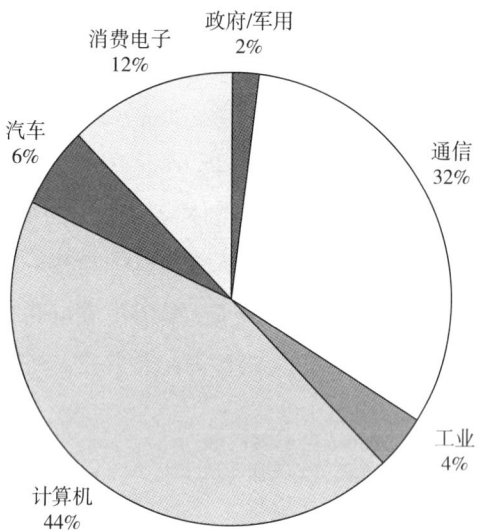

图7 2018年美洲（主要为美国）地区集成电路应用市场规模对比预测

资料来源：IC Insights，2018年6月。

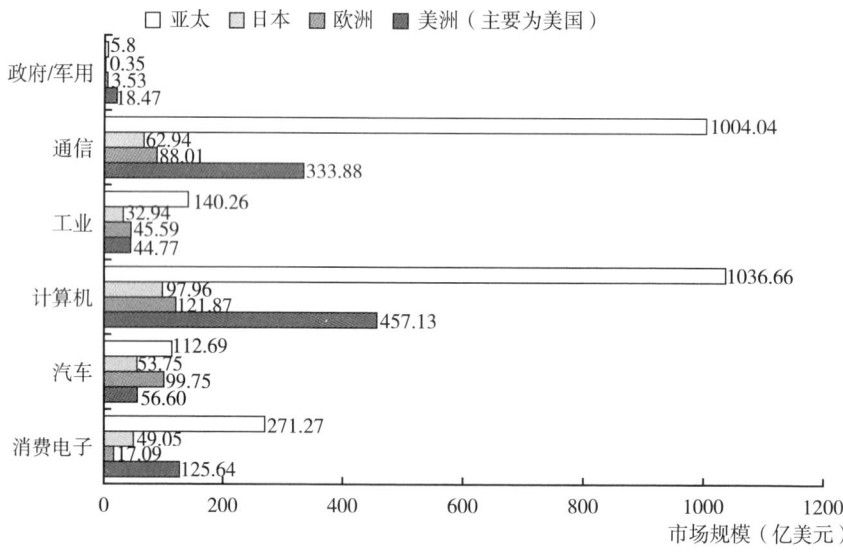

图8 2018年全球各区域集成电路应用市场规模对比预测

资料来源：IC Insights，2018年6月。

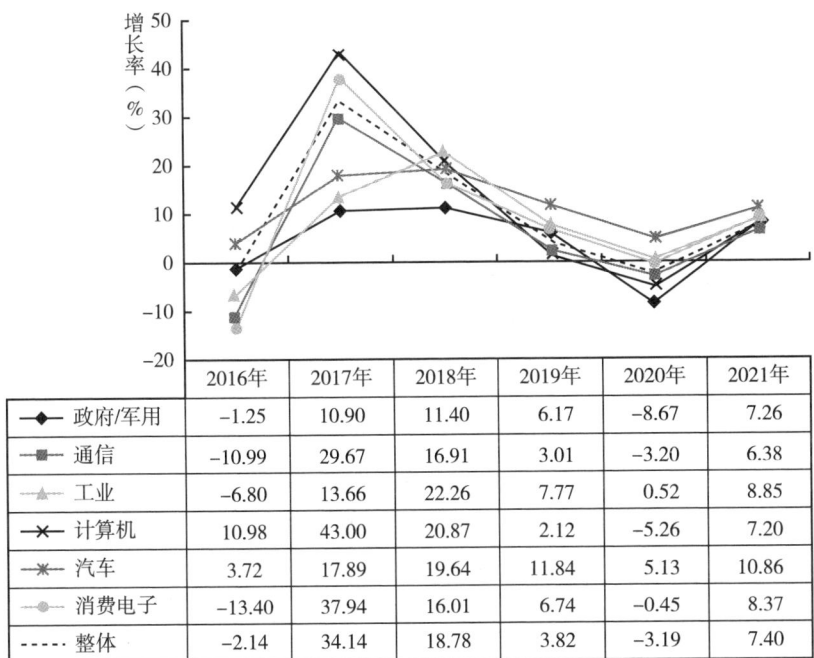

图9 2016~2021年美洲（主要为美国）集成电路应用市场细分领域增速对比

注：2018~2021年数据为预测值。

资料来源：IC Insights，2018年6月。

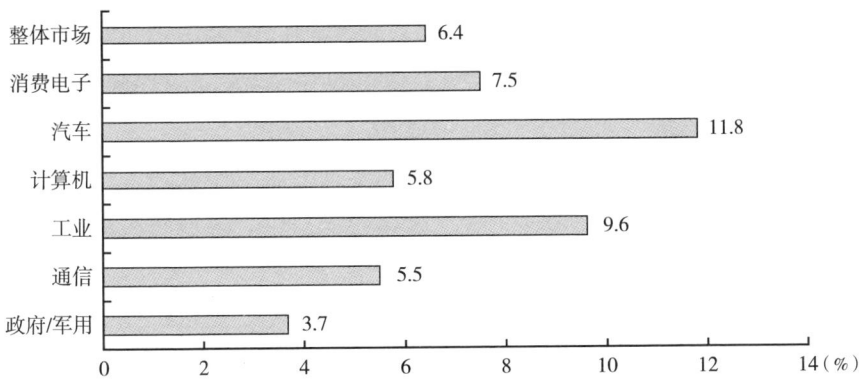

图10 2017~2021年美洲（主要为美国）地区集成电路应用市场复合年增长率预测对比

注：2018年数据为预测值。

资料来源：IC Insights，2018年6月。

八 政府和产业组织积极介入，对产业发展影响较大

美国联邦政府在建立和推动美国半导体产业发展上一直扮演着极其重要的角色。首先，美国政府积极介入，通过研发支持和政策支持促进产业发展。从产业发展早期大力投入研发电子和材料、计算机技术等推动半导体技术发展和应用，到20世纪80年代面对日本企业的强大竞争，国会联合半导体产业共同出资成立了聚焦研发美国企业所需技术的"半导体制造技术"（SEMATECH）联盟，以保持美国半导体产业的持久竞争力，再到现阶段，美国政府一直在半导体技术研发和人才培养方面提供资金支持，同时制定相关政策促进产业发展。2015年7月，美国国会成立了"半导体核心工作组"，希望通过制定先进政策，在半导体研发活动上不断加大资金支持，以更好地支持美国半导体产业的发展。2015年12月，美国国会实行了永久研发税收抵免，代替了此前数十年的周期性抵免，该政策鼓励半导体企业加大长期研发投入。2016年6月，美国国会研究服务局（CRS）发布关于美国半导体制造能力的调查报告《美国半导体制造业：产业趋势、全球竞争力和联邦政府政策》。2017年1月，美国总统科学技术咨询委员会（PCAST）发布了《确保美国在半导体产业领域的长期领导地位》报告。这两份报告的目的都是指导美国半导体产业的发展。2018年6月，美国参议院拨款国防小组委员会公布优先支出摘要，建议为微电子拨款追加4.47亿美元，以确保国防部能够获得可信微电子器件，以及下一代微处理器芯片研发制造工艺。此外，出于国家安全的考虑，美国政府一直持续资助"可信代工"项目，致力于建设可信的军用集成电路制造能力。

其次，随着亚洲集成电路企业的崛起和美国半导体企业境外投资的增加，美国正采取各种措施想方设法保护境内集成电路全产业链供应能力。美国对高端集成电路、军用集成电路、军民两用集成电路等有严格的禁限运保护措施，中国中兴公司遭美国禁运事件就是一个典型案例。2018年4月，美国商务部宣布，将禁止美国公司向中兴通讯销售元器件、软件和技术7

年。几乎没有中国国产芯片厂商可提供这些禁售关键芯片的替代品；2018年10月，美国商务部以威胁国家安全为由，向中国存储芯片制造商福建晋华集成电路实施禁售令，禁止美国企业向晋华出售元器件、软件和技术产品。同时，美国政府还通过审查和阻止集成电路企业相关并购活动来保护美国的集成电路核心能力，比较典型的案例是2017年中国峡谷桥资本公司（Canyon Bridge）收购FPGA芯片制造商莱迪思半导体公司被美国总统阻止，并表示此举是出于国家安全考虑；2018年2月，美国芯片测试设备制造商Xcerra公司出售给中国政府支持的半导体投资基金湖北鑫炎的交易遭到美国外资审议委员会（CFIUS）的阻止。此前，CFIUS已经阻挠了多起中资收购美国半导体企业的交易。

最后，美国强大的产业组织在集成电路产业发展过程中也起到举足轻重的作用。美国半导体领域重要的产业组织包括SEMATECH、美国半导体产业最大的联盟半导体产业协会（SIA）、代表美国学术研究力量的半导体研究联盟（SRC）等。当半导体产业发展面临转折点，亟须找到新的不依赖传统发展方法的新思路时，2017年3月SIA和SRC联合领导半导体产业界撰写了《半导体机遇研究——产业发展愿景指南》报告，指出要推进半导体技术创新所需重点发展的基础研究领域，对于指导未来5~10年美国半导体产业发展有至关重要的作用；2018年3月，SIA向白宫科学和技术政策办公室（OSTP）就先进制造国家战略计划的制定提出建议，提案中所阐述的最重要策略是支持和维护美国的半导体制造基础，在资金支持、人才资源、税收激励、贸易和出口政策等方面为美国政府提出具体建议。

九　总结

从全球集成电路市场看，计算机、智能手机等传统应用市场的萎缩，带动效应乏力，而数据中心、服务器等应用市场需求旺盛，加之存储芯片行业的助力，DRAM和NAND闪存价格飙升，使2018年全球集成电路市场仍然保持持续增长态势。展望未来几年，在全球经济预期下滑的大背景

工业和信息化蓝皮书·集成电路产业

下,加之中美贸易摩擦的影响,全球集成电路市场面临一些不确定性,预计全球集成电路市场将在 2019 年微幅提升后,2020 年面临下滑态势,2021 年和 2022 年会继续反弹增长,预计 2017~2022 年复合年增长率为 7%。美国地区集成电路的发展趋势同全球保持一致,预计 2021 年美洲(主要为美国)集成电路市场总额将达到 1117 亿美元,比 2017 年的 872 亿美元高出 28%。

2009 年以来,美国地区集成电路市场的重要驱动因素之一是 NAND 闪存市场,2017 年和 2018 年上半年美洲(主要为美国)市场占据了全球 NAND 闪存市场 40% 的份额,NAND 闪存市场在很大程度上受苹果等公司生产的先进手机和平板电脑的刺激,市场规模从 2008 年的 28 亿美元飙升至 2017 年的 212 亿美元,复合年增长率达 25%,预计 2018 年达到 253 亿美元,2021 年达到 276 亿美元。但总体而言,未来两年内 3D NAND 和 DRAM 市场产能过剩的可能性越来越大。

美国集成电路产业链完整覆盖了设计、制造、封测、设备和材料等环节,且各环节能力基本处于全球领先地位,尤其是设计能力遥遥领先,高端集成电路设计能力处于绝对垄断地位。受 5G、人工智能、国家安全等方面需求驱动,美国在集成电路先进架构和材料、先进封装、安全芯片技术等领域会继续加大投资、加快创新变革。

美国不断调整的国家政策也将对产业带来很大影响。美国政府或将以更加强硬的态度保护本土集成电路全产业链能力,限制他国集成电路产业的发展。特朗普上台后推出系列政策措施,已经对全球贸易发展趋势和产业发展格局造成一定影响。一方面,美国政府通过降低美国境内企业的税收和监管负担,来促进国内企业投资和就业机会的增加,以此吸引制造业回归美国本土,而作为集成电路产业综合实力最强的美国,其大规模重建本土制造能力的措施将影响全球集成电路产业的迁移和调整。另一方面,从目前政策环境看,美国还将继续严格封锁关键的集成电路能力出口,会对中国加大集成电路投资的贸易审查力度,这些都将为未来全球集成电路产业发展带来一些不确定性。

参考文献

IC Insights: *The McClean Report 2018*。
IC Insights: *IC Market Drivers 2018*。
IC Insights: *GLOBAL WAFER CAPACITY 2018 – 2022*。
世界半导体贸易统计协会网站,https://www.wsts.org。
美国半导体行业协会网站,https://www.semiconductors.org/。

B.3
2018年欧洲集成电路产业发展概览

冯园园*

摘　要： 2018年，欧洲集成电路产业在市场份额上保持了相对稳定的发展态势，仍旧大幅落后于亚太和美国地区。整体实力主要依靠意法半导体、恩智浦和英飞凌三大巨头企业引领，产业链中设备业独具特色，荷兰光刻机在全球独树一帜，应用领域中车用半导体研发实力居全球前列。欧洲集成电路产业整合并购活动频繁，进一步削弱整体竞争力。面对集成电路产业发展的低迷，欧盟及产业界采取行动促进全欧强强联合，加紧半导体技术在人工智能、智能汽车等新兴领域的抢先布局，共同提升欧洲集成电路产业在全球中的竞争力。

关键词： 欧洲　集成电路产业　光刻机　汽车半导体

当前全球集成电路产业形成了以美国为首，日本、欧洲居次，韩国、中国大陆和中国台湾地区紧随的梯度分布格局。这几个核心地区中，美国继续引领产业发展，中国大陆和韩国正快速发展，而欧洲、日本和中国台湾地区却有衰退趋势。欧洲半导体产业市场份额曾占全球的20%以上，但随着全球经济格局的变化及半导体产业的转移，其不断下

---

* 冯园园，国家工业信息安全发展研究中心（工业和信息化部电子第一研究所）高级工程师，研究方向为集成电路、半导体、军用电子元器件等。

滑，正逐步趋向保守发展。国际领先的半导体市场研究公司 IC Insights 预测，欧洲集成电路市场在 2017～2022 年的复合年增长率为 6%，低于同时期内全球集成电路市场。

欧洲地区集成电路产业发展较好的地区包括德国、法国、意大利、英国、荷兰和比利时等，但各国实力相对分散，整体实力并不强大。面对自身发展缓慢的现状以及全球其他地区的迅猛发展态势，2018 年 6 月，欧洲半导体产业界 11 家知名企业和研究机构联名向欧盟提交了"重启欧洲电子价值链"的提案，要求欧盟在下一个 7 年预算期内将 2014 年启动的研发计划投入翻一番，提高至 100 亿欧元。提案中明确指出，美国已经表现了其可以集成电路作为贸易战的议价工具，欧洲需要获得更高的自给率。

一 市场规模增速下降，全球市场份额保持稳定

2017 年，欧洲地区半导体市场规模为 383.11 亿美元，世界半导体贸易统计协会（WSTS）预测 2018 年欧洲地区半导体市场规模将为 433.87 亿美元，占全球半导体市场规模（4779.36 亿美元）的 9%。整个半导体市场以集成电路为主，占比高达 84%。2017 年，欧洲地区集成电路市场规模为 332 亿美元，在全球集成电路市场中占比约为 9%，预计 2018 年欧洲集成电路市场规模将增长到 377 亿美元，在全球集成电路市场中的份额保持 9% 不变，位列亚太和美洲地区之后，相比 2012 年 11% 的全球市场份额依然低了 2 个百分点。同时，与 2017 年 21% 的增速相比，预计 2018 年增速为 13%，将下降 8 个百分点。2012 年和 2016～2022 年欧洲地区集成电路市场规模情况如图 1 所示，可以看出欧洲集成电路市场未来几年的发展步伐将更加缓慢，到 2021 年将慢慢回暖发展。

工业和信息化蓝皮书·集成电路产业

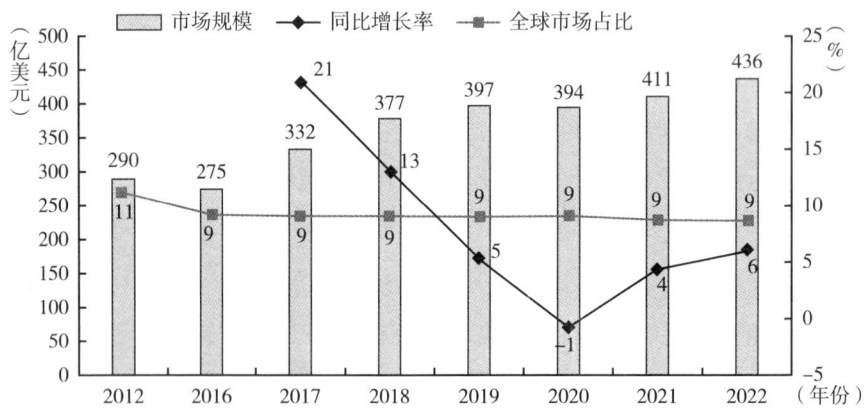

图1 2012年和2016～2022年欧洲地区集成电路市场规模情况

注：2018～2022年数据为预测值。
资料来源：IC Insights，2018年7月。

二 领先企业稀缺，产业整体竞争力较弱

2017年，全球前50大半导体供应商中，欧洲公司有5家，全球前25大半导体供应商中，欧洲公司有3家，全球前50大无晶圆企业（Fabless）中仅有欧洲2家公司，全球前13大代工厂［包括纯晶圆代工厂和整合器件制造商（IDM）］中仅有欧洲1家公司；预计2018年全球前25大半导体供应商中包括欧洲公司3家，分别为意法半导体（ST）、恩智浦（NXP）和英飞凌（Infineon），在全球前10大半导体供应商中缺席欧洲公司；全球前25大半导体供应商中的3家欧洲公司2018年集成电路和半导体销售额预计分别为212.87亿美元和282.79亿美元，在全球前25家公司的集成电路和半导体销售额中占比分别为5%和6%，均比2017年增加10%，这三家公司2017～2018年的集成电路和半导体销售额如表1所示。

分析上述数据，可以看出欧洲集成电路产业发展主要靠三巨头——意法半导体、恩智浦和英飞凌引领，这三家企业2018年集成电路产值预计占欧洲地区所有集成电路产值的份额为56%，比2017年的59%略低。三巨头企业

表1 2018年在全球排名前25位的欧洲半导体企业销售额

单位：亿美元，%

2018年全球排名	2017年全球排名	公司名称	2017年集成电路	2017年半导体	2018年集成电路	2018年半导体	集成电路销售额同比增长
11	12	意法半导体	63.68	83.13	73.88	96.39	16
13	11	恩智浦	82.28	92.56	83.52	93.94	2
14	13	英飞凌	48.41	81.26	55.47	92.46	15
合计			194.37	256.95	212.87	282.79	10

注：2018年数据为预测值。
资料来源：IC Insights，2018年11月。

表现相对稳定，一直处在全球前20大半导体供应商中，是整个欧洲集成电路产业发展的主力军。此外，欧洲也有一些细分领域的优秀企业，例如德国Dialog公司是全球领先的模拟器件设计企业，X-Fab公司是欧洲唯一跻身全球前10名（最后一位）的纯晶圆代工企业，荷兰阿斯麦（ASML）公司垄断了全球高端光刻机市场，荷兰ASMI（ASM International）公司是原子层沉积（ALD）设备的市场领导者。近年来的发展态势分析发现，欧洲集成电路产业目前不仅面临缺乏新兴企业的问题，产业整合活动也较为频繁，产业整体竞争力不够强。英国ARM公司是全球最大的无芯片集成电路设计公司，与其他半导体公司不同的是，这是一家知识产权（IP）供应商，全球约95%的移动终端用了ARM架构，这家公司已于2016年被日本软银公司收购；还有另外一家知名的IP供应商——英国Imagination公司，曾经为美国苹果公司提供图形处理器，但在2017年3月被苹果公司放弃合作后陷入发展低谷，后被中国峡谷桥资本公司（Canyon Bridge）收购；2018年轰动一时的美国高通（Qualcomm）公司收购恩智浦的案件在得到美国、日本、韩国、俄罗斯、欧盟等8个国家和地区的审查批准后被中国否决，如果这起并购案成功，可能会导致高通在芯片和车用半导体领域的市场垄断，对欧洲发展将更加不利。

三 光刻机领域独具优势，垄断全球高端市场

荷兰是全球光刻机技术最发达的国家。2017年全球半导体设备供应

工业和信息化蓝皮书·集成电路产业

商排名前 12 位的包括荷兰两家企业,分别为排名第 4 位的 ASML 和第 7 位的 ASMI 公司。特别是 ASML,已成为当前半导体产业界的明星公司之一,其光刻机制造业务使欧洲成为全球光刻机设备领域的佼佼者。目前,ASML 占据了全球光刻机市场约八成份额,尤其在高端光刻机市场独树一帜,特别是目前 7 纳米和 5 纳米等先进工艺节点集成电路的制造所需的极紫外光刻机(EUV)只有 ASML 一家能够提供。高端光刻机是未来芯片技术发展的关键,即便是集成电路产业最先进的美国,也需要从 ASML 公司购买高端光刻机。美国英特尔(Intel)、韩国三星(Samsung)、中国台湾台积电(TSMC)生产 14/16 纳米芯片的光刻机都来自 ASML。台积电在 2018 年 10 月已经完成了采用 EUV 光刻技术的第二代 7 纳米芯片的流片,同月,三星也宣布开始量产采用 EUV 光刻技术的 7 纳米 LPP 工艺芯片,台积电和三星使用的 EUV 光刻机都是由 ASML 提供,三星使用的 EUV 光刻机型号为双工件台 NXE:3400B(光源功率 280W),日产能为 1500 片。

四 企业资本支出更趋保守,增速降至零点

近几年,欧洲半导体企业资本支出一直在全球主要地区中占最低份额,2018 年的资本支出更加趋于保守,在全球半导体企业资本支出预计保持 15% 增速的大环境下,欧洲半导体企业资本支出却从 2017 年的高速增长(74%)迅速降至零点。IC Insights 在统计资本支出时涉及全球主要半导体公司 27 家,其中位于欧洲地区的有 5 家,按照排名分别为英飞凌、意法半导体、恩智浦、AMS 和欧司朗(OSRAM)公司。这 5 家公司 2018 年的资本支出预计为 42.15 亿美元,其中只有英飞凌公司表现出 35% 的强劲增速,其次为增速 4% 的恩智浦,其他 3 家公司资本支出增速都表现出不同程度的降低趋势。加上欧洲地区其他公司的资本支出,预计 2018 年整个欧洲半导体企业支出与 2017 年基本持平为 45.45 亿美元,在全球的份额仅为 4%,大幅落后全球其他地区,如表 2 和图 2 所示。

2018年欧洲集成电路产业发展概览

表2 2016~2018年欧洲地区半导体公司资本支出

单位：亿美元，%

2018年排名	公司名称	2016年	2017年	同比增长	2018年	同比增长
1	英飞凌	9.05	10.83	20	14.65	35
2	意法半导体	6.07	12.98	114	12.5	-4
3	恩智浦	3.89	5.52	42	5.75	4
4	AMS	1.02	6.64	551	5	-25
5	欧司朗	2.98	6.3	111	4.25	-33
—	其他	3.15	3.2	2	3.3	3
—	合计	26.16	45.47	74	45.45	0

注：2018年数据为预测值。
资料来源：IC Insights，2018年11月。

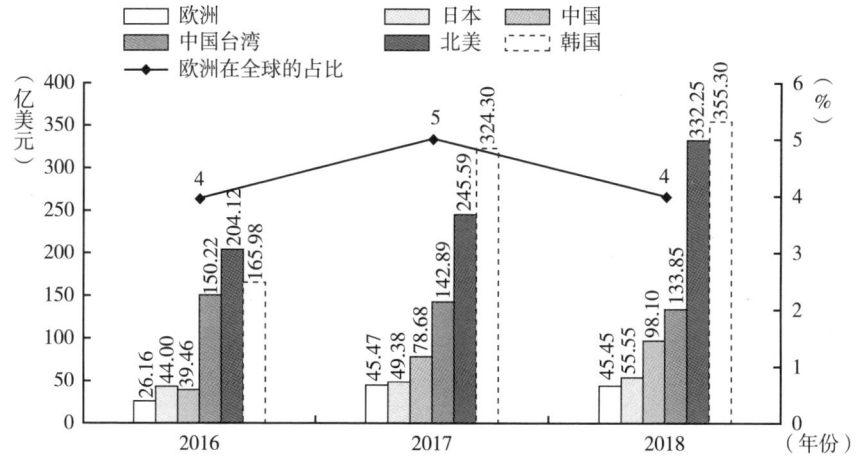

图2 2016~2018年全球各区域半导体资本支出对比

注：2018年数据为预测值。
资料来源：IC Insights，2018年11月。

五 微组件市场份额最大，存储器市场增速最高

从集成电路产品层面看，如图3和表3所示，2018年欧洲地区集成电路产品在模拟集成电路、逻辑器件、微组件（包括MPU、MCU、DSP）和

053

存储器领域市场规模比2017年都有所增长,其中微组件市场份额最大,市场规模预计达到126.79亿美元,在欧洲整个集成电路产品市场中占比34%,但发展增速表现一般,仅为5%;市场份额排在第二位的是模拟集成电路,市场规模预计达到97.5亿美元,且在其他细分产品领域增速均下降的发展形势下增速未变;存储器市场增速虽然比2017年有所下降,但依然呈现32%的增速,市场份额位列第三,在欧洲整个集成电路产品市场中占比23%。

表3 2016～2018年欧洲地区集成电路产品市场规模

单位:亿美元,%

集成电路产品类型	2016年	2017年	同比增长	2018年	同比增长
模拟集成电路	76.13	86.17	13	97.5	13
逻辑器件	45.65	57.91	27	63.56	10
微组件(包括MPU、MCU、DSP)	113.78	120.68	6	126.79	5
存储器	39.7	66.62	68	88	32
合 计	275.26	331.38	20	375.85	13

注:2018年数据为预测值。
资料来源:IC Insights,2018年6月。

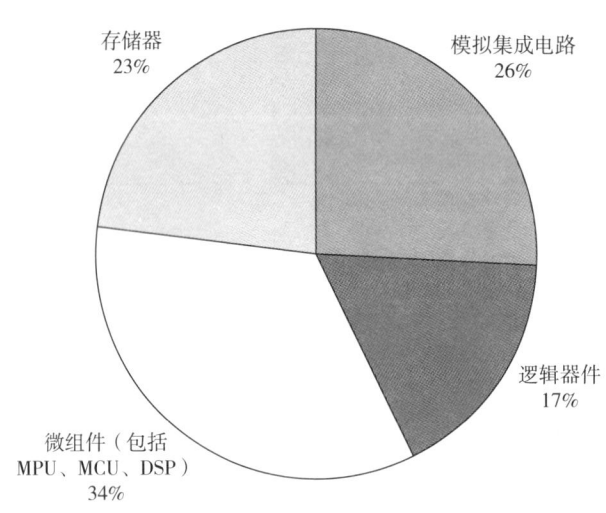

图3 2018年欧洲地区集成电路产品市场份额

注:2018年数据为预测值。
资料来源:IC Insights,2018年11月。

六 计算机应用市场规模最大,汽车应用市场前景看好

在集成电路细分应用市场领域,2018年欧洲集成电路应用市场规模在政府/军用、通信、工业、计算机、汽车和消费电子领域都继续攀升,计算机市场预计为欧洲最大的集成电路应用市场,规模为121.87亿美元,在整个应用市场规模中占比32%;其次是规模为99.75亿美元的汽车市场,占比27%;通信市场规模为88.01亿美元,占比23%,排名第三,如图4所示。

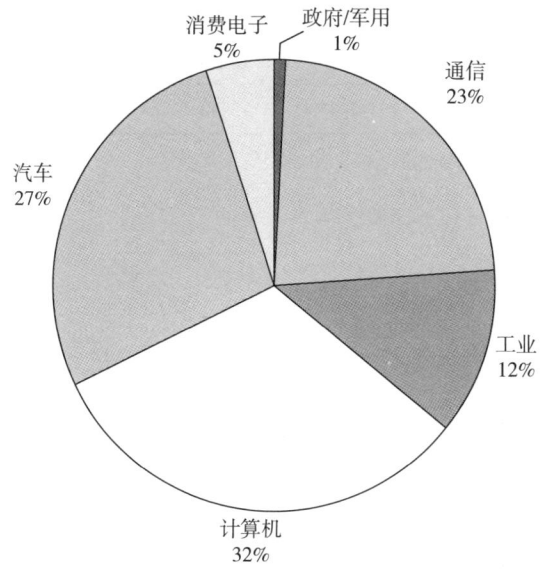

图4 2018年欧洲地区集成电路细分应用市场份额对比预测

资料来源:IC Insights,2018年6月。

预计2018年欧洲集成电路应用市场规模在各细分领域仍然保持两位数增速,但相比2017年,预计政府/军用和工业领域应用市场增速会继续升高,汽车领域增速将小幅降低,通信、计算机和消费电子领域应用市场增速

工业和信息化蓝皮书·集成电路产业

降幅明显,如表4所示。预计2017~2021年欧洲集成电路应用市场复合年增长率为5.6%,细分应用领域中汽车复合年增长率最高,达11.8%,如图5所示,表现出良好的发展预期。

表4 2016~2021年欧洲地区集成电路应用市场细分领域增速对比

单位：%

系统/器件应用类型	2016年	2017年	2018年	2019年	2020年	2021年
政府/军用	2.57	-3.13	14.24	9.63	3.62	7.73
通　信	-2.46	24.59	10.62	-2.58	-4.65	-0.32
工　业	-3.79	5.12	11.55	8.25	1.56	6.54
计算机	2.98	24.78	13.57	2.03	-6.41	3.82
汽　车	10.93	17.94	16.71	14.26	6.87	9.68
消费电子	-21.35	38.64	13.40	5.38	1.00	5.50
整　体	1.33	20.38	13.42	5.18	-0.77	5.24

注：2018~2021年数据为预测值。
资料来源：IC Insights，2018年6月。

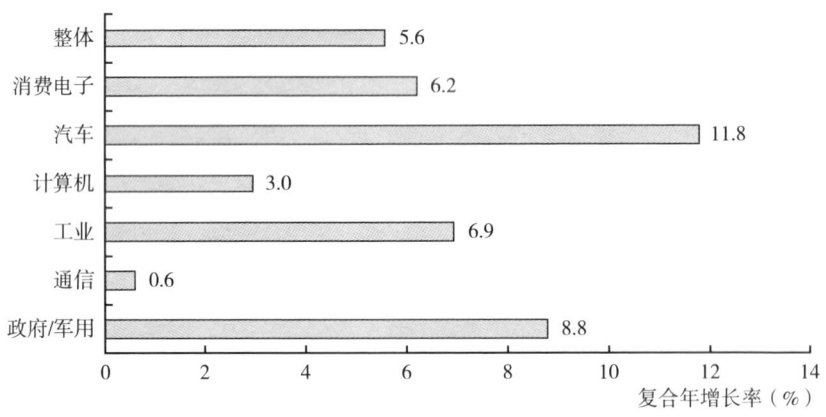

图5 2017~2021年欧洲地区集成电路应用市场复合年增长率对比

注：2018~2012年数据为预测值。
资料来源：IC Insights，2018年6月。

七 汽车半导体领域实力非凡，巨头企业领跑发展

欧洲不仅在汽车市场发展前景良好，更是在汽车半导体领域具备较强的实力。汽车半导体所涉及的技术包括功率集成电路、绝缘栅双极型晶体管（IGBT）、微机电系统（MEMS）等。欧洲半导体三巨头企业在汽车半导体领域均为领先企业，占据该领域三成市场份额。2017年全球汽车半导体市场规模为345亿美元，全球前十位领先的汽车半导体提供商中包括欧洲4家公司，分别为第一名恩智浦（12.5%）、第二名英飞凌（10.8%）、第五名意法半导体（7.1%）和第六名博世（Bosch，5.5%），4家公司可提供全球35.9%的汽车半导体产能。全球汽车集成电路供应商排名情况跟汽车半导体略有不同，如图6所示，在2017年顶级汽车集成电路供应商的前五位，欧洲公司占了3个席位，分别为市场份额最大的恩智浦（13%）、第四名的英飞凌（8%）以及第五名的意法半导体（7%），欧洲3家供应商可为全球整个汽车集成电路市场提供28%的产能。

恩智浦作为全球最大汽车半导体企业在汽车领域拥有众多第一——汽车模拟/射频/数字信号处理器、汽车微控制器、商用汽车微机电系统（MEMS）传感器产品方面全球第一，在车载信息娱乐、汽车安全门禁、车身与车载网络、安全、动力传动系统等应用领域也是全球第一。英飞凌公司位于汽车工业高度发达的德国，汽车在其业务板块中的份额高达43%。2017年英飞凌占汽车半导体市场规模为37.26亿美元，在功率分立器件和模块市场份额全球最高，占比18.6%，在全球安全集成电路领域市场份额达24.2%，位列第一。2018财年，汽车市场仍然是英飞凌公司最大的业务板块，汽车业务重点包括清洁能源、安全和智能汽车。2017年意法半导体公司的汽车半导体和分立产品业务板块占比37%，2018年第三季度统计占比36%，汽车领域是其优先重点布局的两大领域之一，汽车MCU是其优势代表产品，自动驾驶相关半导体技术正在加紧研发中。

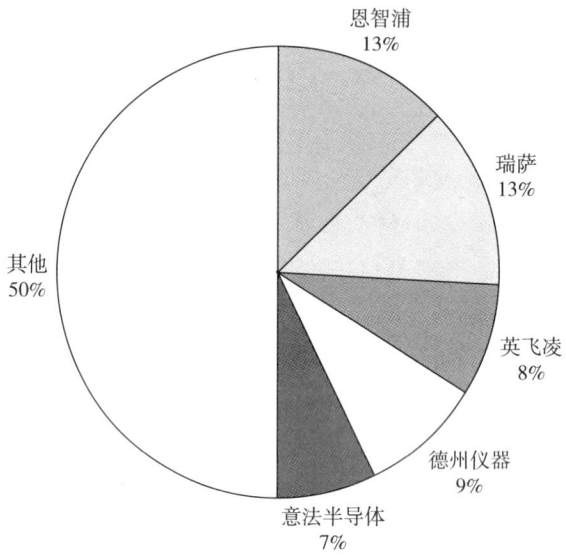

图6 2017年全球领先汽车集成电路供应商市场份额

资料来源：IC Insights，2018年6月。

八 欧盟积极筹划，保护和促进本土产业发展

集成电路产业的发展离不开政府的政策和资金支持，欧洲也是一样的发展思路。欧盟为了扩大欧洲先进微纳电子器件的制造基础，曾于2013年5月发布《微纳电子器件与系统战略》，并从2013年起连续启动5条半导体器件试产线建设，总投资达7亿欧元，希望实现2020年欧洲芯片产能翻倍并占全球总量20%的目标。为了抢占石墨烯产业发展领地，欧盟于2013年10月启动了10年10亿欧元的"石墨烯旗舰"项目，集结了全欧的研究和产业力量。石墨烯是下一代集成电路的重要材料，目前在欧洲形成众多研究突破，也因此在石墨烯的研究与产业化方面走在全球前列。2017年5月，在欧盟"地平线2020"计划、欧洲电子元器件与系统领先计划（ECSEL）等的支持下，工业4.0计划（Productive 4.0）启动。该计划由英飞凌牵头，经费预算为1.06亿欧元，项目时间为3年，项目目标是强化欧洲在微电子

领域的优势，让半导体制造业留在欧洲。2018年12月18日，欧盟批准了法国、德国、意大利和英国的联合微电子项目，同意提供17.5亿欧元的项目资助，预计将带动60亿欧元的私有投资，项目专注于节能芯片、功率半导体、智能传感器、先进光学设备和复合材料的研究，预计将于2024年完成。

同时，欧盟进一步加大本土半导体产业的保护力度。同美国一样，欧盟除了在集成电路领域制定了关键技术出口限制法规并严格审查相关产业并购活动外，还不断推出新的举措。2018年11月，欧洲议会、欧洲理事会、欧盟就建立"外国直接投资"（FDI）审查机制框架的最终文本达成政治共识，该FDI审查机制框架主要是限制外国在某些关键基础设施和关键技术领域的投资对欧洲相关战略部门的影响，半导体是被明确列入这个范围的关键技术。

九 总结

近年来，欧洲在全球集成电路市场中的份额一直保持相对稳定，预计未来几年仍将保持此态势，发展增速将继续下降，预计2021年后将逐渐上升，预计2022年欧洲集成电路市场规模将达436亿美元，全球占比达9%。当全球集成电路产业面临在物联网、人工智能和智能汽车等新型应用场景下的诸多发展机遇时，欧洲集成电路市场依然有很多看点，尤其是欧洲在全球车用半导体领域具有较强的竞争力，在人工智能领域正加紧布局，未来在这些领域将大有作为。

欧洲半导体产业界虽然面临缺乏新兴企业的问题，但值得骄傲的是，欧洲有几个全球知名的微电子领域研究机构，包括比利时微电子研究中心（IMEC）、德国弗劳恩霍夫应用研究促进协会（Fraunhofer-Gesellschaft）、法国原子能委员会电子与信息技术实验室（CEA-Leti）等。这几个研究机构在全球集成电路领域都颇有影响力，也在不断探索全欧甚至全球内的合作，以巩固欧洲半导体和电子工业在全球竞争中的地位。IMEC最主要的研究模式

工业和信息化蓝皮书·集成电路产业

为"产业联合项目",与全球合作伙伴展开合作,在半导体工艺领域创造了无数个全球第一,已经成为全球领先的国际化微电子研究机构;弗劳恩霍夫旗下的微电子集团(Fraunhofer Group for Microelectronics)在半导体领域通过有效的资源配置和协同创新机制不断研发出全球先进技术,并于2017年4月创建了一种欧洲半导体与电子产业研发领域独一无二的新合作模式,即提出了一个跨地区微电子和纳米电子研究工厂的概念,合作方包括弗劳恩霍夫微电子集团内的11家研究所和莱布尼茨学会的2家研究所。参与该项目的研究所将跨越所在单位的界限,在主题和基础设施后勤保障方面统一调配和组织,共同发展、共同服务所有涉及的技术领域,这对微电子和纳米系统的研究开发和示范加工意义重大;CEA-Leti在三维集成电路工艺领域走在全球前列。这些研究机构之间也广泛开展合作,以增强欧洲的战略和经济主权。2017年6月,CEA-Leti和弗劳恩霍夫达成合作以开发创新下一代微电子技术;2018年11月,IMEC和CEA-Leti在人工智能和量子计算领域签署备忘录。

欧洲的集成电路产业实力分散到各国,这也是其集成电路产业发展低迷的主要原因之一。当前欧洲集成电路产业的发展仍旧面临一些不利的外部因素,如英国即将退出欧盟,美国特朗普政府与欧盟关系微妙,欧洲集成电路产业合并重组形势严重等。近两年欧洲集成电路产业界领军企业和研究机构也不断加强全欧合作,目标都是提升欧洲在全球半导体产业中的地位,以助力欧洲经济的快速发展。

参考文献

IC Insights:*The McClean Report 2018*.
IC Insights:*IC Market Drivers 2018*.
世界半导体贸易统计协会网站,https://www.wsts.org。
欧盟网站,https://europa.eu/european-union/。
路透社网站,https://www.reuters.com。

英飞凌公司网站，https：//www.infineon.com。
意法半导体公司网站，https：//www.st.com/。
比利时微电子中心网站，https：//www.imec-int.com/。
德国弗劳恩霍夫应用研究促进协会网站，https：//www.fraunhofer.de/en/。
法国原子能委员会电子与信息技术实验室网站，http：//www.leti-cea.com/。
欧洲工业4.0计划网站，https：//productive40.eu/。
搜狐网，http：//www.sohu.com/。
美国mondaq网站，http：//www.mondaq.com/。

B.4
2018年日本集成电路产业发展概览

贾 丹*

摘 要： 日本是全球集成电路产业强国，但近年来日本集成电路产业规模持续萎缩，2018年在全球市场占比仅为6.9%，与2017年持平。日本在半导体材料领域的垄断地位不可撼动，2018年硅晶圆企业市场份额和掩模板市场份额均远超过全球总量的五成；设备供应能力领跑全球集成电路设备业市场前三，全球前十大设备企业日本占据5个席位；2018年日本集成电路的主要应用市场是计算机和通信领域，占比之和过半；制造能力依旧较强，国内市场供大于求。随着日本在集成电路产业的资本投入逐年攀升，其集成电路产业竞争力不容小觑。

关键词： 日本 半导体 集成电路 产业 材料

日本是全球集成电路产业强国，其产业发展起源于20世纪60年代末期美国半导体产业的技术转移。1963年，日本NEC公司获得了仙童公司的平面技术授权，在日本政府的要求下，该项技术授权被共享给了其他日本公司，从而日本三菱、京都电器等企业开始进入半导体产业，拉开了日本集成电路产业发展序幕。到20世纪80年代，日本公司在动态随机存储器（DRAM）产品领域已经全面领先，NEC、东芝和日立在很

---

* 贾丹，国家工业信息安全发展研究中心（工业和信息化部电子第一研究所）工程师，研究方向为集成电路、半导体、电子信息等。

长一段时间内占据全球前三大半导体供应商的位置，美国 Intel 只能屈居第四。最终在 1985~1992 年，日本超越美国成为全球最大的半导体生产国。1989 年，日本集成电路产品的市场占有率达到全球市场的 53%，大幅领先于美国的 37%，开启了属于日本集成电路产业的黄金年代。20 世纪 90 年代中期美国开始重新重视集成电路产业，个人计算机、移动通信等新型应用不断发展，韩国、中国台湾地区 DRAM 快速崛起，而日本集成电路产品仍然主要依靠 DRAM，其集成电路产业规模占全球的比例开始下降。

尽管日本集成电路产值占比不断下降，但日本集成电路产业的技术依然很强，影响力依然很大，尤其是日本多年来在材料、无源元件和设备等方面的研究和积累，使其在硅片和半导体设备领域依旧名列前茅。在半导体材料领域，日本生产了全球超过 50% 的半导体材料。在半导体设备领域，全球前 10 大半导体设备厂商中，日本占据 5 家。

一 全球市场占比持续萎缩，止住高速下滑趋势

IC Insights 数据显示，1990 年日本集成电路市场的份额（不包括代工厂）高达 49%，远远超过排名第二的美国。当时的 NEC、东芝、日立、松下等厂商依赖于产品的技术和价格优势，在全球具有巨大的影响力。从 20 世纪 90 年代开始，以个人计算机为代表的新型通信设备兴起，掀起了中央处理器（CPU）竞争，日本当时因缺乏产品设计而处于落后地位；在后来的智能手机时代，手机片上系统（SoC）和基带等产品风靡，日本也错失发展良机；甚至在后面火遍全球的无晶圆设计领域，日本也没有赶上。以上种种原因造成了日本如今的集成电路市场状况。

1990~2017 年，日本在全球集成电路市场规模的占比一路下滑，2017 年日本在集成电路市场上的份额（不含晶圆厂）只有 7%（见图 1），这主要是与韩国集成电路供应商在存储领域的竞争有关。激烈的竞争导致日本供应商的数量减少、垂直整合业务的流失，错失了为几个大容量的终端应用提

供集成电路产品的机会,再加上多地区转向轻晶圆厂(Fab-lite)的商业模式降低了晶圆厂和设备的投资,进一步削弱了日本的竞争力。

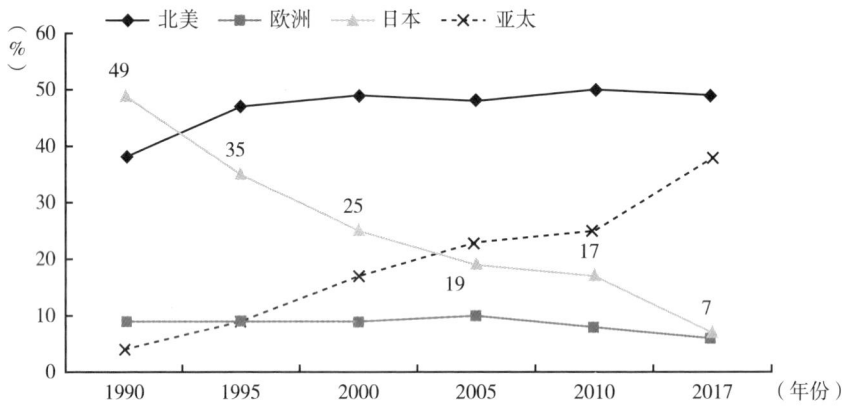

图 1　1990~2017 年全球不同地区集成电路市场份额走势情况

资料来源:IC Insights。

根据 2018 年全球不同地区集成电路市场销售情况(见图 2)分析可知,亚太地区的市场份额增长趋势最为猛烈,由 2017 年的 38% 增长至 2018 年的

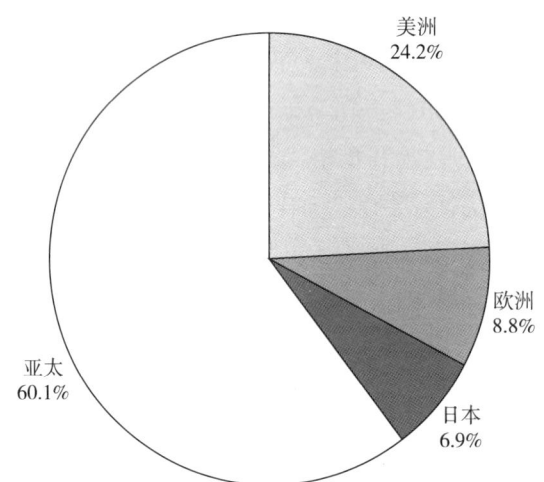

图 2　2018 年全球不同地区集成电路市场销售占比情况

注:2018 年数据为预测值。
资料来源:IC Insights,2018 年 7 月。

60.1%,欧洲和北美市场份额变动不大。日本在全球集成电路市场中份额与2017年相比基本持平,略有缩小(至6.9%)。预计2018~2022年,除了亚太地区在全球集成电路市场中份额仍在上升以外,北美、欧洲和日本的全球市场份额都呈下降趋势,其中日本的市场份额到2022年预计下降至6.4%。

二 设备供应能力稳步提升,核心企业营收可观

从半导体设备销售市场数据来看,2018年韩国、中国大陆和中国台湾地区领跑全球集成电路设备业前三,日本紧随其后位居第四。如图3和图4所示,2015~2020年日本半导体设备销售额呈逐年上升趋势,预计由2016年的46.3亿美元增长至2020年的94.7亿美元,平均年增长率高达26%。全球大部分地区的半导体设备市场在2018年稳步增长,但中国台湾地区、韩国和北美地区出现了小幅下跌。日本市场呈现快速增长态势,增长率仅次于中国大陆,高达33%。

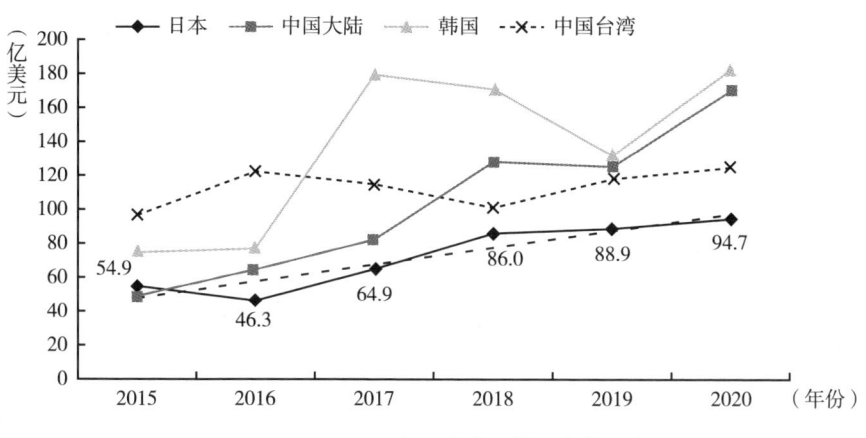

图3 2015~2020年日本半导体设备销售额

注:2018~2020年数据为预测值。
资料来源:SEMI,2018年12月。

从集成电路设备供应商层面看,美国、日本、荷兰是全球集成电路设备制造的三大强国。根据2017年SEMI的统计数据,在全球前十大半导体设

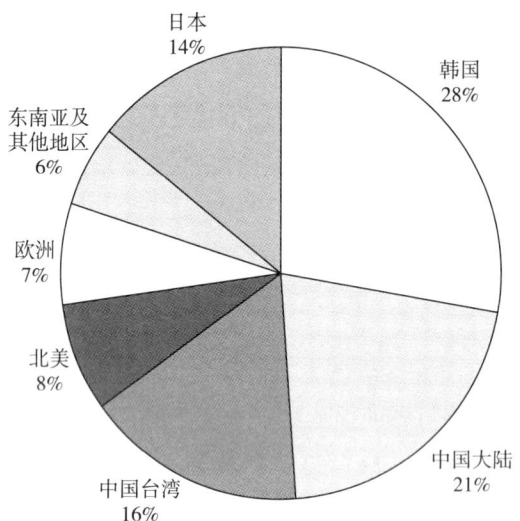

图 4 2018 年日本半导体设备销售规模对比预测

注：2018 年数据为预测值。
资料来源：SEMI，2018 年 12 月。

备供应商中，日本所占市场份额为 19.92%，对应公司数量为 5 家，其中排名在前 5 位的有 1 家，排名 6~10 位的有 4 家（见表 1）。根据美国微电子市场研究公司 The Information Network 的统计数据，2018 年前三季度，前七大半导体设备供应商有 3 家来自日本，市占率达到 27.1%。日本东京电子表现出继续增长的趋势，比 2017 年同期增长 1.6 个百分点。（见表 2）这些领先供

表 1 2017 年全球前十大（日本）半导体设备供应商营业收入情况

单位：亿美元，%

2017 年排名	公司名称（英文）	公司名称（中文）	国别	营业收入	同比增长	市场份额
3	Tokyo Electron	东京电子	日本	72.03	48	12.72
6	Screen Semiconductor Solutions	迪恩士	日本	13.9	1	2.45
8	Hitachi High-Technologies	日立高新	日本	10.3	5	1.82
9	Hitachi Kokusai	日立国际电气	日本	9.7	84	1.71
10	Daifuku	大福	日本	6.9	46	1.22

资料来源：SEMI。

应商凭借技术、资金等优势在半导体设备细分市场高度垄断，尤其是光刻机、沉积设备和刻蚀设备等精度和稳定性要求最高的晶圆加工设备。

表2 2018年前三季度日本半导体设备供应商市场对比

单位：%，个百分点

2018年 Q1~Q3排名	公司名称（英文）	公司名称（中文）	国别	2017年Q1~Q3市场份额	2018年Q1~Q3市场份额	市场份额变化
2	Tokyo Electron	东京电子	日本	20.20	21.80	1.60
6	Hitachi High-Technologies	日立高新	日本	2.90	2.70	-0.20
7	Screen Semiconductor Solutions	迪恩士	日本	2.70	2.60	-0.10

注：2018年数据为预测值。
资料来源：The Information Network，该数据中市场份额仅包括设备收入，不包括服务和备件收入。

三 关键材料行业持续强势，市场占有率超全球五成

生产半导体芯片需要十余种必需的材料，缺一不可，且大多数材料具备极高的技术壁垒，因此半导体材料企业在半导体行业中占据着至关重要的地位。据EEPW统计，2017年全球半导体原材料中，硅晶圆、掩模板和电子气体是半导体原材料使用量最大的三种材料，占比分别为32%、14%和14%，使用量之和超过了全球半导体原材料总使用量的五成。多年来，日本半导体材料行业在全球范围内长期保持绝对优势，日本企业在硅晶圆、合成半导体晶圆、掩模板、光罩、光刻胶、靶材料、保护涂膜、引线架、陶瓷板、塑料板、TAB、COF、焊线、封装材料等十余种重要材料方面均占有50%及以上的份额。

从2017年全球半导体材料市场区域结构情况来看，拥有大规模晶圆代工和封装基地的中国台湾地区贡献了全球21.9%的市场份额，稳居全球半导体材料市场第一，中国大陆位居第二，韩国排名第三，日本第四，贡献了

全球15.0%的市场份额（见图5）。除中国大陆之外，全球其他主要半导体材料市场地区均实现了一定幅度的增长。

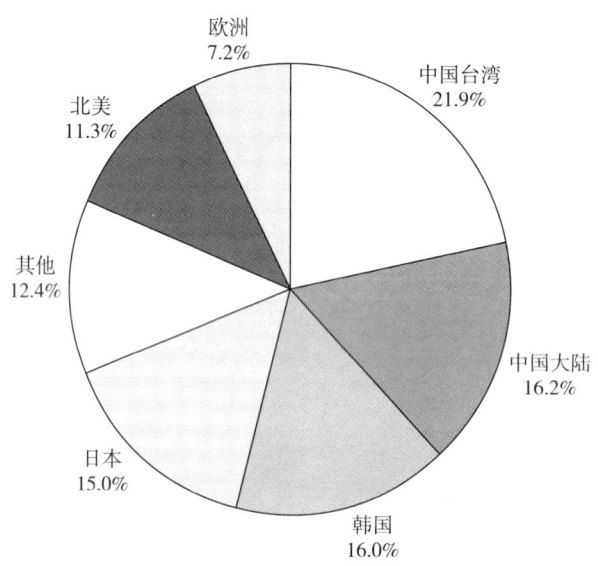

图5　2017年全球半导体材料市场区域结构情况

资料来源：前瞻产业研究院。

日本在硅晶圆材料市场上占据绝对优势。硅晶圆是制造技术门槛极高的尖端科技产品，全球只有大约10家企业能够制造，其中前5家企业占全球90%左右的市场份额。根据2017年全球硅晶圆企业市场份额占比情况（见图6），全球排名前五的企业包括日本信越半导体（市场份额27%）、日本胜高科技（市场份额26%）、中国台湾地区环球晶圆（市场份额17%）、德国世创（Silitronic）（市场份额13%）、韩国LG Siltron（市场份额9%），其中排在前两位的日本企业的市场份额总和已经超过全球半数。

日本在掩模板材料市场上的市场占有率同样强势。目前国际上生产光掩模板的企业包括日本凸版印刷（Toppan）、大日本印刷（DNP）、美国Photronics、日本豪雅（HOYA）、日本SK电子、中国台湾地区的台湾光罩等。从2017年全球掩模板企业市场份额占比情况来看，日本凸版印刷、大

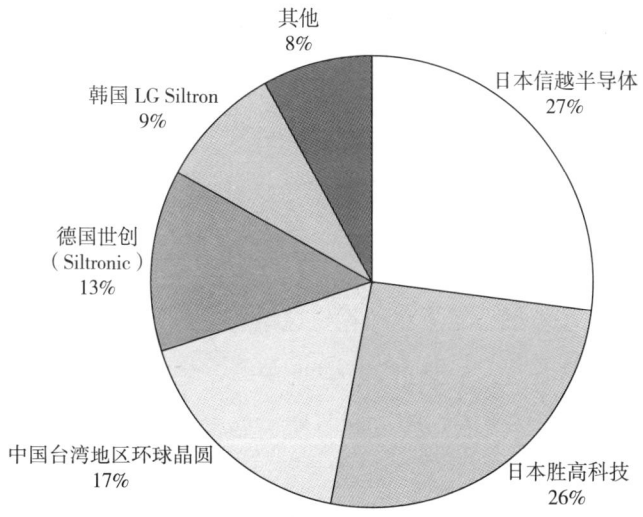

图6　2017年全球硅晶圆企业市场份额占比情况

资料来源：Digitimes。

日本印刷与美国Photronic三家企业的全球市场占有率达80%以上，日本凸版印刷和大日本印刷两家的全球市场占有率为50%（见图7）。

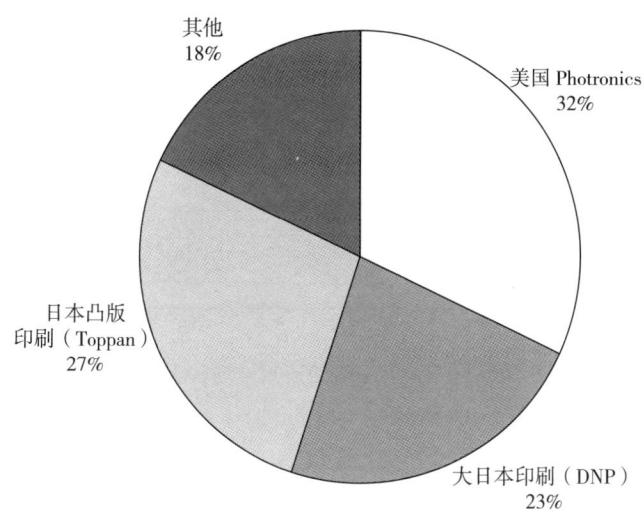

图7　2017年全球掩模板企业市场份额占比情况

资料来源：EEPW。

工业和信息化蓝皮书·集成电路产业

四 计算机和通信应用市场最大，军用市场稳中有升

集成电路终端市场一般包括军用、通信、工业、计算机、汽车和消费电子应用市场。

军事应用市场方面，日本虽然在全球市场中的占比较低，但近年来的发展趋势是一直在缓慢提升。据IC Insights预测，全球军用集成电路市场总额2021年预计达到31亿美元，约占同时期集成电路市场总量的0.7%。美洲地区是迄今为止军用集成电路的最大市场，预计2018年占全球军用集成电路市场的66%。相比之下，日本仅为1.2%。2017~2021年日本集成电路应用市场份额变化趋势来看，日本在全球军用集成电路市场中的占比保持了缓慢上升的趋势（见图8）。

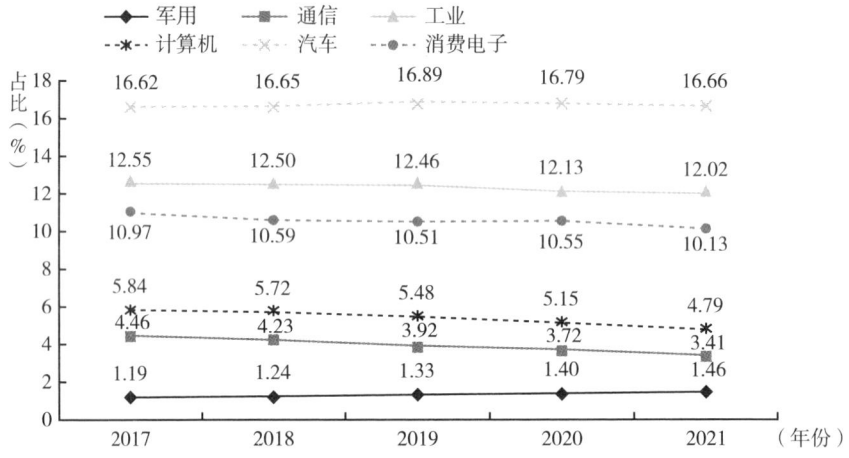

图8 2017~2021年日本集成电路应用市场占全球份额变化趋势

注：2018~2021年数据为预测值。
资料来源：IC Insights。

通信应用市场方面，日本通信市场在本土集成电路应用市场中的占比排名第二（市场份额为21.19%，见图9），市场空间广阔。但从发展趋势来

看，日本通信用集成电路市场预计将呈现低迷走势。2017～2021年通信用集成电路市场的复合年增长率预计为4.6%，低于同期整个集成电路市场的复合年增长率（6.1%），日本通信用集成电路市场预计将持续低迷，在全球占比连续下降。

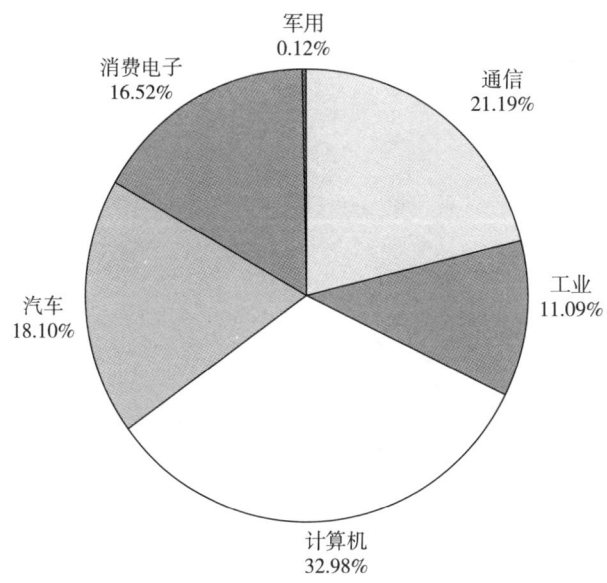

图9　2018年日本集成电路应用市场规模占比预测

资料来源：IC Insights，2018年6月。

工业应用市场方面，全球工业集成电路市场2017～2021年复合年增长率预计将强劲增长至8.1%，2017年日本在整个工业集成电路市场中占比最小，仅为12.55%，预计到2021年占比约为12.02%。

计算机应用市场是日本集成电路应用最广泛的市场领域。如图9所示，2018年日本集成电路计算机应用市场在整个应用市场中的规模占比最大，约为33%，计算机、通信和汽车应用三个领域的市场占有率总和超过了日本集成电路应用市场总规模的70%。此外，计算机、汽车和消费电子应用市场2017～2021年市场占有率基本平稳，稍显下滑趋势。

五 产业投入持续攀升，资本支出位列全球前五

日本半导体资本支出大幅落后全球前三的主要地区。根据 IC Insights 预测，从 2018 年全球区域半导体资本支出份额来看，韩国、北美和中国台湾地区依旧领跑全球半导体资本支出，日本在全球的份额仅为 5%，位列第五（见图 10）。

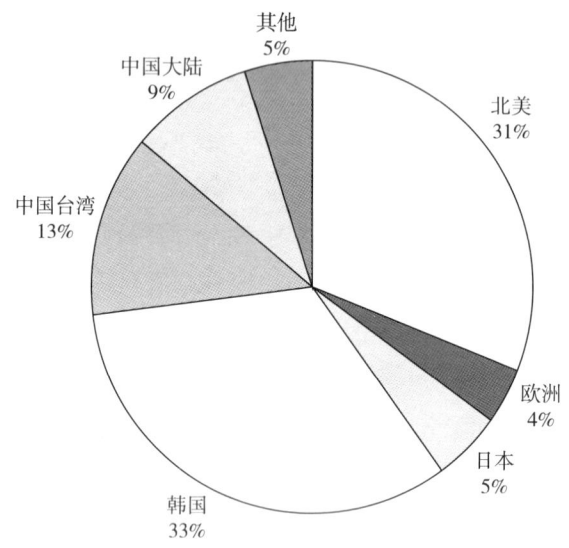

图 10 2018 年全球区域半导体资本支出份额预测

资料来源：IC Insights，2018 年 11 月。

分析 2016~2018 年日本半导体公司资本支出情况，如表 3 所示。可知，日本近年来的资本支出占比逐年提高。2018 年，东芝资本支出预计将同比增长 76%，索尼同比增长 30%，罗姆（ROHM）同比增长 24%，而瑞萨电子同比下降 43%，该公司在 2017 年的资本支出同比增长 97%。除以上公司以外，其他半导体企业的资本支出有所下降，但总体来讲，日本 2018 年预期资本支出将上升 12%。

表3 2016~2018年日本半导体公司资本支出情况

单位：亿美元，%

2018年排名	公司名称	2016年	2017年	同比增长	2018年	同比增长
1	东芝	15.12	12.52	-17	22.00	76
2	索尼	10.22	10.50	3	13.65	30
3	瑞萨电子	5.20	10.23	97	5.80	-43
4	罗姆（ROHM）	2.75	4.14	51	5.15	24
—	其他	10.71	11.99	12	8.95	-25
—	合计	44.00	49.38	12	55.55	12

注：2018年数据为预测值。
资料来源：IC Insights，2018年11月。

六 制造能力依旧较强，国内市场供大于求

根据IC Insights的数据，2017年全球前25大半导体供应商中，日本公司仅有3家，预计2018年全球前25大半导体供应商中，日本公司依旧为3家，其中跻身全球前10位的仅有1家，即日本东芝公司。据统计，2017年跻身全球前25大半导体供应商的3家日本公司的集成电路和半导体销售额分别共计132.31亿美元和212.24亿美元，在全球前25大半导体供应商集成电路和半导体销售额中的占比为3.7%和5.5%。预计2018年这3家日本公司集成电路和半导体销售额分别为150.54亿美元和234.49亿美元，在全球前25大半导体供应商集成电路和半导体销售额中的占比为3.6%和5.3%，略有下降。三家日本公司2017~2018年的集成电路和半导体销售额如表4所示。

2017年，全球纯晶圆代工厂销售额仅有6%来自日本，销售额为34.93亿美元，预计2018年全球纯晶圆代工厂销售额中日本占比将保持在6%，销售额为34.66亿美元，略有下降，如表5所示。IC Insights预测，2018年12月日本晶圆月产能为326万片，全球晶圆月产能为1946万片，日本占比达到16.8%。从2017年全球纯晶圆代工厂销售额仅6%来自日本的数据，可知日本自身的供应能力远大于其需求水平，可见日本的制造能力很强。

表4 2017～2018年全球排名前25位的日本半导体企业销售额

单位：亿美元，%

2018年全球排名	2017年全球排名	公司名称	2017年集成电路	2017年半导体	2018年集成电路	2018年半导体	集成电路销售额同比增长
8	9	东芝	122.05	133.33	141.37	154.07	16
15	14	索尼	10.26	78.91	9.17	80.42	-11
18	18	瑞萨电子	53.28	68.30	52.37	67.11	-2
		合计	132.31	212.24	150.54	234.49	14

注：2018年数据为预测值，包括收购公司2017年和2018年全年的销售额。
资料来源：IC Insights，2018年11月。

表5 2017～2018年全球纯晶圆代工企业在日本区域销售额对比

单位：亿美元，%

纯晶圆代工企业	2017年日本	2017年全球	2017年日本占比	2018年日本	2018年全球	2018年日本占比
台积电(TSMC)	22.30	321.63	7	21.48	347.65	6
格罗方德(GF)	1.24	61.76	2	1.33	66.4	2
联电(UMC)	1.58	48.98	3	1.42	51.65	3
中芯国际(SMIC)	0.31	31.01	1	0.33	32.75	1
其他	9.5	84.79	11	10.1	91.75	11
合计	34.93	548.17	6	34.66	590.2	6

注：2018年数据为预测值。
资料来源：IC Insights，2018年9月。

七 启示

（一）重视自主研发，成就产业繁盛

日本20世纪60年代的半导体产业国产化比例只有20%，美国的反制措施让日本意识到自身在半导体产业上的被动，促使日本开启了自主研发之路。日本超大规模集成电路（VLSI）共同研究所项目的启动是彻底改变日本半导体产业地位的关键举措。通过将富士通、日立、三菱等主要企业的研发人员集结起来，政府投入约半数的财政资金，该项目取得了 1000 余项专利，日本半导体制造装置国产化率在 1980 年代初达到 70% 以上，日本集成电路崛起初见成效。由此日本半导体业开启了"黄金时代"，全球市场份额不断上升，在全球范围内开始具有举足轻重的地位。

（二）错失规模化机遇，产业由盛转衰

20 世纪 80 年代后期，日本的 DRAM 市场份额开始大幅衰退，根本原因是 DRAM 市场结构发生巨变，频繁的贸易摩擦也一定程度上阻碍了行业发展。

一方面，日本没能及时适应市场变化。20 世纪 80 年代后期，随着个人计算机市场蓬勃发展，市场对存储器可靠性和寿命的要求逐渐变低，对低廉的价格提出了需求。但当时日本依旧把高可靠性作为生产标准，未能很好地适应市场需求变化。尽管当时日本公司看到了个人计算机市场的动向，但仍执着于成品率，在成本降低方面比较欠缺。

另一方面，日本没有抓住全球半导体制造市场转向无晶圆厂（Fabless）模式的发展机遇。Fabless 发展模式有诸多优点，包括使设计与代工分离，二者均朝更为专业的方向发展，从而对市场变化做出迅速反应。Fabless 模式是半导体产业在规模经济发展下的必然走向。而以日本的发展模式来看，与其说其错失了市场的大变化，不如说半导体产业发展需很强的规模经济为营运支撑，而日本制造商未能发展出具有相应经营形态与经济规模的厂商，造成其竞争力不断被削弱。

（三）政企协同发力，前景依旧广阔

尽管日本半导体产业的辉煌已成为历史，目前的全球市场占有率已不足10%，但多年来日本并没有放弃发展集成电路产业。从政府层面，日本启动了多项官产学项目，包括飞鸟（Asuka）计划、未来计划 MIRAI、HALCA等。2006 年，日本推出新的五年计划，被视为飞鸟计划的延续。新的五年计划分为两部分：一是 SELETE 五年研发项目，每年投资预算为 100 亿日

元，探索45纳米和32纳米实际应用工艺；另一部分是STARC五年研发计划，每年投资预算为50亿日元，用于开发可制造性设计（DFM）平台。从企业并购层面，2018年9月11日，全球车用半导体排名第三的日本半导体厂商瑞萨电子宣布将以67亿美元全现金交易的方式收购美国芯片厂IDT所有流通股份，这是日本半导体产业有史以来最大的并购。

尽管正在经历衰退，但日本集成电路在一些细分领域仍然扮演着重要角色。日本企业依然在核心零部件、上游化学材料方面保持优势。半导体是一个集成性的行业，需要多年的经验积累才能有创新。日本半导体根基很深，目前可能发展得比较慢，但其基础仍在，在半导体产业竞争力不容小觑。

参考文献

IC Insights：*The McClean Report 2018*.
IC Insights：*IC Market Drivers 2018*.
电子发烧友网站，http：//elecfans.com/。
Digitimes网站，http：//www.digitimes.com/。
《日本半导体半世纪兴衰浮沉 外资"瓜分"最后的巨头》，2018年6月16日。

B.5
2018年亚太地区集成电路产业发展概览

贾 丹*

摘 要： 亚太地区是全球最大的集成电路市场，2018年亚太地区集成电路市场总规模约占全球的60%，领跑全球；全球主要代工厂集聚亚太，销售额超过全球总量的70%；亚太地区2018年集成电路产业的主要应用市场是计算机和通信领域，全球占比均超过六成。随着近年来中国大陆、中国台湾地区和韩国等地在集成电路产业资本投入的进一步加大，亚太地区集成电路产业发展前景可观。

关键词： 亚太地区 半导体 集成电路

近年来，亚太地区电子产业蓬勃发展使亚太地区跃升为全球最大的集成电路市场。全球知名咨询公司IC Insights预计，2018年亚太地区集成电路总规模约占全球市场总量的60%，领跑全球。亚太地区集成电路市场需求量巨大，且在集成电路产业链上下游的能力发展均衡。在设计领域，亚太地区有3个公司入围2017年全球十大集成电路设计企业，分别为中国大陆海思半导体和紫光集团以及中国台湾地区联发科，发展前景广阔；亚太地区的制造能力全球领先，全球主要代工企业——中国台湾地区的台积电、联电以及

---

* 贾丹，国家工业信息安全发展研究中心（工业和信息化部电子第一研究所）工程师，研究方向为集成电路、半导体、电子信息等。

中国大陆的中芯国际在2018年的全球销售预计超过全球代工总销售额的73%；2017年和2018年上半年全球封测前十大厂商中，中国台湾地区占据5家、中国大陆占据3家；韩国在设备领域也是领先全球。随着中国大陆、中国台湾地区和韩国等地近年来在集成电路领域投入的进一步加大，亚太地区集成电路产业发展前景可观。

需要特别指出，本报告所指亚太地区为不包括日本的亚洲及太平洋地区所有国家和地区。

一 市场规模领跑全球，中国占亚太半壁江山

据IC Insights统计，2017年亚太地区集成电路市场领跑全球，销售额达到2227亿美元，是排名第二的美洲集成电路市场销售额的2.6倍，占全球集成电路销售额的60.29%，年增长率高达23%，遥遥领先于其他地区。2018年全球集成电路市场中销售额最高地区依旧为亚太地区，销售额高达2572亿美元，占全球集成电路销售额的60.09%，同比增长15%，但在全球中的占比略有下降。如图1所示，2017～2022年，预计全球各地区集成电路销售情况趋于稳定，亚太和美洲集成电路销售额在全球中的占比稳中有升，日本和欧洲的占比呈小幅下降趋势。如图2所示，亚太在2018～2022年的销售占比趋于稳定，呈缓慢上升趋势，复合年增长率为7%，同美洲集成电路市场的同期复合年增长率持平。集成电路市场的增长主要基于半导体器件在智能手机、平板电脑、计算机和电视机中的应用。

过去十年间，亚太地区集成电路市场的巨大增长反映了亚太地区特别是中国、越南、马来西亚和泰国电子系统产量的不断增长。一般来说，区域集成电路市场的增长通常与区域电子系统生产的增长密切相关。随着全球更多的电子系统将在亚太地区生产，亚太地区集成电路市场的增长将在未来五年显示持续增长的态势。

表1　2017～2022年全球不同地区集成电路市场销售额

单位：亿美元，%

地区	2017年	同比增长	2018年	同比增长	2019年	2020年	2021年	2022年	2017～2022年CAGR
美洲	872	34	1036	19	1071	1043	1117	1212	7
欧洲	332	21	377	13	397	394	411	436	6
日本	262	20	295	13	308	294	304	325	4
亚太	2227	23	2572	15	2687	2651	2841	3098	7
合计	3693	25	4280	16	4463	4382	4673	5071	7

注：2018～2022年数据为预测值。
资料来源：IC Insights，2018年7月。

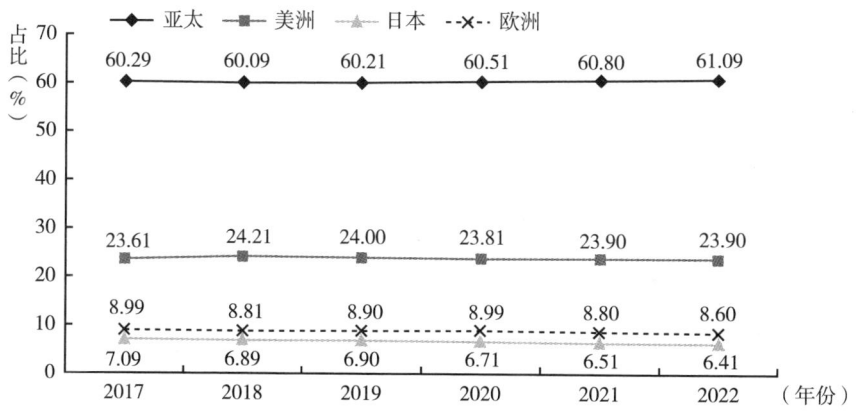

图1　2017～2022年全球不同地区集成电路市场销售份额走势

注：2018～2022年数据为预测值。
资料来源：IC Insights，2018年7月。

中国的集成电路市场在亚太市场中占据绝对份额。IC Insights 预测，2018年中国大陆地区集成电路市场在亚太地区中占比高达60.9%，占据亚洲半壁江山。其次是中国台湾地区，预计2018年在亚太地区中占比为23.9%。韩国、新加坡和其他地区2018年占比分别为7.5%、4.9%和2.8%。如图4所示，2016～2022年中国大陆的市场在亚太地区中占比将持续扩大，中国台湾、韩国、新加坡等地的份额呈逐年减小趋势。到2022年，

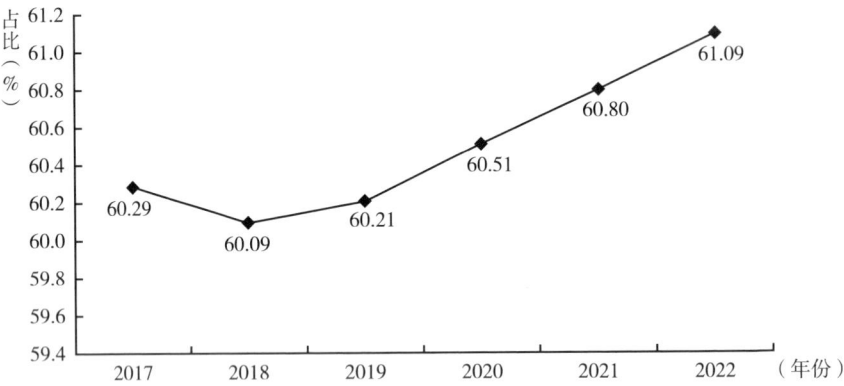

图 2　2017~2022 年亚太地区集成电路市场销售份额走势

注：2018~2022 年数据为预测值。
资料来源：IC Insights，2018 年 7 月。

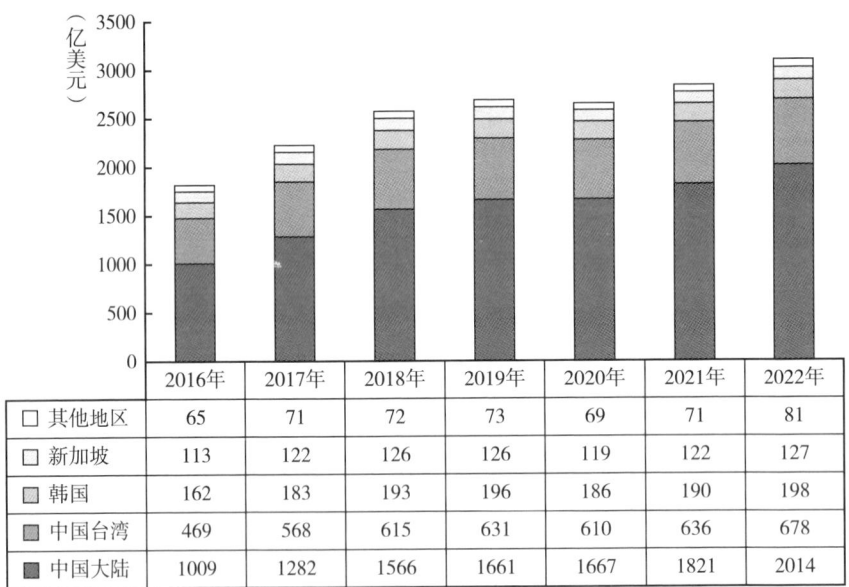

图 3　2017~2022 年亚太地区不同国家集成电路市场销售额

注：2018~2022 年数据为预测值。
资料来源：IC Insights，2018 年 7 月。

中国大陆和中国台湾地区集成电路市场的总和将达到2692亿美元,约占亚太集成电路市场总量的87%,占全球5071亿美元集成电路市场的一半以上(约为53%)。随着越南等国家将继续成为中国大陆和中国台湾地区的电子系统生产替代区,预计亚太集成电路市场中"其他地区"部分在预测期内的市场份额将略有增加。

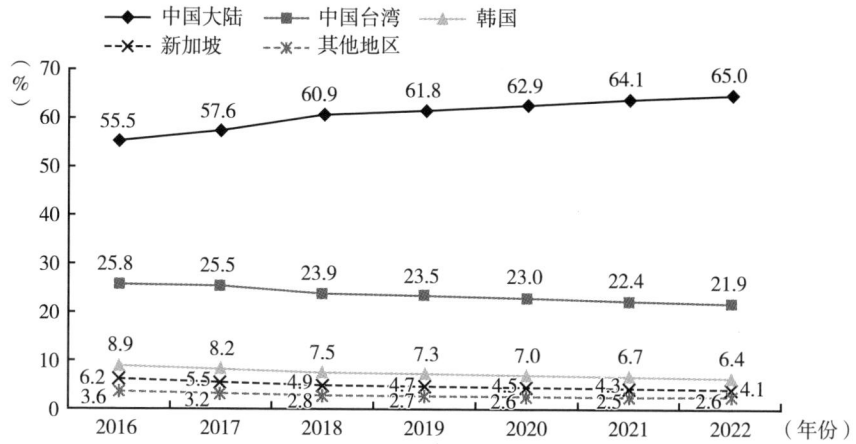

图4　2017~2022年亚太地区不同国家集成电路市场销售份额走势

注:2018~2022年数据为预测值。
资料来源:IC Insights,2018年7月。

二　资本支出全球占比过半,韩国势头最猛

IC Insights统计了2016~2017年全球资本支出较大(即大于等于4亿美元)的27家集成电路企业排名,并对2018年的资本支出进行了预测。预计27家企业在2018年的资本支出总和占2018年全球集成电路企业资本支出总额的92%。27家企业包含亚太地区12家企业,占比超过了44%。由图5可知,2017年亚太地区企业资本支出占全球的比重58.4%,2018年占比略有下降,为54.81%。

韩国在亚太地区资本支出表现最为抢眼。表2给出了亚太地区不同国家

工业和信息化蓝皮书·集成电路产业

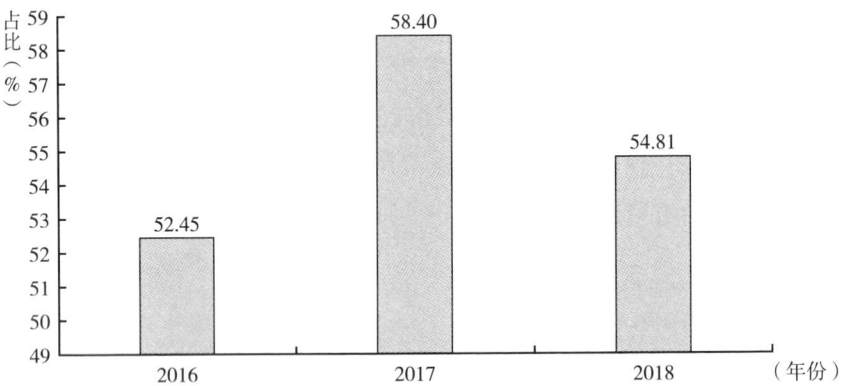

图5 亚太地区企业资本支出在全球的比重

注：2018年数据为预测值。
资料来源：IC Insights，2018年11月。

或地区企业资本支出情况，图6为亚太不同国家或地区企业资本支出占比情况。分析可知，韩国和中国台湾地区的资本支出量远超中国大陆，2017年韩国企业的资本支出与2016年相比年增长率高达95%，中国大陆增长率更是接近100%。从整体趋势角度分析，2016～2018年韩国和中国大陆的企业资本支出占比均有增长，韩国涨幅最为明显，预计从2016年的46.67%增长至2018年的60.50%，中国台湾地区占比预计从2016年的42.24%下降至22.79%。

表2 亚太地区不同国家或地区企业资本支出情况

单位：亿美元，%

地区	2016年	2017年	同比增长率	2018年	同比增长率
韩国	165.98	324.3	95	355.3	10
中国台湾	150.22	142.89	-5	133.85	-6
中国大陆	39.46	78.68	99	98.1	25
合计	355.66	545.87	53	587.25	8

注：2018年数据为预测值。
资料来源：IC Insights，2018年11月。

082

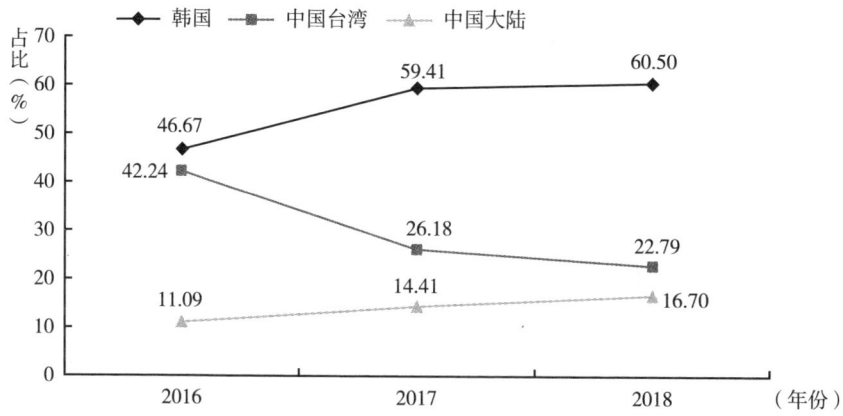

图6 亚太不同国家或地区集成电路企业资本支出占比情况

注：2018年数据为预测值。
资料来源：IC Insights，2018年11月。

在全球企业资本支出排名前5的企业中，亚太企业占据3个席位，分别为韩国三星、SK海力士和中国台湾地区的台积电。表3为2018年全球排名前五的亚太企业资本支出情况，三星继2016年半导体资本支出113亿美元后，2017年的资本支出翻了1倍多，达到242.32亿美元。预计2018年三星半导体集团的资本支出将达226.2亿美元，仅比2017年减少16.12亿美元。三星过去两年的资本支出规模在半导体行业上是史无前例的。预计2019年全球排名前五的半导体企业资本支出总额将下降12%。鉴于目前内存市场的疲软预计至少会持续到2019年上半年，三星、SK海力士和台积电的资本支出总额预计将大幅下降。

表3 2018年全球排名前五的亚太企业资本支出情况

单位：亿美元，%

2018年排名	公司	国家	2017年	2018年	同比增长率	2019年	同比增长率
1	三星	韩国	242.32	226.2	-7	180	-20
2	SK海力士	韩国	80.91	120	58	100	-22
4	台积电	中国台湾	108.46	102.5	-5	100	-2
前5合计	—	—	614.22	711.3	15	610	-12

注：2018~2019年数据为预测值。
资料来源：IC Insights，2018年11月。

三 存储器市场绝对占优，ASIC市场前景喜人

2008年，亚太地区首次占据了超过50%的全球存储器市场。据IC Insights预测，2018年亚太地区存储器市场规模将高达944.16亿美元，占据全球最大的区域存储器市场份额，约为56.08%（见图7），但该数据仍低于其历史最高水平，2016年亚太地区占全球市场份额的58.8%。预计到2022年，亚太地区仍为全球最大的存储器市场，市场份额预计将保持在55%左右。

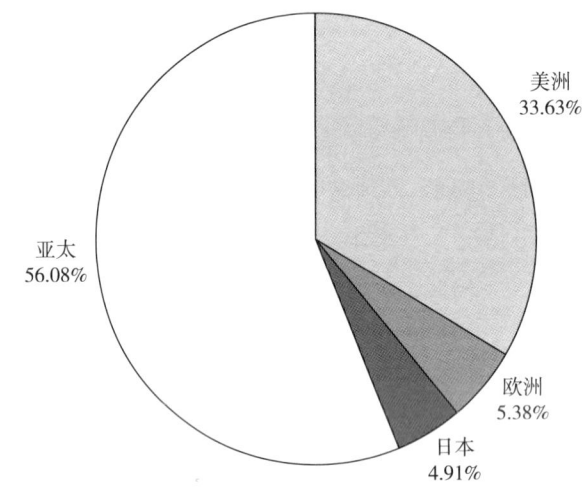

图7 2018年全球存储器市场占比情况

注：2018年数据为预测值。
资料来源：IC Insights，2018年7月。

按终端应用市场分类，亚太地区存储器的应用市场主要包括消费电子、汽车、计算机、工业、通信和军用。其中，亚太存储器的最大市场是计算机，预计2018年市场份额占比高达47.16%；其次是通信市场，份额占比将达到37.54%；再次是消费电子市场，占比约为11.95%；占比最小的市场为军用集成电路市场，份额不足1%（见图8）。

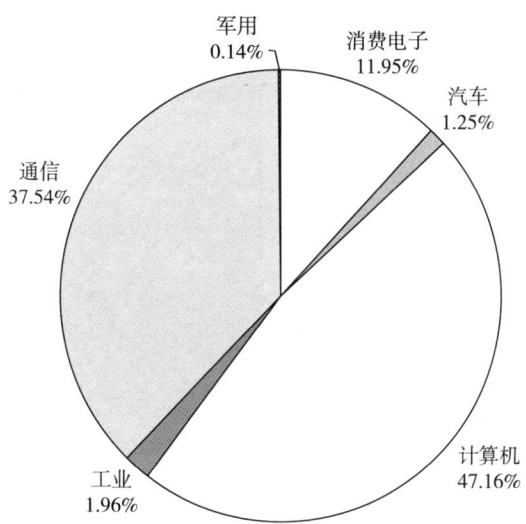

图 8　2018 年亚太存储器终端市场应用分布情况

注：2018 年数据为预测值。
资料来源：IC Insights，2018 年 7 月。

日本在 2008 年和 2009 年是全球最大的专用集成电路（ASIC）市场，但过去十年间，电子系统生产从日本向亚太地区（如中国、越南等）转移，使亚太地区于 2010 年首次超越日本成为最大的 ASIC 市场，从 2015 年开始，亚太地区 ASIC 市场份额已达日本的两倍之多。如图 9 所示，与美洲和日本 ASIC 市场萎缩相比，2018 年亚太地区 ASIC 市场规模预计达到 64.5 亿美元，占比为 43.76%。

分析 2008～2018 年亚太地区 ASIC 市场规模走势情况（见图 10）可知，亚太地区 ASIC 市场的规模逐年扩大，由 2008 年总市场规模 44.45 亿美元上升至 2017 年的 62.51 亿美元，预测 2018 年将达到 64.49 亿美元。从总体趋势上来看，近三年基本呈稳定上升趋势。由图 11 可知，预计 2018 年亚太地区标准单元 ASIC 市场占总体规模的 51.93%，处于绝对优势；其次是可编程逻辑器件（PLD）ASIC 市场，占比达到 36.77%；全定制/其他 ASIC 占比为 11.01%；门阵列 ASIC 市场占比最低，仅为 0.29%。

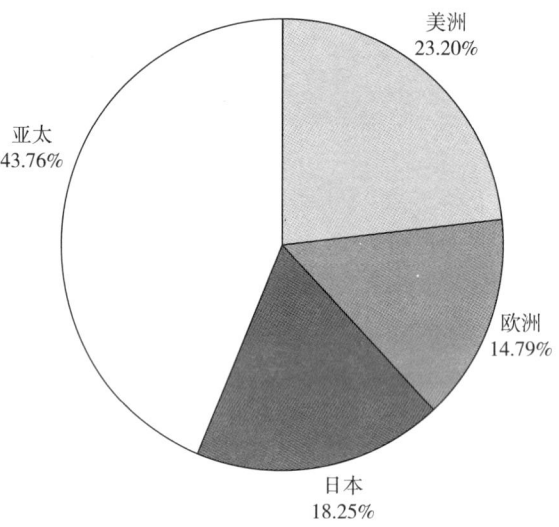

图 9　2018 年全球 ASIC 市场占比

注：2018 年数据为预测值。
资料来源：IC Insights，2018 年 7 月。

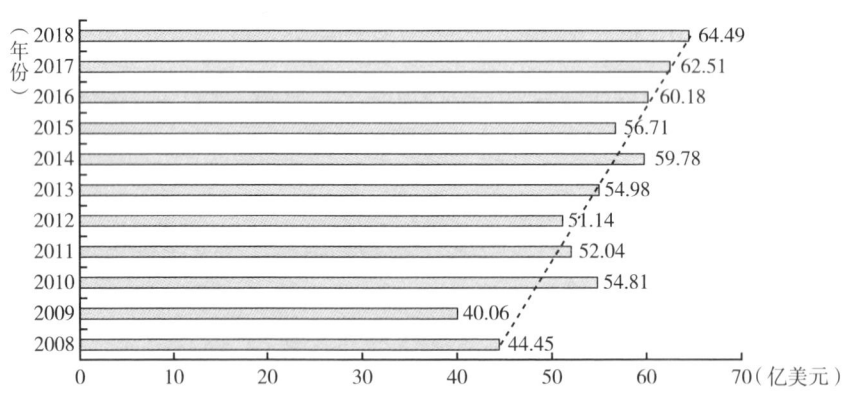

图 10　2008～2018 年亚太地区 ASIC 市场规模走势

注：2018 年数据为预测值。
资料来源：IC Insights，2018 年 7 月。

2018年亚太地区集成电路产业发展概览

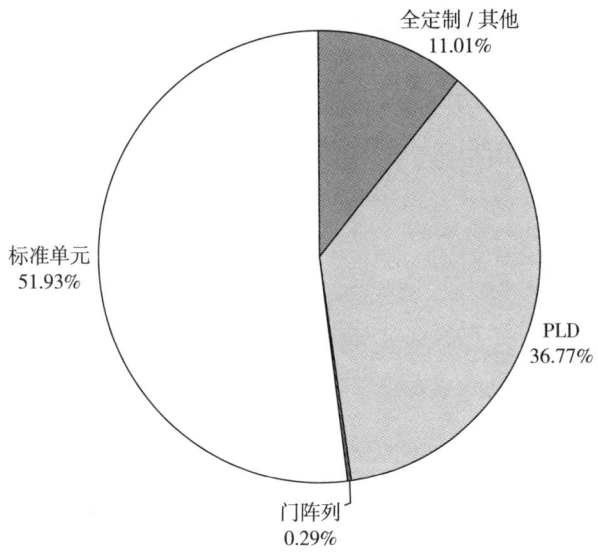

图11　2018年亚太地区ASIC具体分类市场规模分布情况

注：2018年数据为预测值。
资料来源：IC Insights，2018年7月。

四　制造能力全球领先，主要代工企业集聚亚太

据IC Insights统计，全球前四大纯晶圆代工企业有3家来自亚太地区，其中台积电和联电2家企业来自中国台湾地区，中芯国际来自中国大陆。2017年，全球主要纯晶圆代工企业中亚太企业在全球的销售额为401.62亿美元，占全球主要纯晶圆代工企业总销售额的73.27%；2018年，全球主要纯晶圆代工企业中亚太企业在全球的销售额预计将达432.05亿美元，占全球主要纯晶圆代工企业总销售额的73.20%（见表4），由此可见，亚太是全球纯晶圆代工的主战场，全球超七成纯晶圆代工在亚太地区完成。

在全球前四大纯晶圆代工厂中，台积电制造能力最强，2017年在全球的销售额达到了321.63亿美元，超过了全球纯晶圆代工总销售额的58.7%，贡献了超五成的全球纯晶圆代工能力，预计2018年在全球的销售额将达347.65亿美元，全球占比趋于稳定。

087

表 4 2017～2018 年全球纯晶圆代工企业在亚太地区销售额

单位：亿美元，%

纯晶圆 代工企业	2017 年 亚太销售额	2017 年 全球销售额	2017 年 亚太占比	2018 年 亚太销售额	2018 年 全球销售额	2018 年 亚太占比
台积电（TSMC）	71.71	321.63	22.30	98.21	347.65	28.25
格罗方德（GF）	13.59	61.76	22.00	15.27	66.4	23.00
联电（UMC）	23.14	48.98	47.24	25.58	51.65	49.53
中芯国际（SMIC）	15.85	31.01	51.11	19.61	32.75	59.88
其他	37.95	84.79	44.76	42.20	91.75	45.99
合计	162.24	548.17	29.60	200.87	590.2	34.03

注：2018 年数据为预测值。
资料来源：IC Insights，2018 年 9 月。

IC Insights 预测，2018 年全球主要纯晶圆代工企业销售额中预计有 53% 来自美洲地区（主要是美国），亚太地区排名其次，2018 年亚太地区总销售额突破 200 亿美元，比 2017 年销售额高出 40 亿美元，2018 年全球占比达到 34%（见图 12），高出 2017 年近 5 个百分点。对比全球主要纯晶圆代工企业中亚太企业在全球销售额中超七成的数据，可以得出亚太地区的纯晶圆制造能力远大于其市场需求。

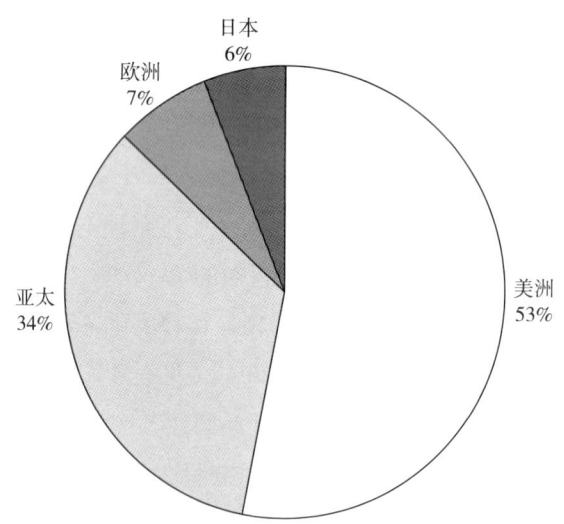

图 12 2018 年全球纯晶圆代工企业在亚太地区销售额分布

注：2018 年数据为预测值。
资料来源：IC Insights，2018 年 9 月。

五 通信市场全球占比最高，未来三年稳中有升

2017～2021年亚太地区不同终端应用的集成电路市场占比均呈现稳中有升的态势（见图13）。

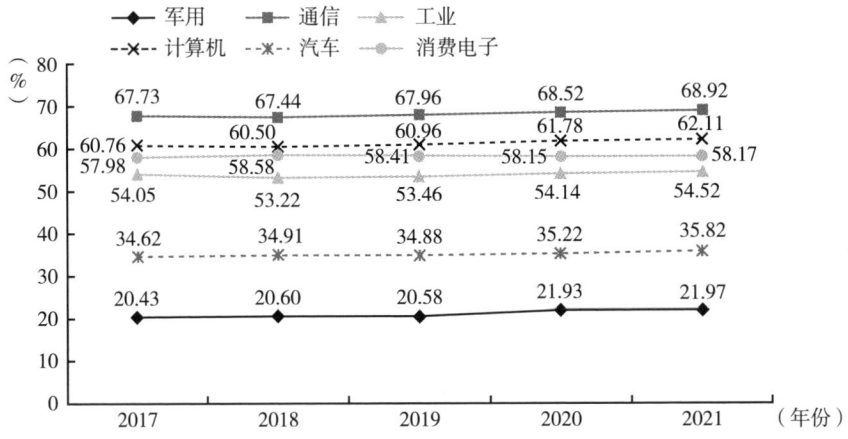

图13 2017～2021年亚太地区集成电路应用市场占比趋势分析

注：2018～2021年数据为预测值。
资料来源：IC Insights，2018年6月。

全球军用集成电路市场预计2021年将达到31亿美元，仅占同期集成电路市场总量的0.7%。预计整个军用集成电路市场在2017～2021年的复合年增长率将达到5.2%，比同期整个集成电路市场的复合年增长率预测值低6.1%。2018年亚太是除美洲地区外军用集成电路市场占比最大的地区，达到20.60%。

通信用集成电路市场2017～2021年的复合年增长率预计为4.6%，低于同期整个集成电路市场的复合年增长率。2017年亚太地区通信集成电路市场总量占全球通信集成电路市场总量的67.73%，预计2021年将占据68.92%的市场份额，在全球中占比最高。

工业用集成电路市场2017～2021年复合年增长率预计将强劲增长8.1%。2018年，预计亚太是工业用集成电路的最大区域市场，在全球中占

比高达53.22%，到2021年仍是全球最大的区域市场，占比约为54.52%。

计算机用集成电路市场预计2021年将达到1797亿美元，比2017年增长24%。到2021年，亚太地区仍将是最大的计算机集成电路市场。2017年，亚太地区持有全球60.76%的计算机市场份额，预计2021年占比将达到62.11%。

汽车用集成电路市场继续上升，预计2021年将比2017年市场规模高出164亿美元，2017～2021年复合年增长率为12.5%。亚太地区于2015年首次超过欧洲，成为全球最大的汽车用集成电路市场，2021年将占有全球汽车用集成电路市场36%的份额，高于2017年的34.62%。

2017年亚太地区消费电子用集成电路市场占全球该应用市场的57.98%，预计2018年的份额将相对稳定。预计2017～2021年消费电子用集成电路市场的复合年增长率为6.8%，高于同期整个集成电路市场的复合年增长率。

从亚太地区内部的集成电路应用市场（见图14）分析，2018年亚太地

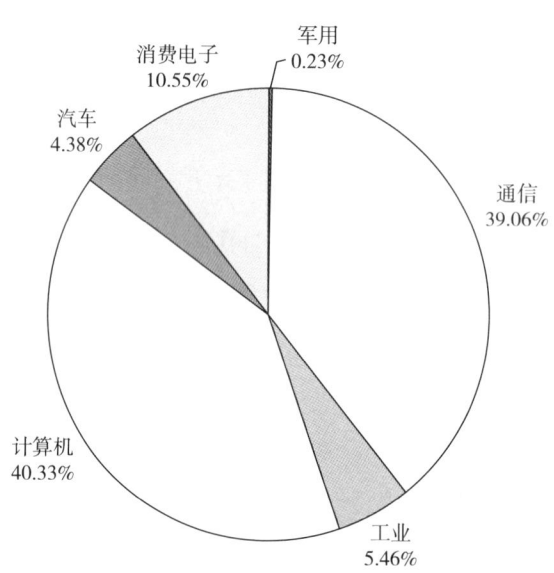

图14　2018年亚太地区集成电路应用市场规模分布情况

注：2018年数据为预测值。
资料来源：IC Insights，2018年6月。

区集成电路应用最广泛的是计算机领域，占比约为40.33%；其次是通信和消费电子领域，占比分别为39.06%和10.55%，这三个领域的市场占有率总和接近亚太地区集成电路市场总规模的90%。

六　总结

亚太地区作为全球最大的集成电路市场，发展前景广阔。集成电路行业的发展需要巨额资金的投入，但是投入的资金只有真正转化成生产力才是硬道理。SEMI估计，全球将于2017~2020年投产62座半导体晶圆厂，其中26座设于中国大陆，占全球总数的42%。这对亚太地区的制造能力来说无疑起到前所未有的推动作用。IC Insights 统计的全球资本投入最大的27家集成电路企业中含亚太地区企业12家，数量占比超过44%，2017年亚太地区企业资本投入占全球的58.4%，2018年占比为54.81%。韩国三星继2016年半导体资本投入113亿美元后，2017年的资本投入翻了一倍，达到242亿美元，预计2018年三星资本投入将达226亿美元。三星等重点企业在半导体行业的重金投入也反映出亚太地区集成电路产业蓬勃发展的态势。良好的发展生态也为中国带来更好的机遇、更大的挑战，相信中国将同亚太一道，在集成电路产业广阔的大路上砥行致远。

参考文献

IC Insights：*The McClean Report 2018*.
IC Insights：*IC Market Drivers 2018*.
中国半导体行业协会官网，http://www.csia.net.cn/。

B.6
2018年中国集成电路产业发展概览

苏建南[*]

摘　要： 2018年，中国集成电路产业蓬勃发展，市场规模全球第一，集成电路产量、进口数量及金额均高于上一年度。在《国家集成电路产业发展推进纲要》等相关政策扶持下，在国家集成电路产业基金第一期和第二期的推动下，产业链整体协调发展。设计业规模占集成电路产业总规模的比重最大，龙头企业进入全球前十；制造业规模涨幅居全球之首，大规模扩建8英寸和12英寸晶圆厂。未来，在人工智能、5G、汽车电子等需求推动下，中国集成电路产业的市场空间将进一步扩大。

关键词： 中国　集成电路　设计业　制造业

经过50余年的发展，中国已成为全球最大的集成电路市场，在国内外市场需求的拉动下，在国家相关鼓励政策的扶持下，中国集成电路产业保持高速增长，创新能力和产品质量不断提高，规模企业数量持续增多，骨干企业实力大幅增强。2018年，中国集成电路市场规模保持全球第一，在国内企业销售额增长的同时，对进口产品的需求也在增长。2018年，中国集成电路制造业需求增大，国外领先的代工厂均计划或正在中国建厂，国内企业

---

[*] 苏建南，国家工业信息安全发展研究中心（工业和信息化部电子第一研究所）工程师，研究方向为集成电路、半导体、电子元器件等。

也在大规模扩建8英寸和12英寸晶圆厂,制造业规模涨幅居全球之首;设计业取得较好成绩,海思半导体和紫光集团进入全球设计企业前十,销售额过亿企业数量超过200家,关键产品有所突破;封测业、装备业和材料业协调发展。2018年,中国集成电路产业整体呈现蓬勃发展态势,但在高端集成电路设计、先进工艺制造、高端设备、关键材料等领域仍与国外存在巨大差距。

一 市场规模全球第一,进口需求巨大

在中国政府对集成电路产业发展的大力支持下,随着国民经济的快速发展、传统经济的持续升级改造,以及发达国家逐渐将集成电路制造、封测等产业环节向发展中国家战略转移,近年来中国集成电路产业蓬勃发展,市场规模达到全球第一。根据IC Insights预测,2018年中国集成电路市场规模将达到1566亿美元,占全球市场规模的36.6%,较2017年增长284亿美元,涨幅达到22.2%,高于全球市场规模15.9%的涨幅(见表1)。说明中国已成为全球第一大电子生产和消费国家,对集成电路的需求逐年提升。同时,中国也是全球第一大集成电路销售市场,规模及增速领跑全球。

表1 2018年中国集成电路市场规模

单位:十亿美元,%

指标	2016年	2017年	2017年增长率	2018年	2018年增长率
中国市场规模	100.9	128.2	27.1	156.6	22.2
全球市场规模	296.1	369.4	24.8	428.0	15.9
中国市场占比	34.1	34.7	—	36.6	—

注:2018年数据为预测值。
资料来源:IC Insights,2018年6月。

中国集成电路产业虽起步较晚,但经过近二十年的发展,实现了从无到有,从弱到强,当前已在全球占据重要地位。中国集成电路产业自

2002年以来开始快速发展，产业总销售额从268.4亿元发展到2017年的5411.3亿元，增长20倍（见图1）。而根据2018年前三季度的销售数据，2018年中国集成电路产业销售总额又将比2017年大幅提升。预计到2020年，中国集成电路产业规模将实现"十三五"的规划目标，达到9300亿元。

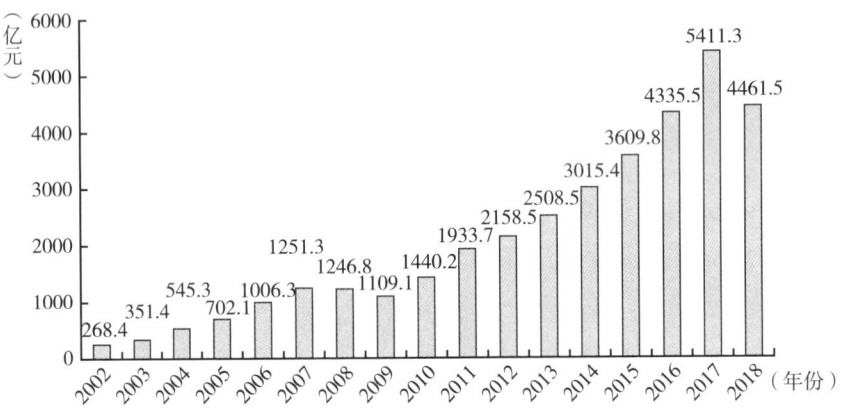

图1　2002～2018年中国集成电路产业总销售额情况

注：2018年为1~9月数据。
资料来源：中国半导体行业协会。

从中国集成电路市场规模及产业规模的差距可见，中国集成电路市场严重供不应求。根据相关统计数据，2017年中国集成电路进口数量为3769.9亿块，进口金额为2601.08亿美元；出口数量为2043.5亿块，出口金额为668.75亿美元；产量为1564.90亿块。可见，2017年中国集成电路需求为3291.3亿块。2018年前三季度，中国集成电路进口数量为3200.6亿块，同比增长14.7%；进口金额2351.6亿美元，同比增长27.8%；出口数量为1636.9亿块，同比增长8.9%；出口金额613.1亿美元，同比增长28.4%；产量为1291.10亿块。2018年前三季度中国集成电路需求为2854.8亿块（见图2、图3、图4和图5）。

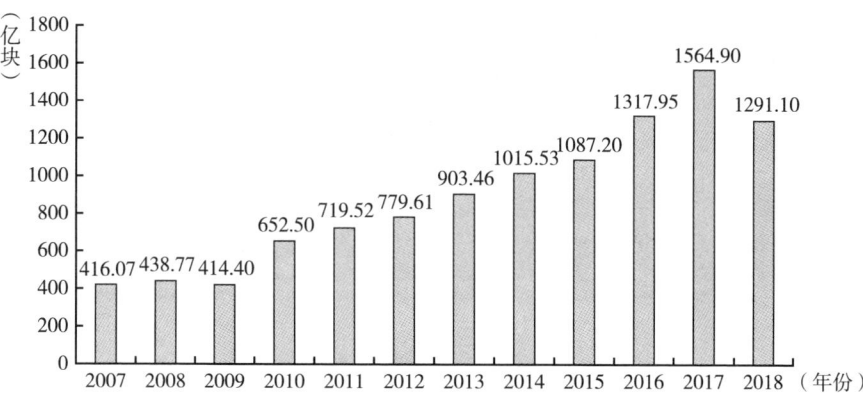

图 2　2007～2018 年中国集成电路产量

注：2018 年成为 1～9 月数据。
资料来源：中国统计局，中国报告大厅。

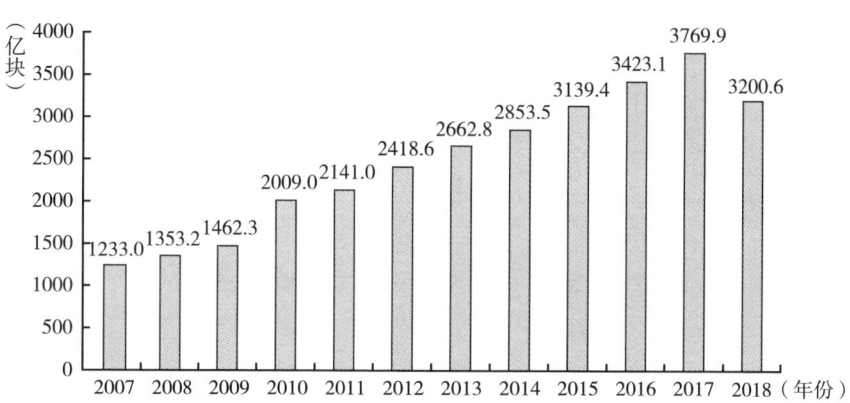

图 3　2007～2018 年中国集成电路进口数量

资料来源：中国半导体行业协会。

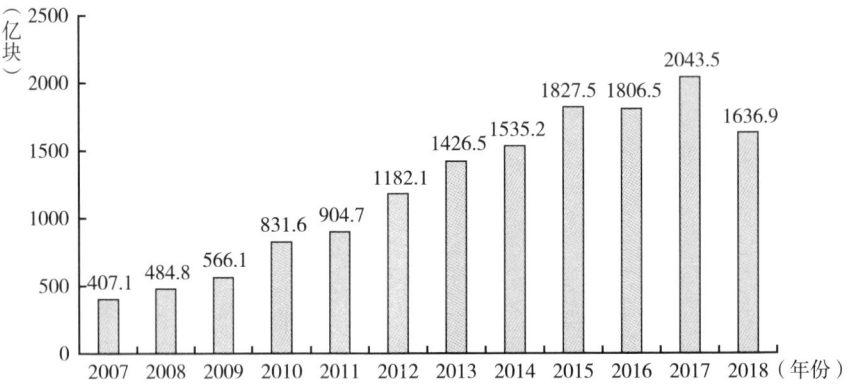

图 4　2007～2018 年中国集成电路出口数量

注：2018 年为 1～9 月数据。
资料来源：中国半导体行业协会。

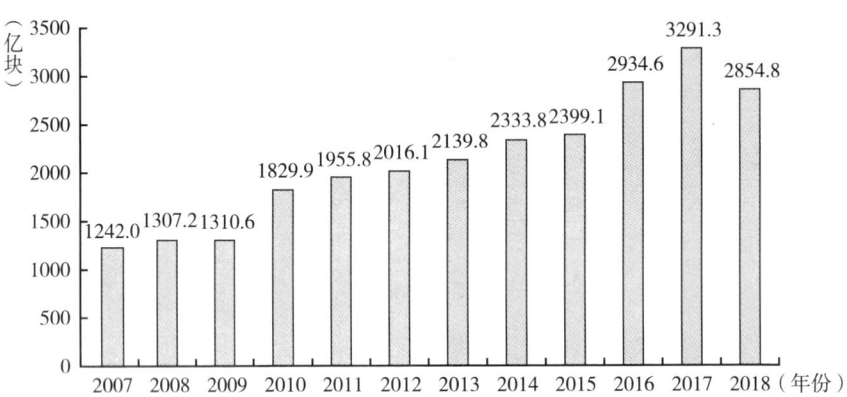

图 5　2007～2018 年中国集成电路需求数量

注：2018 年为 1～9 月数据。

二　产业链全面发展，设计业占比最高

目前，中国集成电路产业已经形成了集成电路设计、制造、封测三业共同发展的完善产业链格局。根据中国半导体行业协会统计，2017 年

中国集成电路制造业增速最快，同比增长28.5%，销售额达到1448.1亿元，设计业和封测业继续保持快速增长，增速分别为26.1%和20.8%，销售额分别为2073.5亿元和1889.7亿元。2018年产业链各环节销售额较2017年均有所提高。2018年1~9月中国集成电路设计业同比增长22%，销售额为1791.4亿元；制造业同比增长27.6%，销售额为1147.3亿元；封装测试业销售额1522.8亿元，同比增长19.1%（见表2）。2018年前三季度中国集成电路产业以及设计、制造、封测三业增速比上一年略有下降。

表2 2018年中国集成电路产业链环节销售情况

单位：亿元，%

产业链环节	2017年1~9月销售额	2018年1~9月销售额	同比增长
设计业	1468.4	1791.4	22.0
制造业	899.1	1147.3	27.6
封测业	1278.6	1522.8	19.1

资料来源：中国半导体行业协会。

2011~2017年，中国集成电路产业链各环节均呈持续增长态势，其中设计业涨幅最大，封测业涨幅最小。2017年，中国集成电路产业链各环节中，设计业规模占产业链整体的38%，制造业占27%，封测业占35%。根据2018年前三季度数据，设计业规模占产业链整体的40%，制造业占26%，封测业占34%，设计业占比略有增长，制造业和封测业占比略有下降。2011~2018年中国集成电路设计业、制造业、封测业规模如图6、图7和图8所示。

总体来看，中国的集成电路设计业成长迅速，以海思半导体和紫光集团为龙头，产业规模在全球占比超过20%，位居第二，但大部分产品聚焦中低端市场，在中央处理器（CPU）、存储器现场可编程门阵列（FPGA）等高端通用领域与国际先进水平差距巨大。晶圆代工业相对薄弱，以中芯国际、上海华虹等为龙头企业，产业规模在全球占比超过

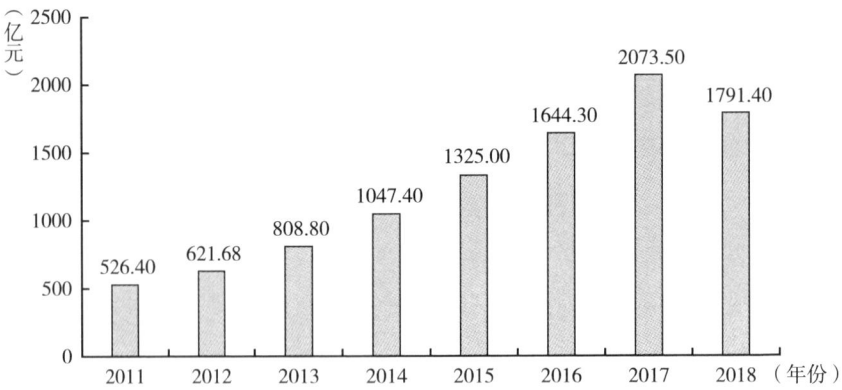

图 6　2011～2018 年中国集成电路设计业规模

注：2018 年为 1～9 月数据。
资料来源：中国半导体行业协会。

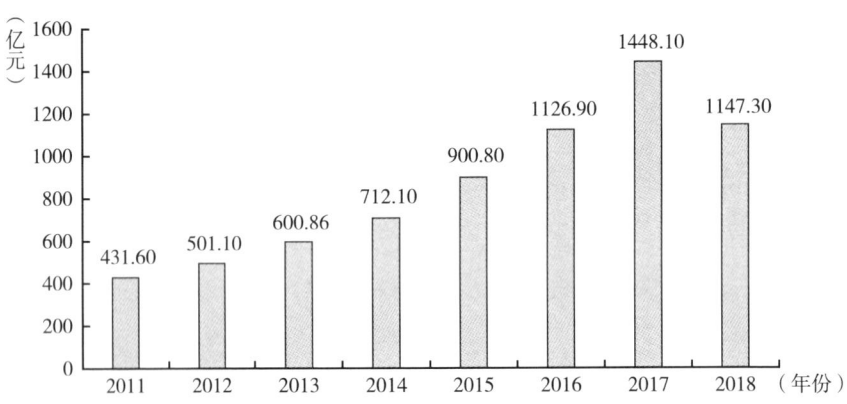

图 7　2011～2018 年中国集成电路制造业规模

注：2018 年为 1～9 月数据。
资料来源：中国半导体行业协会。

10%，已具备 28 纳米 12 英寸晶圆生产能力，但较国际先进水平仍有两代以上技术差距。封测业是我国发展最好最强大的集成电路产业环节，以长电科技、通富微电、天水华天等为龙头，产业规模在全球占比接近 20%。中国大陆封测业体量已达到继美国、中国台湾地区后的全球第三

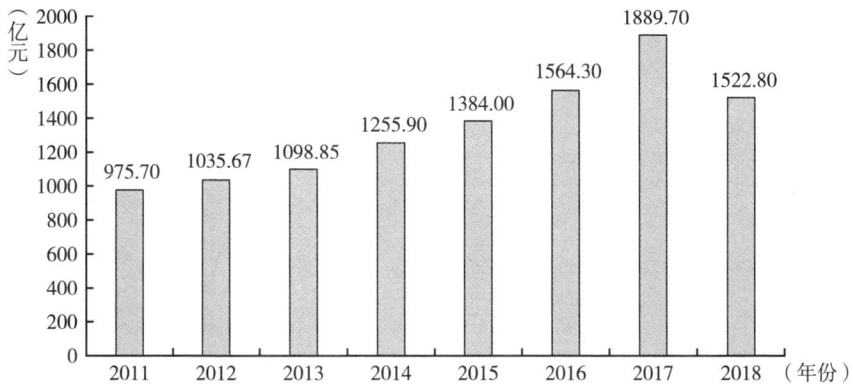

图8　2011~2018年中国集成电路封测业规模

注：2018年为1~9月数据。
资料来源：中国半导体行业协会。

位，基本不存在技术代差，发展速度显著高于其他竞争对手。而集成电路支撑产业的技术水平及产业规模则较国外差距巨大，材料主要由日本主导，中国在靶材、抛光液等个别领域达到国际水平，设备主要由欧洲、美国和日本垄断，中国在金属有机化合物化学气相沉淀（MOCVD）等个别细分领域有所突破。

三　设计业蓬勃发展，企业数量与质量同步提升

2018年，中国集成电路设计业继续维持行业龙头地位，产业规模继续增长、区域发展更加平衡、产品创新有所突破、发展质量整体向好。据中国半导体行业协会设计分会统计，2018年中国共有1698家设计企业，比2017年的1380家多了318家，增长了23%（见图9）。除北京、上海、深圳等传统设计企业聚集地区外，西安、南京、厦门等地的设计企业数量也有所增加，均接近100家，天津、杭州、武汉、长沙等地设计企业数量也有较大涨幅。

从各区域产业规模看，2018年长三角、珠三角、京津环渤海和中西部地区均达到两位数的增长，产业规模分别达到844.08亿元、907.46亿元、

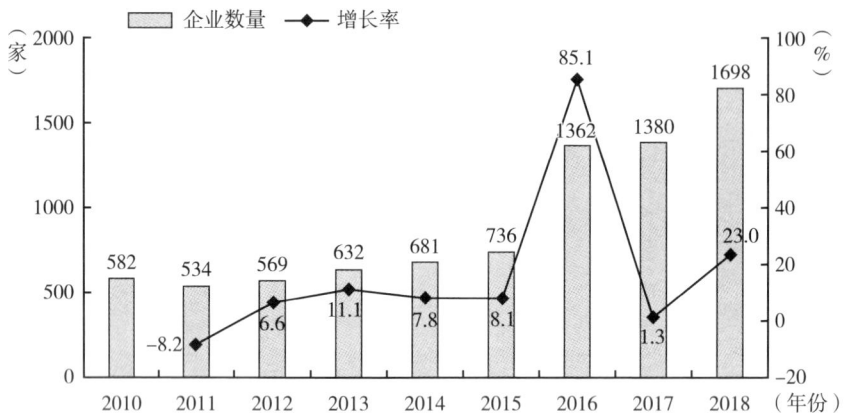

图9 2010~2018年中国集成电路设计企业数量变化情况

资料来源:中国半导体行业协会集成电路设计分会,2018年11月29日。

598.67亿元和226.75亿元,增长率分别达到27.56%,31.99%,48.39%和17.28%。珠三角地区的增速比全国增长率32.42%低0.43个百分点,产业规模占全国行业总数的35.21%;长三角地区的增速比全国增长率低4.86个百分点,产业规模占全国行业总数的32.75%;京津环渤海地区的增长率比全国增长率高15.97个百分点,产业规模占全国行业总数的23.23%;中西部地区增长速度为17.28%,产业规模首次超过200亿元,但产业规模仅占全国行业总数的8.8%(见表3)。

表3 2018年中国各主要区域设计业发展情况

单位:亿元,%

地区与主要城市		2017年	2018年	同比增长
长三角	上海	376.91	480.00	27.35
	杭州	75.11	118.34	57.56
	无锡	95.00	110.00	15.79
	苏州	40.00	45.00	12.50
	南京	50.00	66.00	32.00
	合肥	24.67	24.74	0.28
	小计	661.69	844.08	27.56

续表

地区与主要城市		2017年	2018年	同比增长
珠三角	深圳	579.17	758.7	31.00
	珠海	46.00	60.00	30.43
	香港	15.20	35.40	132.89
	福州	15.13	18.06	19.37
	厦门	32.00	35.30	10.31
	小计	687.5	907.46	31.99
京津环渤海	北京	365.00	550.00	50.68
	天津	19.01	24.96	31.30
	大连	7.99	12.11	51.56
	济南	11.45	11.60	1.31
	小计	403.45	598.67	48.39
中西部	成都	46.70	57.40	22.91
	西安	77.16	76.14	-1.32
	武汉	33.00	51.04	54.67
	重庆	9.48	9.17	-3.27
	长沙	27.00	33.00	22.22
	小计	193.34	226.75	17.28
合计		1945.98	2576.96	32.42

注：2018年数据为预测值。
资料来源：中国半导体行业协会集成电路设计分会，2018年11月29日。

2018年，深圳、北京、上海三城市继续位居设计业规模前三，比特大陆等企业首次纳入北京设计企业来统计，使北京设计业规模增长率高达50.68%，规模超过上海，位列第二位。杭州和无锡设计业规模首次超过100亿元，至此，中国已有5个城市的设计业规模超过百亿元。设计业前十大城市中，长三角地区有4个，珠三角地区有2个，中西部地区有3个，京津环渤海地区仅北京1个。前十个城市产业规模之和达到2327.62亿元，占全行业的比重为90.32%，高于2017年0.34个百分点（见表4）。

2018年，预计有208家设计企业销售额超过1亿元，比2017年的191家增加17家，增长率为8.9%。该208家企业销售额总和达到2057.64亿元，占中国集成电路设计业销售总和的79.85%，比2017年的91.03%下降

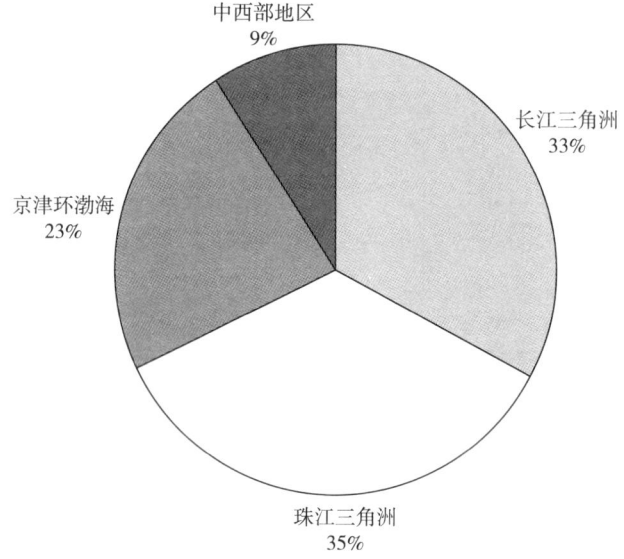

图 10　2018 年中国各主要区域设计业销售额及占比

资料来源：中国半导体行业协会集成电路设计分会，2018 年 11 月 29 日。

表 4　2018 年中国设计业规模前十大城市

单位：亿元

排序	2017 年 城市	销售额	2018 年 城市	销售额
1	深圳	579.17	深圳	758.70
2	上海	376.91	北京	550.00
3	北京	365.00	上海	480.00
4	无锡	95.00	杭州	118.34
5	西安	77.16	无锡	110.00
6	杭州	75.11	西安	76.14
7	南京	50.00	南京	66.00
8	成都	46.70	珠海	60.00
9	珠海	46.00	成都	57.40
10	苏州	40.00	武汉	51.04
合计	—	1751.05	—	2327.62

资料来源：中国半导体行业协会集成电路设计分会，2018 年 11 月 29 日。

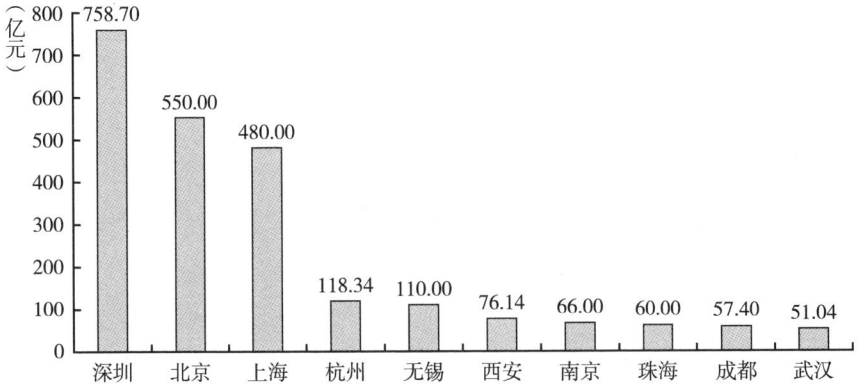

图 11　2018 年中国设计业规模前十大城市

资料来源：中国半导体行业协会集成电路设计分会，2018 年 11 月 29 日。

了 11.18 个百分点。根据销售过亿元企业的区域分布情况可见，长三角地区销售过亿的企业最多，达 83 家，比 2017 年减少 9 家；珠三角地区有 48 家，比 2017 年增加 15 家；京津环渤海地区有 44 家，比 2017 年增加 7 家；中西部地区有 33 家，比 2017 年增加 4 家（见表 5）。

表 5　销售过亿元企业所在城市分布

单位：家，%

2017 年			2018 年		
城市	数量	占比	城市	数量	占比
北京	30	15.71	北京	33	15.87
深圳	17	8.90	深圳	29	13.94
上海	38	19.90	上海	28	13.46
杭州	12	6.28	杭州	15	7.21
成都	9	4.71	成都	15	7.21
南京	11	5.76	南京	11	5.29
无锡	12	6.28	无锡	10	4.81
合肥	9	4.71	合肥	10	4.81
苏州	10	5.24	苏州	9	4.33
珠海	9	4.71	珠海	9	4.33
天津	5	2.62	天津	7	3.37
西安	8	4.19	西安	7	3.37
长沙	7	3.66	长沙	6	2.88

续表

2017年			2018年		
城市	数量	占比	城市	数量	占比
厦门	4	2.09	厦门	5	2.40
香港	2	1.05	香港	4	1.92
济南	1	0.52	济南	3	1.44
武汉	3	1.57	武汉	3	1.44
重庆	2	1.05	重庆	2	0.96
大连	1	0.52	大连	1	0.48
福州	1	0.52	福州	1	0.48
合计	191	100	合计	208	100

资料来源：中国半导体行业协会集成电路设计分会，2018年11月29日。

设计企业的集成电路产品主要集中在通信、智能卡、计算机、多媒体、导航、模拟、功率和消费电子等8个领域。从事通信集成电路设计的企业从2017年的266家增加到307家，销售总额提升了16.34%，达到1046.75亿元；智能卡芯片企业从2017年的62家增加到71家，但销售总额下降了0.72%，为138.14亿元；计算机集成电路设计企业数量从2017年的85家增加到109家，销售总额激增180.18%，达到359.41亿元；模拟电路设计企业数量由2017年的180家增加到210家，销售总额增长为108.04%，达到141.61亿元（见表6）。

表6　2018年集成电路产品销售总额及从业企业数量

单位：亿元，%

序号	领域	2017年			2018年			增长率
		企业数量	比例	销售总额	企业数量	比例	销售总额	
1	通信	266	46.24	899.74	307	40.62	1046.75	16.34
2	智能卡	62	7.15	139.15	71	5.36	138.14	-0.72
3	计算机	85	6.59	128.28	109	13.95	359.41	180.18
4	多媒体	72	9.02	175.57	75	7.33	188.90	7.59
5	导航	23	0.32	6.17	28	0.22	5.71	-7.56
6	模拟	180	3.50	68.07	210	5.50	141.61	108.04
7	功率	82	3.94	76.67	115	3.07	79.20	3.30
8	消费电子	610	23.24	452.33	783	23.95	617.24	36.46
	合计	1380	—	1945.98	1698	—	2576.96	—

资料来源：中国半导体行业协会集成电路设计分会，2018年11月29日。

2018年，中国集成电路设计业在多个产品领域取得较好成绩，如服务器CPU领域，天津海光研发的兼容X86 CPU进入小批量试产，性能指标达到国外同类产品水平；桌面计算机CPU领域，兆芯推出国内首款支持DDR4的CPU产品ZX－D，已逐步迈向市场；嵌入式CPU领域，海思半导体推出采用台积电第一代7纳米工艺的全新"麒麟980"处理器，进一步巩固了华为高端智能手机的领导地位；人工智能芯片领域，寒武纪、地平线、百度等企业均推出新产品，与国际同行差距继续缩小。

四 晶圆代工需求剧增，国外厂商相继建厂

随着中国集成电路设计业的崛起，集成电路行业对于晶圆代工的需求迅速增长。根据IC Insights数据，2018年中国市场的纯晶圆代工销售额达到106.9亿美元，增长了41%（见图12），而全球纯晶圆代工市场仅增长了5%。2017年中国纯代工厂销售额已经增长30%至76亿美元，而全球纯代工厂市场销售额增长9%。中国纯晶圆代工销售额41%的增长使中国占整个纯晶圆代工市场的比重在2018年上升了5个百分点至19%。这一份额超过了亚太其他地区份额的总和。总的来说，中国市场的增长基本代表了2018年全球纯晶圆代工市场的增长。

2018年，所有主要的纯晶圆代工厂对中国的销售额均实现了两位数的增长，迄今为止涨幅最大的企业为台积电。继2017年增长44%之后，台积电对中国的销售额在2018年又增长了61%，达到60亿美元，占台积电总收入的约18%，而2016年仅为9%。加密货币市场对专用集成电路的需求增加是台积电在中国销售额大涨的推动因素，2018年第二季度的加密货币业务销售大幅增长。但2018年比特币以及其他加密货币的价格暴跌（从2018年1月的每比特币超过1.5万美元到2018年12月的不到4000美元），加密货币市场对定制集成电路的需求放缓，导致台积电2018年第三季度和第四季度在中国的销售放缓。

随着中国在纯晶圆代工市场的份额迅速增长，许多纯晶圆代工厂计划在中国增加产量，全球前7家纯晶圆代工厂均有计划，包括台积电、格罗方

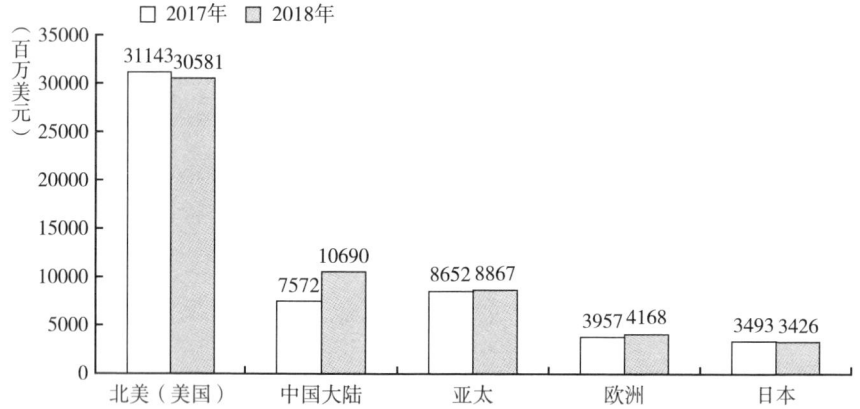

图12　2017年和2018年全球各地区纯晶圆代工市场规模

注：亚太地区不包含中国。
资料来源：IC Insights，2019年1月。

德、台联电、力晶、TowerJazz等5家非中国大陆代工厂。如台积电在南京江北新区的12英寸/16纳米项目，台联电在厦门的12英寸晶圆厂项目，力晶在合肥的12英寸晶圆厂项目等。

五　制造业迅速扩张，规模涨幅全球最大

2018年，中国的集成电路制造业迅速发展，产能迅速扩张。据IC Insights统计，截至2017年底，中国大陆境内的晶圆产能折合成200毫米硅片约195万片/月，占全球总月产能的10.8%，位列中国台湾、韩国、日本、北美之后的第五位。其中，300毫米晶圆产能约109.6万片/月，占中国总月产能的56.2%，200毫米晶圆产能约67.9万片/月，占中国总月产能的34.8%，小于或等于150毫米晶圆产能约17.6万片/月，占中国总月产能的9%。预计2018年中国大陆境内的晶圆产能折合成200毫米硅片约为243万片/月，2022年将达到410万片/月，2017~2022年的复合年增长率将达到16%。未来几年，不仅中国大陆本土的动态随机存储器（DRAM）和NAND等产能在增加，其他国家的制造商也将在中国增加产能，预计中国

2021年的装机容量将超过日本。

根据SEMI 2018年中国半导体硅晶圆展望报告,中国在2017~2020年规划的新晶圆厂项目数量全球最多,装机容量预计将以12%的复合年增长率增长。当前,中国现有和在建的12英寸晶圆厂已超过20座,主要分布在北京、上海、西安、大连、无锡、成都、重庆、合肥、南京、厦门、杭州等地。

表7 中国现有和在建的12英寸晶圆厂概况

单位:万片/月

公司	地址	生产项目	预计产能
台积电	南京	F inFET	一期计划2,二期计划4
台联电	厦门	逻辑晶圆代工	5
中芯国际	上海(S2A)	CMOS	2
	上海(S2B)	CMOS	7
	北京(B1)	CMOS	3.6
	北京(B2A)	CMOS	3.5
	北京(B2B)	CMOS	3.5
三星	西安	3D NAND 闪存	10
	西安	CMOS	10
晶合集成	合肥	LCD驱动芯片	4
英特尔	大连	计算机套片	6
	大连	3D NAND 闪存	6
SK海力士	无锡(HC1)	DRAM	10
	无锡(HC2)	DRAM	7
	无锡(扩建)	DRAM	4
华力微电子	上海	逻辑芯片	3.5
长江存储	武汉	一线:CMOS和3D NAND Flash 二线:NAND Flash 三线:DRAM	—
华力微电子	上海	CMOS	3.5
	上海	CMOS	4
晋华集成	泉州	NAND Flash 及 DRAM	4
兆基科技	合肥	DRAM	10
万国半导体	重庆	功率半导体芯片 MOSFET	7
合肥长鑫	合肥	DRAM	12.5
海康威视	杭州	MRAM	3

资料来源:课题组整理。

在巨大的市场需求下，大陆厂商机遇与挑战并存，在产能迅速扩张的同时，技术水平仍待提升。2015年，中芯国际的主流制造工艺节点达到55纳米和40纳米；2016年，中芯国际成功研发28纳米高K金属栅（HKMG）工艺，并实现量产；2017年，14纳米工艺研发有所突破，华力微电子的28纳米LP和20纳米HKMG工艺研发也有所突破。同时，长江存储研发出中国首颗14纳米32层3D NAND Flash样片，填补了国内空白。合肥长鑫的19纳米DRAM项目和福建晋华的2X纳米DRAM项目如期进行。总体上看，中国大陆本土晶圆厂当前最先进工艺水平为28纳米，预计2019年中芯国际可以试产14纳米FinFET工艺。台积电、台联电等国际领先厂商在大陆虽有布局，但均非其最先进工艺，以28纳米及以下节点为主。2018年台积电16纳米晶圆厂已实现量产，倒逼大陆厂商加速攻克14纳米。

六　政策与资本多管齐下，推动产业跨越发展

集成电路产业发展已上升为中国国家战略，政府从政策、资本等多方面推动产业攻坚克难。在2012年9月，习近平、李克强等中央领导人明确批示，要求把集成电路产业作为战略性产业抓住不放，努力实现跨越式发展。2014年全国两会政府工作报告中首次提到集成电路产业，李克强总理表示要在集成电路等方面赶超先进。同年由国务院成立了集成电路产业发展领导小组，出台了《国家集成电路产业发展推进纲要》（国发〔2014〕4号），2018年政府工作报告中更是将集成电路排在五大突出产业的第一位。这足以看出集成电路产业在国家战略中的地位日益凸显，国家发展集成电路产业的迫切性进一步增强。为响应政府号召，全国各省市及部分产业园区纷纷结合当地产业发展实际，有针对性制定集成电路产业扶持政策，掀起了集成电路产业发展热潮。

国家集成电路产业投资基金（以下简称"大基金"）对中国集成电路产业链的健全完善和龙头企业的做强做大起到了关键作用。大基金一期共投资1387亿元，二期已经启动，投资对象涵盖了集成电路设计、制造、封测、

设备材料等产业链的龙头企业,尤其对晶圆制造业的扶持力度最大,效果最为显著。其中,对中芯国际的总投资超过120亿元,成为其第二大股东;对华虹半导体投资62亿元用于资助华虹无锡12英寸晶圆厂建设;对三安光电投资64亿元,支持其III-V族化合物半导体集成电路业务。大基金的设立不仅为产业直接注入了巨额资本,其对地方资本和私人资本所起到的带动效应更为显著。

七 技术水平仍存差距,全球贸易保护影响产业发展

严重依赖国外进口,贸易逆差巨大。2018年前三季度中国集成电路进口额高达2351.6亿美元,超过2017年全年的2601.4亿美元,虽然出口金额同比有所增长,但贸易逆差仍达到1738.5亿美元。贸易逆差如此之大,说明中国集成电路产业仍然高度依赖国外。

产业整体规模较大,但龙头企业实力较弱。在集成电路设计领域,中国龙头企业海思半导体2018年销售额预计为6080亿美元,全球第一的博通公司预计为16639亿美元,是海思半导体的2.74倍;在制造领域,中国龙头企业中芯国际2018年销售额预计为3275亿美元,全球第一的台积电预计为34765亿美元,是中芯国际的10.6倍;在封装和测试领域,中国龙头企业长电科技2018年前三季度销售额为26.7亿美元,而全球第一的日月光为34.9亿美元,是长电科技的1.3倍,差值为全产业链最小。

产品以中低端为主,技术水平差距巨大。当前,中国在高端集成电路领域仍主要依赖进口,如高端CPU、数字信号处理器(DSP)、FPGA、存储器、高速模拟芯片、高端通用芯片等。国际上,高端CPU领域以英特尔、安谋等厂商独大;圆形处理器(GPU)领域,以英伟达、安谋、AMD等厂商为主;高端存储器领域,以三星、SK海力士、东芝等国际大厂为主,96层3D NAND已量产,国内64层尚未量产,差距达到2代;模拟集成电路领域,以德州仪器、意法半导体等厂商为主,中国还集中在中低端产品。

国际形势日趋复杂,投资并购更加困难。通过投资并购迅速提升企业和

产业实力是快速而有效的手段。但近年来，美国对于中国集成电路产业的快速发展愈发担忧，开始严格限制美国及其盟友对中国技术出口和合作，并限制中资对外国企业的投资和并购。各国之间的贸易竞争造成全球局势更加紧张，也使得中国集成电路企业在海外的投资并购更加困难，影响了中国集成电路产业的发展。

八 总结

集成电路产业是信息产业的核心，是国民经济和社会发展的战略性、基础性和先导性产业，战略地位凸显，越来越受到世界各国的重视。政府已将集成电路产业发展提升到战略高度，在一系列鼓励政策措施的扶持下，中国集成电路产业保持强劲发展势头，产业规模持续扩大，技术水平不断提升。未来，随着国家供给侧改革、制造强国等宏观政策的贯彻实施，产业基金规模的不断扩大以及地方政府的积极响应，中国集成电路产业将继续发展壮大。此外，随着人工智能、5G、汽车电子、物联网等市场的发展，中国集成电路市场的发展空间也将进一步扩大。

人工智能技术的崛起将成为推动中国集成电路产业发展的新动力。党的十九大报告指出，要推动互联网、大数据、人工智能和实体经济深度融合。据估计，新一代人工智能技术将帮助零售、交通、医疗、制造、金融等产业实现转型升级。目前人工智能已经应用于智能手机、安防监控、智能金融、智能汽车、智能医疗等领域，同时，无人商店、数字孪生、智慧工厂等新产品、新服务也在大量涌现。人工智能芯片以 GPU、FPGA、专用集成电路（ASIC）等为发展方向，当前中国寒武纪、深鉴科技、地平线机器人等企业已具备一定的人工智能芯片研发实力，人工智能市场需求将成为推动集成电路市场增长的一大机遇。

集成电路是 5G 基础设施建设的关键，5G 的商用必然推动集成电路市场需求的快速增长。5G 的商用将推动智能手机、智能汽车、虚拟现实、物联网等众多行业发生深刻变革。未来五年，5G 终端所需的系带芯片、射频芯片等市场规模将超过500亿美元，5G基站所需的芯片市场规模将超过300亿美元。总体而言，5G设备制造商的基站和终端将为集成电路产业带来巨大的市场需求。当前，中国在5G领域已经具备一定的先发优势，华为、展讯等手机芯片厂商也都在积极推出5G手机芯片。据CCS Insight预测，到2020年中国5G领域集成电路市场规模将超过千亿元。这对中国集成电路产业新一轮爆发式增长将起到推动作用。

汽车电子用量越来越大，将带动射频芯片、功率器件、传感器等市场需求。随着新能源汽车列入国家七大战略性新兴产业加快培育和发展，预计中国汽车电子行业的潜力将进一步增大。IC Insights预测，2019年汽车电子市场将增长6.3%，达到1620亿美元。中国作为全球最大的汽车生产和消费大国，对汽车用集成电路的需求将非常巨大。

参考文献

IC Insights：*GLOBAL WAFER CAPACITY 2018－2022.*
中国半导体行业协会官网，http：//www.csia.net.cn/。
固态技术网站，https：//electroiq.com/。
Digitimes网站，http：//www.digitimes.com/。
电子发烧友网站，http：//elecfans.com/。

产业链篇

Industry Reports

B.7
全球集成电路设计业发展概况

苏建南*

摘　要： 集成电路设计业位于集成电路产业的上游，是集成电路产业的核心基础，具有极高的技术壁垒，需要大量高端人才的投入，以及长时间的技术积累和经验沉淀。当前，集成电路设计业快速发展，规模超过千亿美元，占集成电路产业总规模的1/4以上。全球集成电路设计产业由美国高度垄断（占据最大的市场份额），中国大陆和中国台湾是最重要的参与者，并在以较快的速度前进，欧洲、日本和韩国占据较少市场份额。同时，随着摩尔定律走向经济和物理极限，集成电路设计业也面临巨大挑战，政府及产业界均在探寻多种路径来继续满足集成电路更低功耗、更低成本和更高性能的需求。集

---

* 苏建南，国家工业信息安全发展研究中心（工业和信息化部电子第一研究所）工程师，研究方向为集成电路、半导体、电子元器件等。

成电路设计业的研发成本以及流片成本也随着工艺尺寸的微缩呈指数级增长，中小型企业已很难进军高端集成电路产品设计领域，该产业强者更强、大者恒大的局面更加凸显。

关键词： 集成电路　设计业　工艺　架构

2018年，全球集成电路设计业快速发展，市场规模稳步提升，但近两年制造业投资激增致使设计业销售额占集成电路产业总销售额的比重略有下降，由2016年的30.4%下降到2018年的26.3%。美国是集成电路设计业最发达的国家，销售额占全球一半以上，且掌握着高端集成电路的知识产权和经验丰富的研发人才，其他国家和地区很难在短期内追赶和超越。未来，继计算机、消费电子和移动智能终端之后，汽车电子、人工智能、5G、云计算、物联网等新业态引发的产业变革正在兴起，新工艺、新架构、新需求将成为推动集成电路设计业发展的新动力。

一　2018年集成电路设计业发展态势

（一）市场保持强劲增速，规模超过千亿美元

受前沿技术需求的推动，全球集成电路设计市场保持强劲增长，行业规模与集成电路行业规模整体发展趋势相一致。根据美国市场调研机构Technavio预测，2018～2022年全球集成电路设计企业销售额复合年增长率将达到7.99%。

全球集成电路设计业的产业规模、技术水平逐年提升，集成电路设计行业占全球集成电路产业的比重也呈现稳步提升态势。根据德国统计门户网站Statista数据，2017年全球集成电路设计业销售额为1006亿美元，首次突破1000亿美元大关，占集成电路产业总销售额的27.2%。2018年全球集成电

路设计业销售额继续上涨13.2%，达到1139亿美元，约占2018年全球集成电路产业总销售额的26.3%。

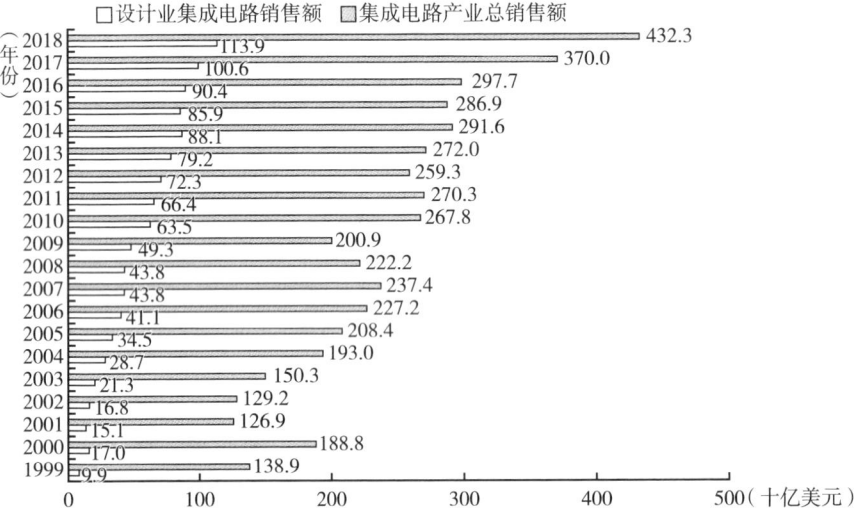

图1 1999~2018年全球集成电路设计业和集成电路产业总销售额

资料来源：Statista。

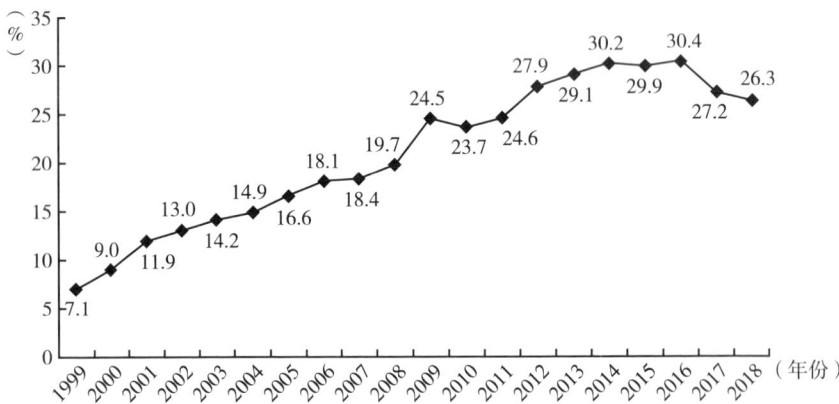

图2 1999~2018年全球集成电路设计业销售额占集成电路产业总销售额比重

资料来源：Statista。

2018年全球半导体企业销售额前十的企业、中,有3家企业为集成电路设计企业,前25名中则有7家集成电路设计企业。自1999年至2018年,集成电路设计业保持持续繁荣,二十年来全球集成电路设计规模扩大十余倍。20世纪80年代早期,典型的集成电路厂商需要独立完成包括集成电路设计程序编写、电路设计以及电路制造、封装和测试在内的全部工作。但随着产业的发展,工艺尺寸持续微缩,集成电路愈发复杂,制造成本呈指数型增长,这种整合制造的模式难以维持。在此背景下,设计业、制造业、封测业单独运行的模式开始兴起,垂直分工模式走向繁荣,1987年晶圆代工厂商台积电的成立是垂直分工模式发展的重要里程碑。IC Insights 和 Statista 数据显示,2000~2016年全球集成电路设计业增长率低于集成电路行业整体增长率的情况只发生在2010年和2015年。同时,近两年全球大规模扩建和新建生产线,以及存储器涨价潮,导致制造业增速较快,设计业增速低于集成电路产业整体增长水平。

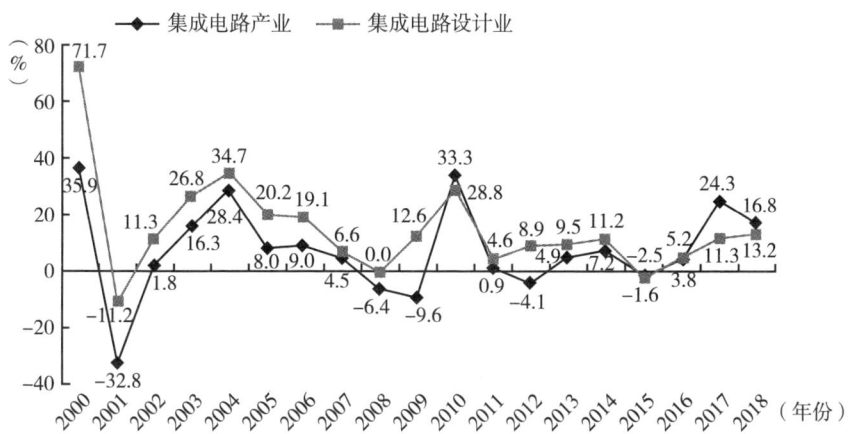

图3　2000~2018年集成电路设计业和集成电路产业整体增长率

资料来源：Statista。

（二）全球设计业能力不均,美国市场份额最大

集成电路设计位于集成电路产业链的上游,拥有极高的技术壁垒,整体

属于技术、知识和人才密集型产业，需要长时间的技术积累和经验沉淀。目前，全球最先进的集成电路设计企业基本为美国企业，美国在集成电路设计领域遥遥领先，占据最大的市场份额。

2017年，美国集成电路设计业销售额约537亿美元，占全球市场规模的53%，居全球第一，而自博通公司将总部从新加坡迁至美国后，预计2018年美国集成电路设计业份额将进一步提高，约可达69%；中国大陆销售额达212.2亿美元，占比为21%，居全球第二；中国台湾销售额达161.6亿美元，占比16%，居全球第三；欧洲和日本分列第四和第五位，占比分别为2%和1%（见图4）。

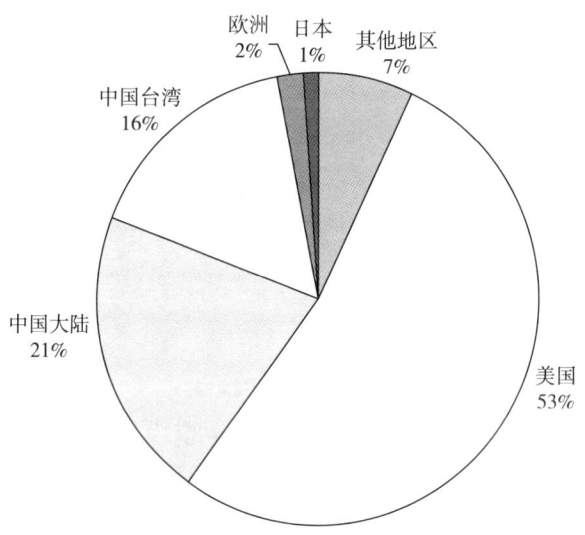

图4　2017年全球集成电路设计业销售额区域分布

资料来源：课题组整理。

（三）新产品需求旺盛，前沿科技带动产业增长

多年来，移动终端热潮推动集成电路产业高速发展，深刻影响了处理器、存储器、互补金属氧化物半导体（CMOS）图像传感器等产业，可以说手机集成电路市场占据大部分晶圆产能，支撑着摩尔定律持续发展，支

撑着集成电路设计业不断推陈出新。在手机、计算机市场浪潮过后，汽车电子、人工智能、5G、云计算、物联网等新兴应用对集成电路产品的功能、性能提出了新的需求，将有可能成为未来集成电路设计业发展的新驱动力。

人工智能核心产业中硬件规模占比最大，集成电路的高速计算能力是实现人工智能的关键技术之一。2016~2025年，全球人工智能市场规模复合年增长率将达到50.7%，据Statista估计，2018年人工智能市场规模约为73.5亿美元，到2025年或将达到898亿美元。当前市场中，终端深度学习计算平台的需求正在释放，支撑人工智能的集成电路主要分为圆形处理器（GPU）、现场可编程门阵列（FPGA）、专用集成电路（ASIC）以及类脑芯片等。GPU原本用于游戏图像渲染，却在人工智能的深度学习领域找到用武之地。凭借GPU的优势，集成电路设计企业——英伟达的市值两年暴涨10倍，2017年已突破千亿美元，产值稳居集成电路设计业第三名。集成电路巨头英特尔在传统CPU领域具有领先优势，但在人工智能热潮中失去先机，对其竞争优势颇为不利，迫使其通过投资并购的方式开展人工智能芯片布局，如投资FPGA和神经网络芯片等通用集成电路公司，以及地平线等专用集成电路公司。

此外，5G时代的到来也为集成电路设计业带来新的机遇。5G和集成电路生态高度吻合，集成电路技术也是实现5G商用的最基础技术之一。5G终端形态的多样化、对数据处理要求的增强，都对集成电路提出新的要求，尤其是在移动芯片领域。5G的强大驱动力量将为集成电路产业发展带来巨大机遇。

（四）工艺尺寸持续微缩，设计业竞争愈加激烈

多年来，集成电路制造工艺节点一直按照摩尔定律持续微缩，虽然当前摩尔定律仍然可行，但已逼近物理和经济极限。每个工艺节点，从设计到制造的流程成本和复杂性都在飙升，曾经每18个月工艺更新一代的节奏已延长至2.5年或更长。由于先进工艺节点的建厂成本呈指数级增长，全球仅有

台积电、三星等个别代工厂可以继续投资 7 纳米以下工艺的研发和生产线建设，连格罗方德等国际领先大厂都已不得不放弃追随。此外，集成电路设计企业也很难负担得起先进工艺节点的研制成本。

高昂的研发成本进一步提高集成电路设计业的门槛，将呈现强者更强，大者恒大的局面。根据 Gartner 的数据，16 纳米/14 纳米芯片的平均集成电路设计成本约为 8000 万美元，而 28 纳米平面器件的平均集成电路设计成本为 3000 万美元。相比之下，设计 7 纳米芯片平均需要 2.71 亿美元。但是自 2018 年 4 月，台积电 7 纳米工艺开始量产以来，仍有多款手机处理器、矿机芯片等成功流片，如苹果 A12 处理器、华为麒麟 980 处理器、高通骁龙 8150 处理器、三星 Exynos 9820 处理器、比特大陆 BM1391 专用芯片等。据台积电称，到 2018 年底，采用台积电 7 纳米工艺完成流片的集成电路设计将超过 50 款，预计 2019 年底将超过 100 款。台积电和三星已开始布局 3 纳米工艺，未来极限工艺战在集成电路设计业将继续展开。

（五）先进架构与模式多点突破，IBM 快人一步

延续"摩尔定律"面临材料和技术上的巨大难题，潜在经济效益也被持续削弱，因此，全球都在探索新的路径继续推进集成电路产业的发展。美国国防先期研究计划局（DARPA）联合半导体行业协会（SIA）于 2017 年 6 月提出"电子复兴"计划，以期通过新器件材料、新计算架构和新设计工具，来满足军事和商用电子信息产业的需求。业界已研究证明，通过专门的硬件架构可获得集成电路性能和功能上的大幅提升。

量子计算是一种遵循量子力学规律调控量子信息单元进行计算的新型计算模式，量子力学叠加原理使量子信息单元的状态可以处于多种可能性的叠加状态，如普通计算机中的 2 位寄存器在某一时间仅能存储 4 种二进制状态（00、01、10、11）中的 1 种，而量子计算机中的 2 位量子位可以同时存储这四种状态。量子计算将使信息处理效率远高于当前的二进制常规计算机，在核爆模拟、密码破译、材料和微纳制造等领域具有突出优势。美国谷歌、

英特尔、IBM等信息技术龙头企业都已投入该领域,谷歌于2018年3月推出一款72个比特的量子计算机Bristlecone;加拿大D-wave公司的计算设备已可模拟量子系统;我国的中国科技大学正在研究拓扑量子计算,与微软公司选择了同一路径,目前已向实现拓扑量子计算方向迈出重要一步。IBM则于2019年1月推出全球首台独立量子计算机"IBMQ System One",并计划通过互联网向客户出租这一系统的计算能力。

利用神经形态计算来模拟人类大脑处理信息正在成为人工智能领域的重要技术方向。美国IBM公司研制的类脑神经形态芯片已集成进超级计算机;比利时微电子研究中心(IMEC)正在硬件创新领域模仿大脑内部的连接构造,根据每一个神经元通过其突触与其他10~15000个神经元相连的原理,做出可缩小的全球神经交流解决方案。神经形态芯片有望成为计算机技术发展的下一轮高峰,再次激发已经成熟的集成电路产业,所带来的认知将对社会经济、生产和生活的各方面带来不可预估的影响。

二 全球集成电路设计企业概况

(一)全球前十美国一枝独秀,中国大陆占据两席

集成电路设计业中少数行业巨头占据主导地位,其中以美国企业为首。在2017年统计的全球十大集成电路设计企业销售收入排名中,美国企业占有7席,以高通公司为首,分别为高通、博通、英伟达、苹果、超微半导体、赛灵思和美满电子;中国大陆占有2席,分别为海思半导体和紫光集团,二者分列第七和第十位;中国台湾占有1席,为联发科。前十大企业的销售额达到738.55亿美元,占集成电路设计行业总销售额的73.35%。预计2018年全球前25大半导体企业销售收入排名中,此十大企业将有7家设计企业入围,企业及排名均与2017年相同。以上排名只包含纯集成电路设计企业,而英特尔、三星、美光、西部数据/闪迪等整合器件制造商(IDM)也有强大的集成电路设计业务。

表1 全球十大集成电路设计企业销售额情况

单位：百万美元

排名	名称	所在地	2017年	2018年
1	高通	美国	17078	16481
2	博通	美国	16065	16639
3	英伟达	美国	9228	12281
4	联发科	中国台湾	7875	7931
5	苹果	美国	6660	7425
6	超微半导体	美国	5249	6506
7	海思半导体	中国大陆	4715	6080
8	赛灵思	美国	2475	—
9	美满电子	美国	2390	—
10	紫光集团	中国大陆	2050	—

注：高通仅计算QCT部门营业收入，英伟达扣除OEM/IP营业收入，2018年数据为预测值。
资料来源：IC Insights。

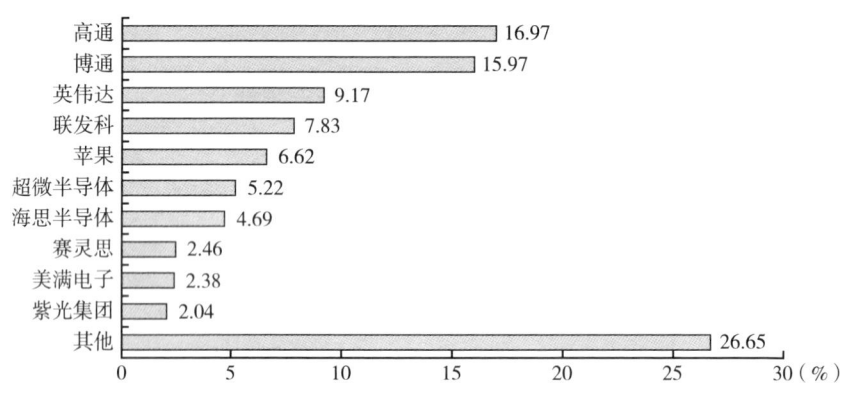

图5 2017年全球十大集成电路设计企业销售额占比

资料来源：IC Insights。

（二）设计巨头特色明显，各具优势

高通和苹果公司在高端手机芯片领域遥遥领先，联发科称霸中低端手机芯片市场；在个人电脑与服务器领域，英特尔公司一枝独秀，超微半导体紧随其后；三星和 SK 海力士在存储器领域处霸主地位；英伟达获益于 GPU 的快速发展，身价暴增；赛灵思在 FPGA 领域绝对领先；海思半导体在手机处理器领域发展迅速，离全球 15 大设计企业仅一步之遥。

除美国之外，中国集成电路设计业表现颇为突出，领先企业快速成长。根据 DIGITIMES Research 预测，2018 年中国集成电路设计业销售额可望达到 375 亿美元（约合人民币 2401.87 亿元），同比增长 26.2%。在 IC Insights 统计的全球集成电路设计企业前 50 强中，中国大陆企业数量明显上涨，从 2009 年仅 1 家追赶到 2017 年的 10 家，分别为海思半导体、紫光集团、中兴微电子、华大半导体、南瑞智芯微电子、芯成半导体、大唐电信、兆易创新、澜起科技和瑞芯微电子。其中，海思半导体以 47.15 亿美元的销售额位居榜首，2018 年海思半导体销售增速有望达到 30%，继续领跑中国集成电路设计业。

三 启示

集成电路设计业作为高附加值、高带动性的高科技产业，具有广阔的市场空间和经济效益。当前，各种高端集成电路知识产权几乎被美国公司垄断。中央处理器（CPU）领域，英特尔继续保持领先地位，超微半导体也在桌面处理器、服务器处理器及移动处理器方面步步紧逼。GPU 领域，英伟达半导体凭借其 GPU 产品在深度学习和数据中心领域的广泛应用，迅速占领市场，呈现一家独大的局面。在模拟集成电路方面，美国德州仪器公司以近百亿美元的销售额和近 20% 的市场份额，领衔模拟集成电路市场。

发达的集成电路设计产业已成为美国在世界贸易竞争中最为有力的武器之一。同时，高性能运算芯片 CPU、GPU、FPGA 以及高性能模拟集成电路领域，也与国外存在巨大差距。但在集成电路市场需求的带动下，尤其是新兴领域的应用需求拉动下，近几年中国集成电路设计业保持持续快速发展，个别领域技术差距正在逐步缩小。移动处理器方面存在的差距相对较小，海思半导体已进入全球领先行列；存储器方面，兆易创新在 NOR Flash 市场占有一席之地，长江存储也将推出 64 层 3D NAND 闪存芯片，填补中国在 NAND 闪存芯片自主研发领域的空白。此外，在指纹识别芯片等细分领域，中国企业尚有较强实力。相信在国家大力倡导发展集成电路产业的背景下，中国集成电路设计业实力将会迅速提升。

参考文献

Global Fabless IC Market 2018 - 2022，http：//www.giiresearch.com/。
Statista 网站，http：//www.statista.com。
电子工程世界网站，http：//www.eeworld.com.cn/。
电子发烧友网站，http：//elecfans.com/。

B.8
全球集成电路制造业发展概况

苏建南[*]

摘　要： 集成电路制造是集成电路产业链的核心组成部分，重资产、投入大、建设周期长，具有很强的产业带动作用。当前，世界各国在积极扩大集成电路制造产业规模，提升工艺技术水平，抢夺市场份额，全球集成电路制造业发展如火如荼。未来，集成电路制造行业投资额将保持高位，制造企业大者恒大，晶圆产能持续扩大，工艺水平继续提升。

关键词： 晶圆　代工　集成电路　制造

2018年，全球集成电路晶圆呈现供不应求的状况，同时由于工艺技术的提升，单片晶圆的平均价格也在上涨。根据IC Insights统计，2018年全球四大晶圆代工厂——中国台湾台积电、美国格罗方德、中国台湾台联电和中国大陆中芯国际的平均晶圆价格整体上涨约2美元，达到1138美元。2018年，存储芯片价格持续上涨的态势正在终止，从年初开始，NAND闪存价格出现疲软，动态随机存储器（DRAM）价格在第三季度由涨转跌，平均价格跌幅达10%～15%。三星、美光、SK海力士等存储器大厂纷纷提出产能调整、减缓投资的计划。

过去几年集成电路制造行业发生了大规模的整合浪潮，部分知名制造商

---

[*] 苏建南，国家工业信息安全发展研究中心（工业和信息化部电子第一研究所）工程师，研究方向为集成电路、半导体、电子元器件等。

工业和信息化蓝皮书·集成电路产业

已经被整合。2015年,美国IBM的微电子事业部、飞思卡尔半导体等被收购。2016年,美国爱特梅尔(Atmel)、仙童(Fairchild)、中国台湾华亚科技(Inotera)等被收购。2017年,美国凌力尔特(Linear)和英特矽尔(Intersil)被收购,集成电路制造商整合案例相应减少。如今,资本及各国对集成电路产业并购监管力度不断加大等因素,导致全球集成电路产业并购大潮逐渐消退,2018年并购成功案例甚少。

2007~2017年,集成电路平均销售价格的复合年增长率下降到 - 1.9%,致使集成电路市场年均增长率仅约4.4%。价格虽下跌,但集成电路单位出货量平均每年增长6.3%。2017年晶圆平均价格为1867美元,比2005年的峰值2374美元低21%,每片晶圆的单个集成电路平均收入比2007年下降6%。

一 2018年集成电路制造业发展态势

(一)市场持续增长,纯代工产值稳步提高

2016年,全球纯晶圆代工市场增长了11%,大大超过了整个集成电路市场的增长率(3%)。2017年上半年全球纯晶圆代工市场出现库存调整,经历了下半年的强劲增长后,实现了9%的全年增长率,比集成电路市场总体增长率低16个百分点(受存储市场迅猛增长的影响)。根据IC Insights预测,2018年纯晶圆代工市场将达到577.32亿美元,同比增长5.32%。

在过去14年(2004~2017年),有7年的纯晶圆代工销售额增长率仅在9%以下,而其他7年的增长均超过两位数:2004年为45%,2006年为21%,2010年为44%,2012年为15%,2013年为16%,2014年为18%,2016年为11%。预计2017~2022年纯晶圆代工销售额复合年增长率将达到7.3%,比2012~2017年低4.6个百分点,但比2017~2022年集成电路市场高0.8个百分点(预计为6.5%)。

全球集成电路制造业发展概况

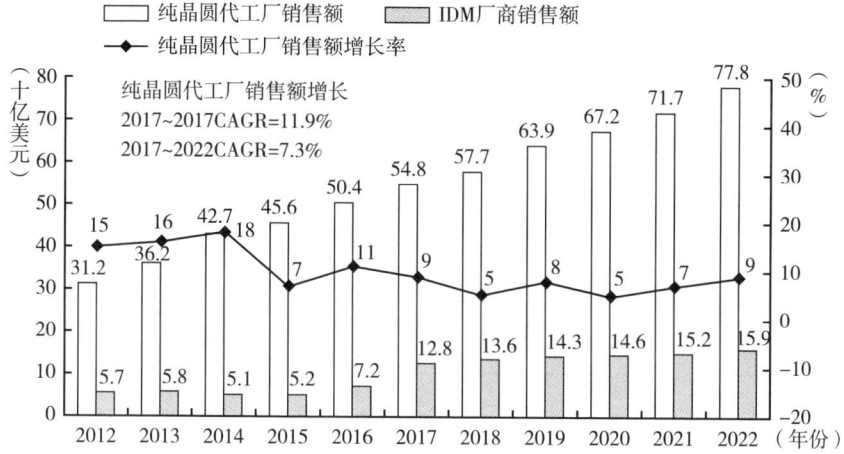

图1　2012～2022年全球纯晶圆代工厂和IDM厂商销售额

注：2018～2022年为预测值。
资料来源：IC Insights，2018年和2019年1月。

（二）整合制造业务相对平稳，市场占比下降

2016年，全球最大的IDM制造厂韩国三星对高通的代工业务急剧增长，年销售额激增65%，致使其整合制造业务增长了38%。此外，由于三星2017年将专用大规模集成电路销售中很大一部分重新归类为制造销售，使得其IDM制造业务销售增长了78%。总的来看，2017～2022年IDM制造业务的复合年增长率将达到4.4%，比同期整个集成电路市场低2.1个百分点，并且比纯代工业务低7.3个百分点。

IDM制造厂正面临纯代工厂的激烈竞争，这一点自2014年6月苹果公司开始将其很大一部分代工业务从IDM厂商三星转移到台积电等纯代工厂以来就尤为明显。从2014年到2017年，台积电对苹果的销售增长了三倍多，然而，台积电对高通公司的销售额下降了60%（见图2），其中三星公司占了差额的大部分。

2017年三星将其System LSI销售的很大一部分转移到其制造业务部门，导致IDM制造销售额激增。因此，三星2017年纯晶圆代工厂销售额占晶圆

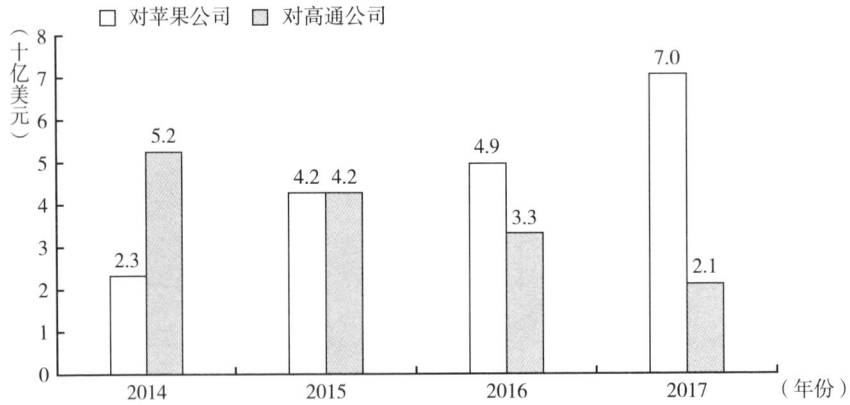

图 2 台积电对苹果和高通公司的销售额（2014~2017 年）

资料来源：IC Insights，2018 年。

制造业务总销售额的 81.1%，比 2012 年的 84.6% 下降了 3.5 个百分点（见图 3）。根据 IC Insights 预测，未来大多数 IDM 厂商将专注于使用非领先技术制造专用集成电路，而纯晶圆代工厂将更倾向于先进集成电路的制造。目前预计英特尔和三星将成为唯一两家在未来五年内寻求大批量生产前沿集成电路制造业务的 IDM 公司。尽管英特尔未来可能扩大制造业务销售额，但

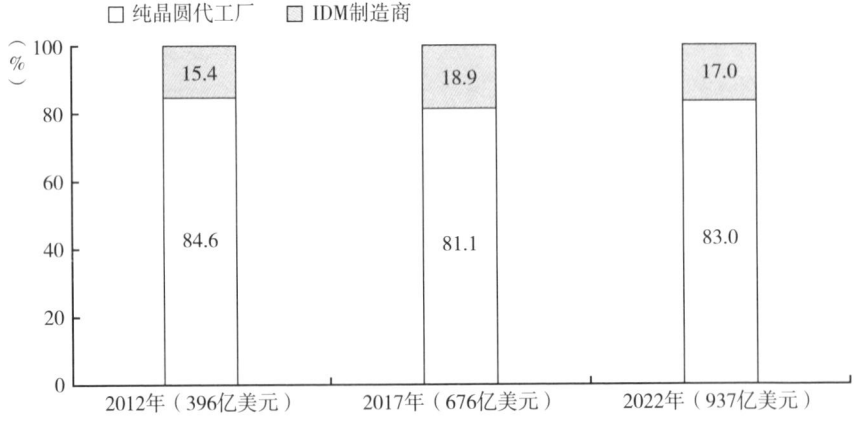

图 3 纯晶圆代工厂与 IDM 制造商的市场份额

注：2022 年为预测值。
资料来源：IC Insights，2018 年。

预计仍无法挽回 IDM 企业销售额在整个晶圆制造市场份额下降的趋势，预计到 2022 年将下降至 17.0%。

（三）全球晶圆产能持续增大，中国大陆增长迅猛

由晶圆厂所在国家和地区统计可见，中国台湾、韩国、日本和中国大陆是晶圆产能的主要来源地。2016～2022 年，中国台湾和韩国产能稳居第一、第二位，中国大陆产能逐年增大，将在 2021 年超过日本达到第三位。预计 2017～2022 年，中国大陆产能的复合年增长率将达到 16%，遥遥领先于全球其他国家和地区。

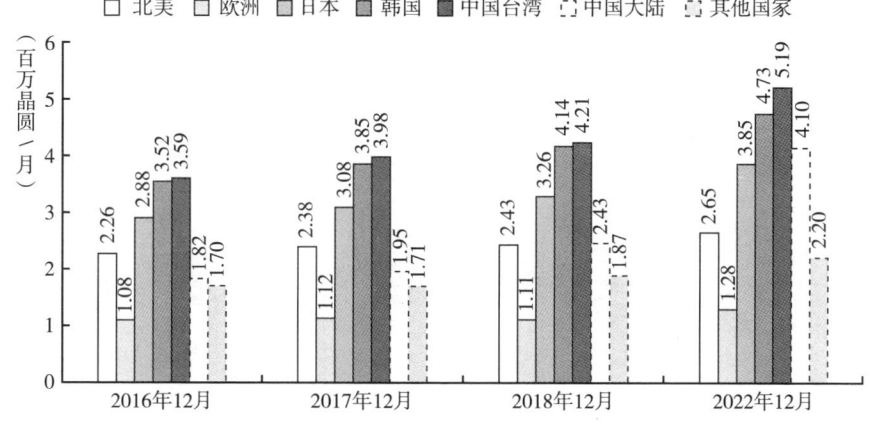

图 4　全球各区域晶圆月产能预测（等效于百万片 200 毫米晶圆）

注：2018 年和 2022 年为预测值。
资料来源：IC Insights，2018 年。

中国台湾地区的前两大代工厂为台积电和台联电，产能总和占中国台湾地区的 74%。在中国台湾瑞晶和华亚科技晶圆厂被美国美光公司收购后，台积电和台联电在中国台湾地区的地位进一步上升。

日本尔必达公司被美国美光公司收购，伴随近期日本企业在制造领域的多个重大调整，例如松下将其部分晶圆厂分拆为单独子公司，松下和 TowerJazz 分别拥有 49% 和 51% 的份额，意味着日本所属企业晶圆产能降低，前两大公司晶圆产能占日本所属晶圆产能总量的 66%。

表1 全球各区域晶圆月产能预测（等效于百万片200毫米晶圆）

区域	2016年12月	2017年12月	2018年12月	2019年12月	2020年12月	2021年12月	2022年12月	2017~2022年CAGR(%)
北美	2.26	2.38	2.43	2.45	2.51	2.55	2.65	2
欧洲	1.08	1.12	1.11	1.12	1.19	1.24	1.28	3
日本	2.88	3.08	3.26	3.43	3.61	3.63	3.85	5
韩国	3.52	3.85	4.14	4.39	4.44	4.56	4.73	4
中国台湾	3.59	3.98	4.21	4.50	4.79	4.91	5.19	5
中国大陆	1.82	1.95	2.43	3.14	3.46	3.90	4.10	16
其他国家	1.70	1.71	1.87	1.98	2.15	2.13	2.20	5
合计	16.87	18.08	19.46	21.00	22.14	22.92	24.01	6

注：2018~2022年为预测值。
资料来源：IC Insights，2018年。

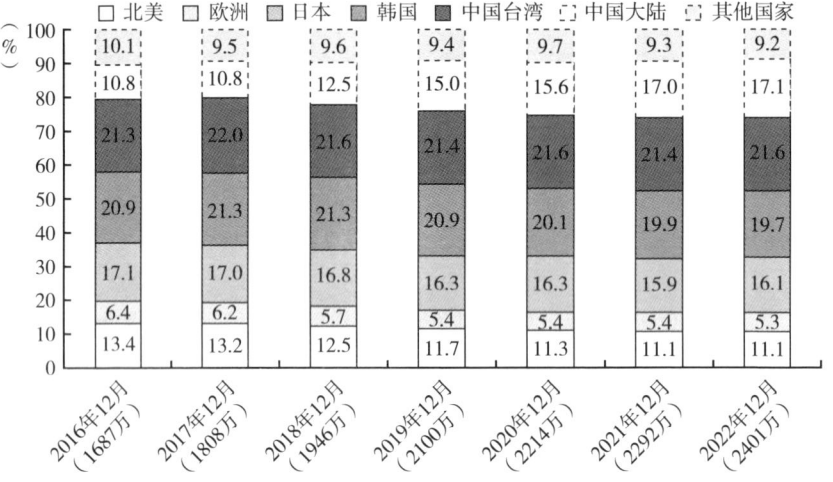

图5 全球各区域晶圆月产能份额预测（等效于百万片200毫米晶圆）

注：2018~2022年为预测值。
资料来源：IC Insights，2018年。

随着大中型制造商进一步合并以整合资源提高竞争力，以及大多数中小型企业不再自己制造集成电路，而是转向第三方代工厂代工，未来几年全球前5、10、15和25名的晶圆代工厂的产能份额将进一步增加。

（四）300毫米晶圆产能大幅增加，200毫米晶圆占比下降

300毫米晶圆是目前晶圆尺寸的主流，占晶圆总产能的份额持续上升，但就总表面积和实际晶圆数量而言，200毫米晶圆仍有较大生存空间。当前200mm晶圆占晶圆总量的份额持续下降，但预计2018~2022年200毫米晶圆的实际数量仍将呈上涨趋势。

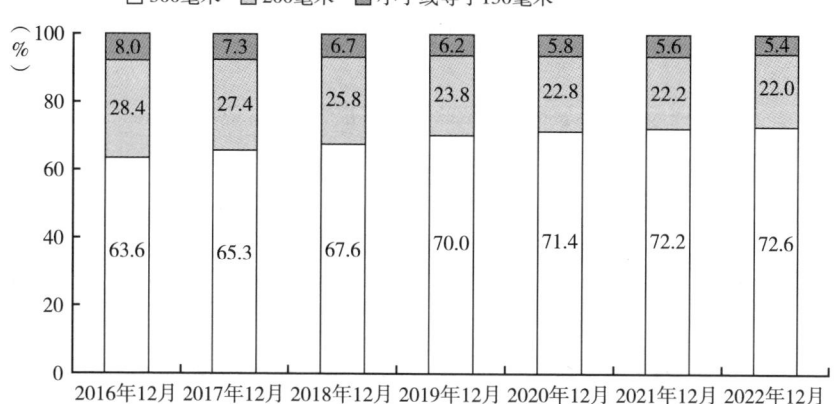

图6 各尺寸晶圆装机月产能份额（等效于200毫米晶圆）

注：2018~2022年为预测值。
资料来源：IC Insights，2018年。

表2 各尺寸晶圆装机月产能预测（等效于百万片200毫米晶圆）

晶圆	2016年12月	2017年12月	2018年12月	2019年12月	2020年12月	2021年12月	2022年12月	2017~2022年CAGR(%)
300毫米	10.73	11.80	13.15	14.71	15.81	16.54	17.43	8.1
200毫米	4.79	4.95	5.01	5.00	5.04	5.09	5.28	1.3
小于或等于150毫米	1.35	1.33	1.30	1.29	1.29	1.29	1.29	-0.5
合计	16.87	18.08	19.46	21.00	22.14	22.91	24.01	5.8

注：2018~2022年为预测值。
资料来源：IC Insights，2018年。

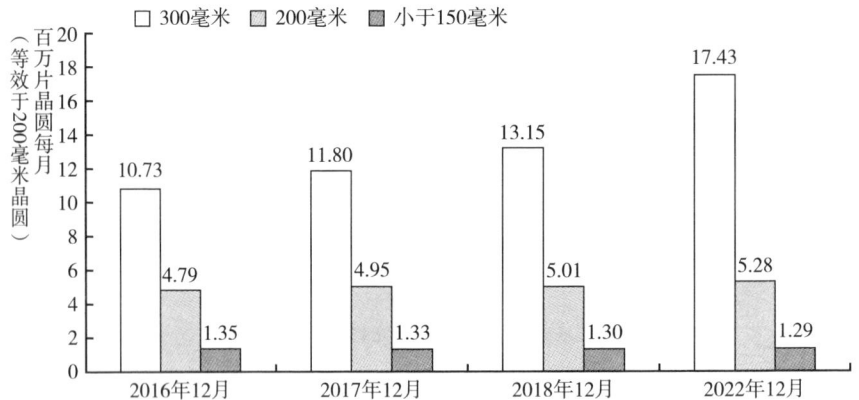

图7　各尺寸晶圆装机月产能预测（等效于百万片200毫米晶圆）

注：2018年和2022年为预测值。

资料来源：IC Insights，2018年。

截至2018年底，300毫米晶圆占全球产能的67.6%，预计到2022年底将增加至73%，以200毫米晶圆为代表的行业每月晶圆产能份额预计将从2018年12月的25.8%下降至2022年12月的22%，但预计200毫米晶圆产能将在未来几年内连续增长。如果考虑所有半导体器件，而不仅仅是集成电路，那么200毫米晶圆产能的增长速度会更高。因为非集成电路器件也逐渐向更大晶圆尺寸上转移，200毫米将承接更多非集成电路器件的制造。预计2018~2022年直径小于或等于150毫米的晶圆产能将缓慢下降。

300毫米晶圆是集成电路制造业的主流，且运营中的代工厂数量持续增长（见图8）。300毫米晶圆主要用于生产大规模器件，如DRAM、闪存、图像传感器、复杂逻辑器件等。到2018年底，将有113个300毫米晶圆厂开展产品级集成电路的制造，不包括集成电路研发工厂以及非集成电路产品制造厂。另有5个用于DRAM和闪存制造或代工的晶圆厂将于2019年投产。到2022年底，预计将有128个300毫米晶圆厂投产集成电路制造。

2022年300毫米晶圆产能前十名厂商如表3所示。未来五年，三星在半导体业务领域的投资将保持非常积极的态势，从2018年到2022年，三星的300毫米产能将增长24%，位列榜首。

全球集成电路制造业发展概况

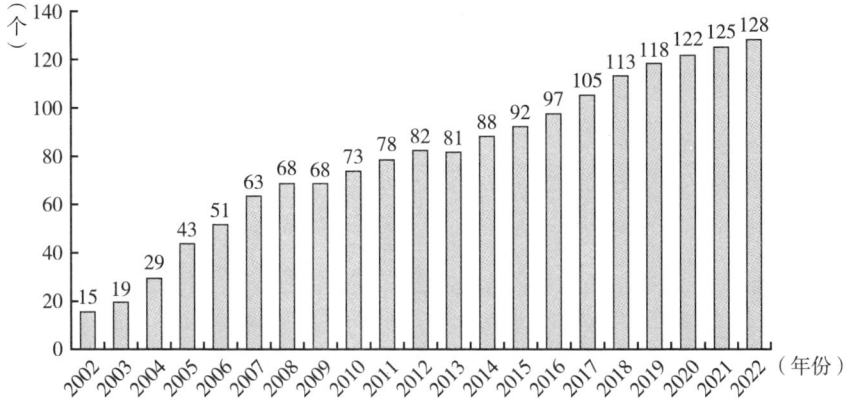

图 8　在运营 300 毫米晶圆厂数量

注：包含试生产线和批量生产线，不包括研发线（只是 IC 代工厂）；不同期的生产线被统计为单独的晶圆厂（台积电的 Fab 14 有 7 期，总产能为 37 万片/月）。

资料来源：IC Insights，2018 年。

就增长率而言，300 毫米产能的增长将主要来自台积电、格罗方德、台联电和中芯国际四个纯晶圆代工厂。预计这四家厂商的总计月产能将由 2018 年底的 143.7 万片增加到 2022 年底的 200.5 万片，增长率达到 40%。

表 3　2022 年 300 毫米晶圆产能前十名厂商（300 毫米半导体*晶圆每月装机产能）

单位：Kw/m，%

2022 年排名	公司	2017 年装机产能	2017 年全球产能占比	2018 年装机产能	2018 年全球产能占比	2022 年装机产能	2022 年全球产能占比
1	三星	1230	22.5	1325	21.8	1645	20.5
2	台积电	730	13.3	820	13.5	1140	14.2
3	SK 海力士	670	12.2	720	11.9	970	12.1
4	美光	704	12.9	729	12.0	960	12.0
5	东芝/闪迪	570	10.4	650	10.7	810	10.1
6	英特尔	347	6.3	392	6.5	435	5.4
7	格罗方德	273	5.0	296	4.9	410	5.1
8	台联电	149	2.7	176	2.9	245	3.1
9	中芯国际	103	1.9	145	2.4	210	2.6

续表

2022年排名	公司	2017年装机产能	2017年全球产能占比	2018年装机产能	2018年全球产能占比	2022年装机产能	2022年全球产能占比
10	索尼	167	3.1	167	2.7	190	2.4
—	前10合计	4943	90.3	5420	89.2	7015	87.5
—	其他	532	9.7	655	10.8	1004	12.5
—	合计	5475	100.0	6076	100.0	8019	100.0

注：*表示包括索尼、英飞凌和三星的O-S-D器件的300毫米晶圆产能。
资料来源：IC Insights，2018年。

200毫米晶圆厂仍有很大生存空间，因为并非所有的半导体器件都可以利用300毫米晶圆来解决成本问题。200毫米晶圆厂可用于制造多种类型的集成电路，如专用存储器、显示驱动器、微控制器、射频和模拟产品，还可制造基于微机电系统（MEMS）的非集成电路产品，如加速度计、压力传感器、功率分立半导体和LED等，且可以用集成电路产品淘汰的200毫米晶圆生产线来制造非集成电路产品。事实上，自2015年以来，又有多个新的200毫米晶圆制造厂开工建设，主要生产模拟和电源管理芯片。根据SEMI预测，量产200毫米晶圆厂的数量预计将从2016年的188家增加到2021年的202家。200毫米晶圆产能的紧张也导致200毫米晶圆设备的短缺，根据二手设备主要供应商Surplus Global的数据，2017年二手200毫米晶圆厂设备的需求比现有库存高3~5倍，且2018年仍处于短缺状态。

（五）前沿工艺产能增长迅猛，10纳米将成为代工主流

截至2017年底，28纳米及以下工艺晶圆产能已增长至集成电路行业总产能的47%，20纳米及以下工艺晶圆产能占总产能的31%，预计2022年将达到45%。

当前，7纳米工艺已经开始量产，2018年台积电7纳米工艺完成流片的芯片设计将超过50款，三星的7纳米工艺也已量产。从2018年开始，10纳米及以下工艺产能将缓慢增长，预计2020年以后将成为主流。

全球集成电路制造业发展概况

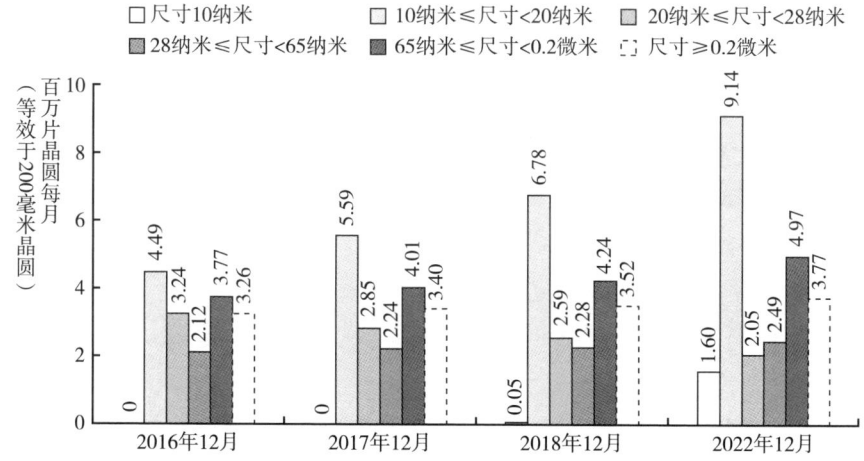

图9 各工艺节点晶圆装机月产能情况（等效于百万片200毫米晶圆）

注：2018年和2022年为预测值。
资料来源：IC Insights，2018年。

表4 各工艺节点晶圆装机月产能预测（等效于百万片200毫米晶圆）

尺寸	2016年12月	2017年12月	2018年12月	2019年12月	2020年12月	2021年12月	2022年12月
尺寸＜10纳米	0.00	0.00	0.05	0.22	0.45	1.05	1.60
10纳米≤尺寸＜20纳米	4.49	5.59	6.78	8.13	8.76	8.81	9.14
20纳米≤尺寸＜28纳米	3.24	2.85	2.59	2.18	2.10	2.04	2.05
28纳米≤尺寸＜65纳米	2.12	2.24	2.28	2.32	2.37	2.42	2.49
65纳米≤尺寸＜0.2微米	3.77	4.01	4.24	4.50	4.73	4.87	4.97
尺寸≥0.2微米	3.26	3.40	3.52	3.66	3.73	3.73	3.77
合计	16.88	18.09	19.46	21.01	22.14	22.92	24.02

注：2018~2022年为预测值。
资料来源：IC Insights，2018年。

（六）存储产品产能最高，占比超过三成

晶圆制造的产品类型主要分为模拟、存储、逻辑、微组件、代工和其他。存储产品包括DRAM、静态随机存储器（SRAM）、闪存、可擦写可编程只读存储器（EPROM）、只读存储器（ROM）、电可擦写可编程只读存储

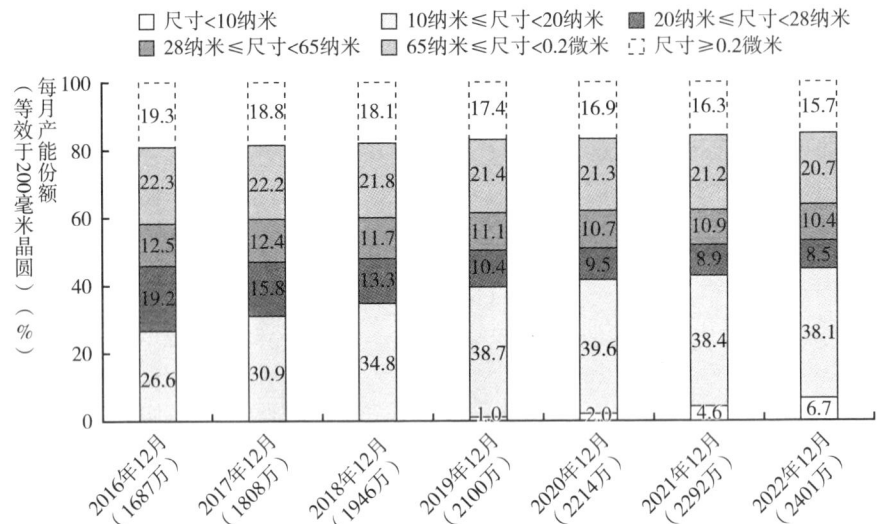

图10 各工艺节点晶圆装机月产能份额预测（等效于百万片200毫米晶圆）

注：2018～2022年为预测值。
资料来源：IC Insights，2018年。

器（EEPROM）和其他存储器件。逻辑产品包括通用逻辑器件、门阵列和标准单元、可编程逻辑器件（PLD）和现场可编程门阵列（FPGA）、显示驱动，以及用于计算机、消费、通信、汽车、工业和其他应用的专用逻辑器件（专用标准产品或ASSP）。微组件产品包括微控制器（MCU）、数字信号处理器（DSP）和微处理器（MPU）。模拟产品包括各种标准模拟器件，如放大器、稳压器和数据转换器，以及用于计算机、消费、通信、汽车和工业的各种特定应用的模拟和混合信号器件。代工类别产品主要指专门为外部客户按合同要求制造的产品，绝大部分的代工厂能力来自纯代工厂，包括台积电、格罗方德、台联电、中芯国际等。其他部分主要包括用于制造光电子、传感器和分立器件的产能，以及晶圆厂中的一些为批量生产而进行的研发功能。

从晶圆上制造的集成电路类型角度对全球晶圆产能进行统计，结果如图11所示。2018年各类产品的生产能力均有所增长，存储产品产能最高，达到每月745万片晶圆，占集成电路产能的38.3%；代工产品位列第二，达到每月687万片晶圆，占集成电路产能的35.3%；模拟、逻辑、微组件和其他器件分列第三至第六位。

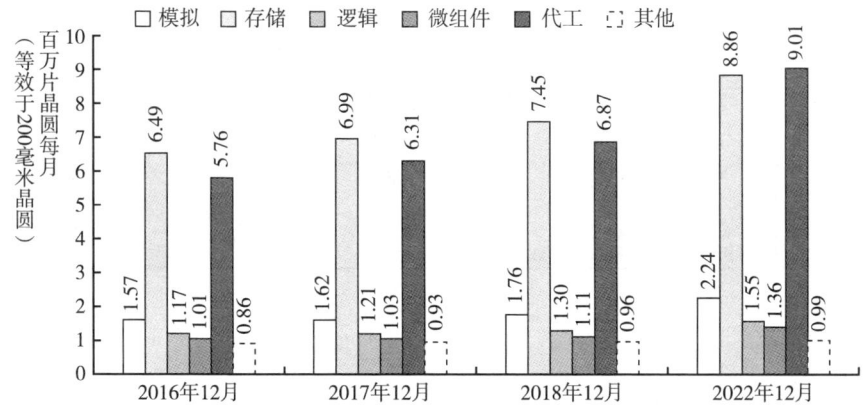

图11　各类型产品晶圆装机月产能情况（等效于百万片200毫米晶圆）

注：2018年和2022年为预测值。
资料来源：IC Insights，2018年。

预计未来几年，代工产品的生产能力将显著增长，到2022年将超过存储产品占据产能第一位，达到每月901万片晶圆，占集成电路总产能的37.5%。与代工能力的强劲增长相结合，非代工的逻辑和微组件器件的制造能力增长预计与整个行业平均增长值相同或略低。

表5　各类型产品晶圆装机月产能情况（等效于百万片200毫米晶圆）

产品	2016年12月	2017年12月	2018年12月	2019年12月	2020年12月	2021年12月	2022年12月	2017~2022年 CAGR(%)
模拟	1.57	1.62	1.76	1.92	2.06	2.14	2.24	7
存储	6.49	6.99	7.45	8.02	8.39	8.55	8.86	5
逻辑	1.17	1.21	1.30	1.40	1.48	1.50	1.55	5
微组件	1.01	1.03	1.11	1.21	1.29	1.31	1.36	6
代工	5.76	6.31	6.87	7.49	7.94	8.42	9.01	7
其他	0.86	0.93	0.96	0.96	0.99	0.99	0.99	1
合计	16.86	18.09	19.45	21.00	22.15	22.91	24.01	6

注：2018~2022年为预测值。
资料来源：IC Insights，2018年。

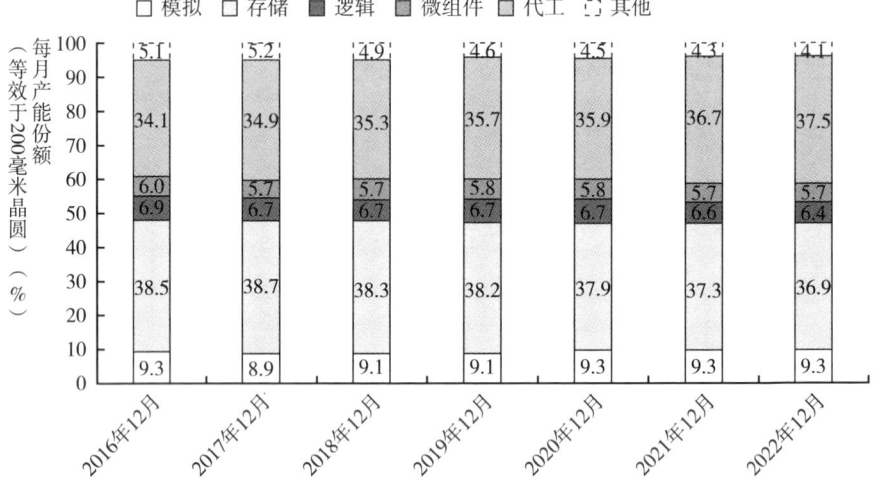

图 12　各类型产品晶圆装机月产能份额情况（等效于百万片 200 毫米晶圆）

注：2018～2022 年为预测值。
资料来源：IC Insights，2018 年。

（七）整体投资保持高位，龙头企业占据八成

2017 年全球半导体行业资本支出约为 908 亿美元，与 2016 年的支出相比大幅增加。2017 年晶圆厂和设备支出增长 35%，是 2010 年以来的最高增长率。2018 年，半导体行业资本支出总额不会进一步增长，但支出可能会保持在较高水平。

综合来看，半导体行业资本支出前十名企业（主要用于晶圆厂设备投资）投资总和约占 2017 年行业总资本支出的 80%。而对于年投入不足 10 亿美元的制造商，则很难继续维持先进的数字或混合信号集成电路制造技术。

三星在 2017 年仍然是资本支出的领导者，较 2016 年的支出大幅增加。从 2010 年到 2016 年，三星每年的支出在 110 亿美元到 130 亿美元，而 2017 年的预算增加了 1 倍以上，约为 260 亿美元。DRAM 和 NAND 闪存产品是该公司的主要半导体产品线，两者都是资本密集型产品。

表6　2017年全球半导体行业资本支出前十企业

单位：十亿美元，%

2017年排名	公司	2016年	2017年	同比增长
1	三星	11300	26000	130
2	英特尔	9625	11500	19
3	台积电*	10249	10800	5
4	SK海力士	5188	8500	64
5	美光	5760	6100	6
6	东芝/闪迪	3262	2700	-17
7	中芯国际	2626	2300	-12
8	格罗方德	1135	2000	76
9	台联电	2842	1700	-40
10	意法半导体	607	1200	98

注：台积电为纯代工厂。

资料来源：IC Insights，2018年。

自2011年以来，英特尔每年投资100亿~110亿美元，但2015年的支出下降至73亿美元。虽然公司有闲置产能等待投入使用，但仍必须继续购买新设备来保证尖端技术的处理能力。

台积电在资本支出方面一直保持积极态度，以维持其作为业界领先的纯晶圆代工厂的主导地位。该公司是2015年和2016年第二大资本支出者，2017年落后英特尔排名第三。

与三星类似，SK海力士也在2017年大幅增加资本支出，以扩大其DRAM和NAND闪存产品线的产能。三星和SK海力士的资本支出大幅增加可能会阻碍中国DRAM和NAND市场的发展。

通过收购Chartered和IBM的微电子业务，包括IBM在纽约和佛蒙特的所有晶圆厂，格罗方德显著提升了其制造能力，很可能成为台积电在纯晶圆代工市场中最大的竞争对手。但在2018年7月，格罗方德宣布将无限期地暂停7纳米工艺的开发，以便将资源转移到更加专业的14纳米和12纳米FinFET节点的持续开发上。这一突然的战略转折使纯晶圆代工领域少了一位前沿工艺追求者。

美光公司曾通过收购陷入困境的竞争企业来扩大业务和晶圆加工能力。先后收购了中国台湾的瑞晶、华亚科技、日本尔必达部分存储器件设施等公司的全部或部分股权。

东芝和闪迪（属于西部数据）的资本支出已合并计入闪存卡和SSD供应商对日本公司合资闪存晶圆厂的投资。2017年，东芝投资14亿美元，闪迪为13亿美元。

2017年，意法半导体资本支出约12亿美元，估计占其总销售额的15%。2017年支出激增，预计未来将恢复到低于销售额10%的"正常"水平。

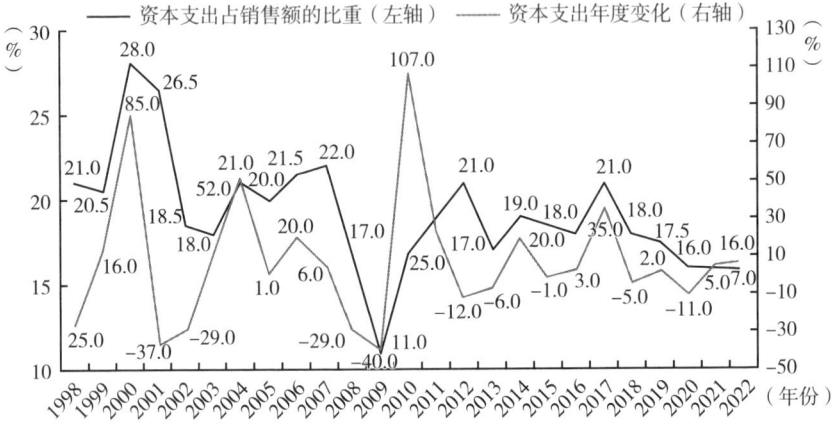

图13　1998～2022年全球半导体企业资本支出情况

资料来源：IC Insights，2018年。

二　2018年集成电路制造企业发展态势

（一）台积电销售领衔，中芯国际位列第五

集成电路代工厂有两个主要客户——无晶圆厂集成电路公司（如高通、苹果、英伟达、赛灵思、AMD等）和IDM厂商（如安森美、意法半导体、德州仪器、东芝等）。无晶圆厂集成电路公司的成功以及现有IDM的外包业

务推动了自1998年以来纯集成电路代工厂销售的强劲增长。此外，越来越多的中型企业放弃了自有晶圆厂，转而采用无晶圆厂商业模式，包括富士通、IDT和AMD等，在过去十年中，这些IDM企业逐渐演变成为无晶圆厂集成电路供应商。

主要晶圆制造商销售额如表7所示。预计2018年台积电销售额将达到348亿美元，居集成电路制造业企业之首，将超过排名第二的韩国三星的3倍，超过排名第五的中国中芯国际的10倍。前13名中，只有三星和富士通两家为IDM制造商，而2015年另有IBM和MagnaChip两家IDM制造商。

表7 主要晶圆制造商销售情况

单位：百万美元，%

2018年排名	2017年排名	公司	类型	地点	2016年销售额	2017年销售额	同比增长率	2018年销售额	同比增长率
1	1	台积电	纯代工厂	中国台湾	29488	32163	9	34765	8
2	2	三星	IDM	韩国	4410	9800	122	10600	8
3	3	格罗方德	纯代工厂	美国	5495	6176	12	6640	8
4	4	台联电	纯代工厂	中国台湾	4582	4898	7	5165	5
5	5	中芯国际	纯代工厂	中国大陆	2914	3101	6	3275	6
6	6	力晶	纯代工厂	中国台湾	1275	1498	17	1790	19
7	7	华虹集团*	纯代工厂	中国大陆	1184	1395	18	1575	13
8	8	TowerJazz	纯代工厂	以色列	1250	1388	11	1355	-2
9	10	Vanguard	纯代工厂	中国台湾	800	820	2	960	17
10	9	富士通	IDM	日本	880	910	3	940	3
11	12	X‐Fab	纯代工厂	欧洲	513	582	13	620	7
12	13	WIN	纯代工厂	中国台湾	423	563	33	605	7
13	11	Dongbu HiTek	纯代工厂	韩国	669	601	-10	490	-18
—	—	前13名总额	—		53883	63895	19	68780	8
—	—	前13名份额	—		93	94	—	95	—
—	—	其他	—		3767	3730	-1	3850	3
—	—	合计	—		57650	67625	17	72630	7

注：2018年数据为预测，华虹集团包括华虹宏力和上海华力。
资料来源：IC Insights，2018年。

工业和信息化蓝皮书·集成电路产业

2018年，前13名代工厂的销售额预计达到687.8亿美元，占全球代工厂总销售额726.30亿美元的95%，高于2017年和2016年水平。未来，晶圆厂成本骤增、摩尔定律逼近极限等因素，将导致代工业务的壁垒更高，其他厂商难以持续跟进和切入，预计前13名的市场份额仍将保持或接近高位水平。

2014年第二季度中国台湾台联电宣布计划以约5.25亿美元收购其与富士通合作持有的MIFS（Mie Fujitsu Semiconductor Limited）合资工厂剩余的84.1%股份。该工厂采用300毫米晶圆运行"成熟"的40纳米工艺，每月最大产能为4万片晶圆。该交易届时将有助于增加纯代工厂台联电的销售额，同时降低IDM代工厂富士通2019年的代工销售额。

（二）主要纯晶圆代工厂汇聚亚太，中国企业份额看涨

主要纯晶圆代工厂销售额如表8所示。2018年四大纯晶圆代工厂分别为台积电、格罗方德、台联电和中芯国际，四者总销售额将占纯晶圆代工厂总销售额的84%。其中，台积电约占市场总额的59%，与2017年相同。

表8 主要纯晶圆代工厂销售额

单位：百万美元，%

2018年排名	2017年排名	公司（总部）	2016年销售额	2016年增长率	2016年占比	2017年销售额	2017年增长率	2017年占比	2018年销售额	2018年增长率	2018年占比
1	1	台积电（中国台湾）	29488	11	58	32163	9	59	34765	8	59
2	2	格罗方德（美国）	5495	9	11	6176	12	11	6640	8	11
3	3	台联电（中国台湾）	4582	3	9	4898	7	9	5165	5	9
4	4	中芯国际（中国大陆）	2914	30	6	3101	6	6	3275	6	6
5	5	力晶（中国台湾）	1275	1	3	1498	17	3	1790	19	3

全球集成电路制造业发展概况

续表

2018年排名	2017年排名	公司（总部）	2016年销售额	2016年增长率	2016年占比	2017年销售额	2017年增长率	2017年占比	2018年销售额	2018年增长率	2018年占比
6	6	华虹集团①（中国大陆）	1184	22	2	1395	18	3	1575	13	3
7	7	TowerJazz（以色列）	1250	30	2	1388	11	3	1365	-2	2
8	8	Vanguard（中国台湾）	800	9	2	820	2	1	960	17	2
9	10	X-Fab（欧洲）	513	55	1	582	13	1	620	7	1
10	11	WIN（中国台湾）	423	12	1	563	33	1	605	7	1
11	9	Dongbu HiTe（韩国）	669	13	1	601	-10	1	490	-18	1
12	12	SSMC（新加坡）	436	-8	1	405	-7	1	390	-4	1
13	13	XMC②（中国大陆）	205	17	<1	255	24	<1	300	18	<1
14	14	TSI Semi（美国）	245	2	<1	250	2	<1	260	4	<1
15	15	SkyWater（美国）	170	21	<1	210	24	<1	250	19	<1
16	16	Silterra（马来西亚）	180	0	<1	185	3	<1	190	3	<1
17	17	ASMC（中国大陆）	120	1	<1	150	25	<1	185	23	<1
18	18	AWSC（中国台湾）	70	-49	<1	55	-21	<1	65	18	<1
—	17	Altis③（欧洲）	161	-36	<1	0	-100	0	0	N/A	0
—	18	LFoundry④（中国大陆）	145	-40	<1	0	-100	0	0	N/A	0
—	—	其他	101	9	<1	122	21	<1	140	15	<1
—	—	合计	50426	11	100	54817	9	100	59020	8	100

注：2018年为预测值；①华虹集团包括华虹宏力和上海华力；②2016年第三季度被清华紫光收购；③2016年第三季度被X-Fab收购；④2016年7月中芯国际收购其70%股份。

资料来源：IC Insights，2018年。

预计2018年有7家纯代工厂的销售额增长超过13%，包括中国大陆地区的华虹集团（Huahong Group）、武汉新芯（XMC）和上海先进半导体（ASMC）；中国台湾地区的力晶（Powerchip）、先锋半导体（Vanguard）和宏捷科技（AWSC）；美国的SkyWater。

18家纯代工厂中有13家位于亚太地区，其余5家分别为总部位于欧洲的XFab，以色列的TowerJazz，美国的格罗方德、TSI Semi（前Telefunken）和SkyWater。

2017年，中芯国际的销售额仅增长了6%，而纯代工厂市场增长率为9%，中国代工厂在纯晶圆代工市场的份额下降了0.1个百分点（至9.1%）。预计2018年华虹集团的销售额增长率将达到13%，加上ASMC和XMC的持续健康增长，预计将使中国的纯晶圆代工市场份额增加0.1个百分点至9.2%。

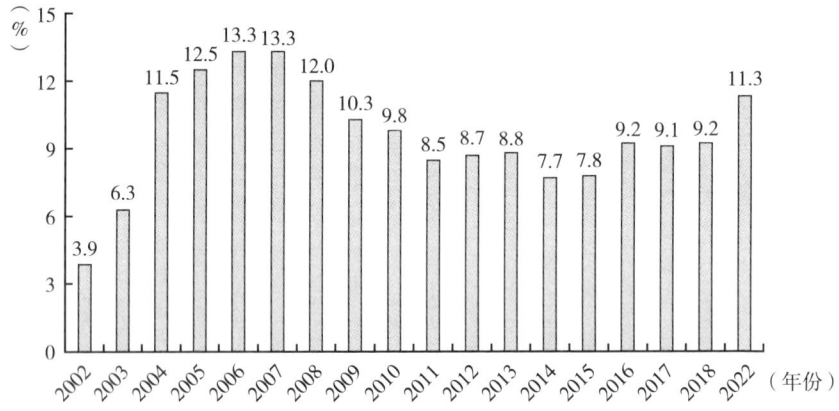

图14　中国纯代工厂在全球代工市场的份额

注：2018年和2022年为预测值。
资料来源：IC Insights，2018年。

中国纯代工厂上海华力属于华宏集团，已于2018年第三季度投产第二条300毫米晶圆厂生产线，总投资387亿元，采用28纳米工艺，未来将采用14纳米技术。该工厂位于中国上海，预计到2022年每月可生产40000片晶圆。

IC Insights认为，随着政府和市场资本的大量注入，中国集成电路代工基础设施建设速度加快,中国代工厂占全球代工市场的份额将会增加,预计到 2022 年将达到 11.3%。

三 总结

自 2015 年以来,全球新建晶圆厂的计划日益增多,且均在 2017~2020 年投产。2017 年和 2018 年均有 8 家 300 毫米晶圆厂投产,2019 年有 5 家,2020 年有 6 家。全球 300 毫米晶圆产能主要集中于大型制造企业,前五大公司占 300 毫米总产能的 71%,前十大公司占 91%。

新的 300 毫米晶圆厂建设的激增主要源于过去几年产能需求快速扩张,也有制造商准备抢占更多市场份额的原因。近年中国政府支持建设了大型 DRAM 和 NAND 闪存晶圆厂,这一举动也激发了国外 DRAM 和 NAND 的主要供应商增加投资,扩建新厂。

集成电路制造行业继续削减旧产能。2009~2017 年有 92 家 IC 工厂关闭,部分晶圆厂转向更大尺寸的晶圆制造或生产非集成电路产品,也有些晶圆厂过渡到无晶圆厂或轻晶圆厂的商业模式。2018 年仍有少量晶圆厂关闭。

虽然 200 毫米晶圆产能占晶圆制造总产能的比重在下降,但集成电路制造所需的 200 毫米产能需求却不断扩大,2018~2020 年仍有 200 毫米晶圆厂新建。实际上,200 毫米晶圆厂所能生产的器件种类在增多,导致全球对二手 200 毫米晶圆制造设备的需求增大,未来几年,200 毫米晶圆制造设备仍会紧缺。

纯晶圆代工厂在集成电路行业中发挥着越来越重要的作用。就增长率而言,台积电、格罗方德、台联电和中芯国际的 300 毫米晶圆产能增幅最大。在晶圆数量方面,预计前 6~7 名晶圆制造商的产能将保持主导地位。

参考文献

IC Insights:*GLOBAL WAFER CAPACITY 2018 – 2022.*

B.9
全球集成电路封装测试业发展概况

贾 丹*

摘　要： 封装测试业作为半导体产业的传统领域，伴随着半导体技术的发展而推陈出新。如今，集成电路封装的目的不仅是节省空间和保护内部结构，还包括通过封装提高器件性能。未来，先进封装技术将主导集成电路封测市场，集成电路封装将朝着小型化、轻型化方向发展；随着集成电路设计复杂度的提高，先进封装面临的挑战也越来越多。

关键词： 封装测试　产业　市场

集成电路封装测试是半导体制造的后道工序，封装的主要作用是将芯片固定在支撑物内，以增加防护并提供芯片和印刷电路板（PCB）之间的互联。封装测试作为半导体行业的传统领域，伴随着半导体的发展而推陈出新。根据国际半导体技术路线图（ITRS）明确提出的未来集成电路技术发展的两个方向：①More Moore，即延续摩尔定律，②More than Moore，即拓展摩尔定律。沿着拓展摩尔定律方向发展的技术路线及转向下一代硅节点技术的高成本因素推进了新型封装方式的发展，并改变了电子行业中封装的地位和作用。对降低封装成本和增加芯片复杂性的需求增大，使产品封装变得更为复杂，集成电路设计人员和制造商已经意识到封装不再只是芯片供应链

---

* 贾丹，国家工业信息安全发展研究中心（工业和信息化部电子第一研究所）工程师，研究方向为集成电路、半导体、电子信息等。

中一个简单的后道工序。

如今，集成电路封装的目的不仅仅是节省空间和保护内部结构，而已经开始转变为提高器件性能，选择合适的封装方式以提高性能已变得越来越具有挑战性。先进封装越来越多地能够通过嵌入式的方式或安装在基板顶部而将分立器件封装到一起。

一 全球集成电路封测产业发展态势

（一）中国领跑全球前十大集成电路封测企业

根据Gartner的估值，2018年全球半导体封装测试业的营业收入规模为553.1亿美元，比2017年增长3.9%。根据企业的综合实力，2017年全球集成电路封测企业前十和2018年上半年全球集成电路封测企业前十如表1、表2所示。

表1 2017年全球集成电路封测企业前十

单位：百万美元，%

2017年排名	公司名称	总部所在地	2017年销售额	同比增速
1	日月光	中国台湾	5207	6.4
2	安靠	美国	4063	4.3
3	长电科技	中国大陆	3233	12.5
4	矽品	中国台湾	2684	2.2
5	力成科技	中国台湾	1893	26.3
6	华天科技	中国大陆	1056	28.3
7	通富微电	中国大陆	910	32.0
8	京元电子	中国台湾	675	8.3
9	联合科技	新加坡	674	-2.2
10	南茂科技	中国台湾	596	4.9

资料来源：拓璞产业研究院。

工业和信息化蓝皮书·集成电路产业

表2 2018年上半年全球集成电路封测企业前十

单位：百万美元，%

2018年上半年排名	公司名称	2017年上半年销售额	同比增速	2018年上半年销售额	同比增速
1	日月光	2521	11.8	2605	3.4
2	安靠	1903	6.6	2055	8.0
3	长电科技	1502	30.7	1782	18.7
4	矽品	1302	4.3	1338	2.8
5	力成科技	866	29.6	1139	31.5
6	华天科技	482	27.2	679	40.9
7	通富微电	455	70.7	533	17.2
8	联合科技	424	31.0	404	-4.7
9	京元电子	316	10.2	316	0.0
10	南茂科技	296	3.0	277	-6.6
合计	—	10067	16.4	11128	10.5

资料来源：拓璞产业研究院。

从企业角度来看，2017年和2018年上半年全球封测前十大厂商中，中国台湾地区占据5家、中国大陆3家、美国1家以及新加坡1家，前十大厂商两个年度的排名几乎没有变化。2017年、2018年上半年全球前十大封测企业总部所在地区分布如图1所示。如表2所示，前十大封测企业2018上半年销售额达111.28亿美元，年增长率为10.5%，低于上年同期的16.4%，其中中国大陆封测三雄——长电科技、华天科技、通富微电上半年皆有双位数销售额增长，占前十大封测代工厂总销售额的26.9%，创下历年新高。日月光、安靠和长电科技依旧是封测业三巨头，总销售额约占前十大厂商总销售额的57.9%。2018年上半年增速最快的企业分别为华天科技和力成科技，增速分别为40.9%和31.5%，联合科技和南茂科技销售额略有下降（见图2）。

（二）更小、更轻的先进封装市场空间更广

根据中国香港咨询公司TechSearch数据，关于引线键合型芯片级封装

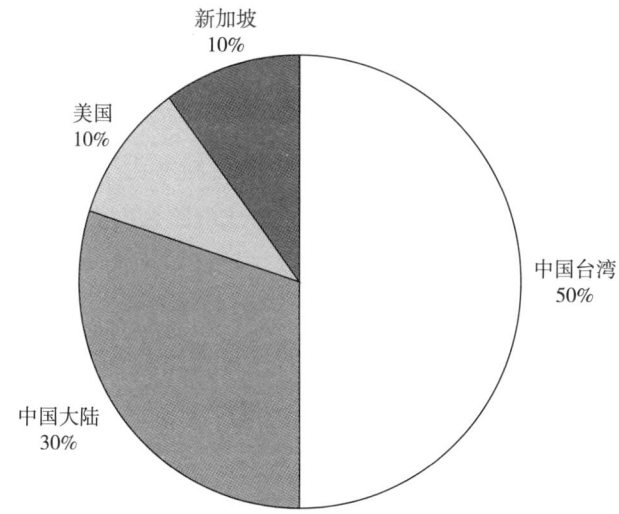

图1　2017年、2018年上半年全球前十大封测企业总部所在地区分布

资料来源：拓璞产业研究院。

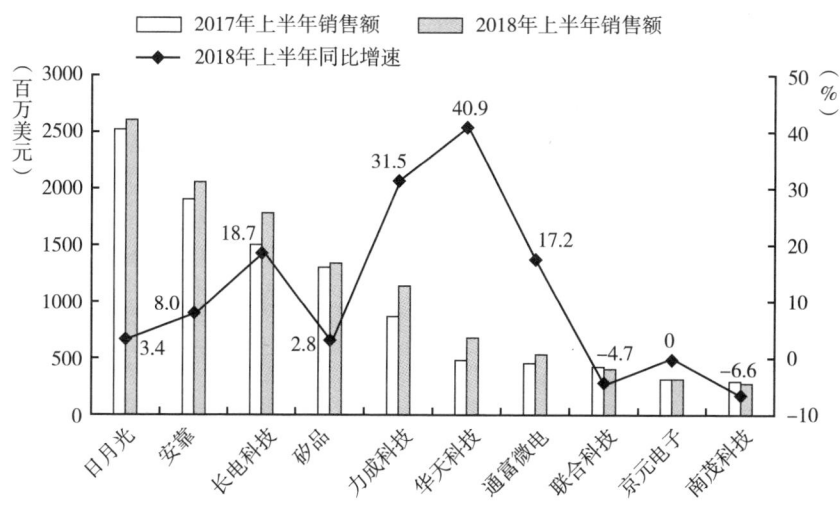

图2　2017年、2018年上半年全球封测企业前十销售额与同比增速

资料来源：IC Insights。

（CSP）、衬底CSP、堆叠CSP、系统级封装、3D集成电路封装、球栅阵列（BGA）型封装、晶圆级封装（WLP）、扇出型晶圆级封装（FO-WLP）、倒装芯片、凸点芯片组件以及嵌入型芯片封装的2017年出货量情况和2018~2022年出货量预测值如表3所示。经分析，由于多数集成电路采用了多芯片封装的方式，封装总出货量小于集成电路总出货量，表3将封装类型划分为先进封装类型，普通或传统的基于引线框架的表面贴装封装类型，如薄型小尺寸封装（TSOP）和塑料引脚芯片载体（PLCC），以及基于通孔或其他封装类型。先进封装包括基于引线框架和基板的CSP、晶圆级封装、倒装芯片、凸点集成电路以及多芯片模块。

表3 不同集成电路封装类型的出货量趋势

单位：十亿美元，%

封装类型	2017年	2018年	2019年	2020年	2021年	2022年	2017~2022年CAGR	举例
先进封装	151.6	167.4	180.4	191.7	207.5	226.7	8	CSP,S-CSP,WLP,倒装芯片,FBGA,SiP,MCM
QFN及其他引线键合型封装	65.9	73.5	80.1	86.1	94.3	104.5	10	QFN/MLF, SON, BCC, MIS,SiP
BGA及其他阵列型封装	48.8	53.6	57.2	60.1	63.1	66.6	6	FBGA/LGA, PBGA/LGA,SiP,PoP,S-CSP, HBM/HMC,MCM
WLP、倒装芯片及其他裸芯片型封装	36.9	40.3	43.1	45.5	50.1	55.6	9	Ultra CSP, microSMD, Ewlb, FCOB, COB, COG, COF, TCP
传统引线键合型SMT封装	97.7	108.2	117.7	119.2	122.9	129.2	6	TSOP, SO-type, QFP, PLCC,LCCC
通孔型封装及其他封装	8.4	8.3	8.2	8.0	7.8	7.7	-2	PDIP,CERDIP,ZIP/SiP, PGA,TO
合计	257.7	283.9	306.4	318.9	338.2	363.6	7	

注：2018~2022年数据为预测值。
资料来源：IC Insights。

2017~2022年先进封装和传统引线键合型封装类型的出货量都呈稳中有升态势（见图3和图4），其中，先进封装的出货量增长趋势更为明显，增长率领先于传统引线键合型表面贴装型（SMT）封装和通孔型封装等，通孔型封装及其他封装的出货量呈下降趋势。

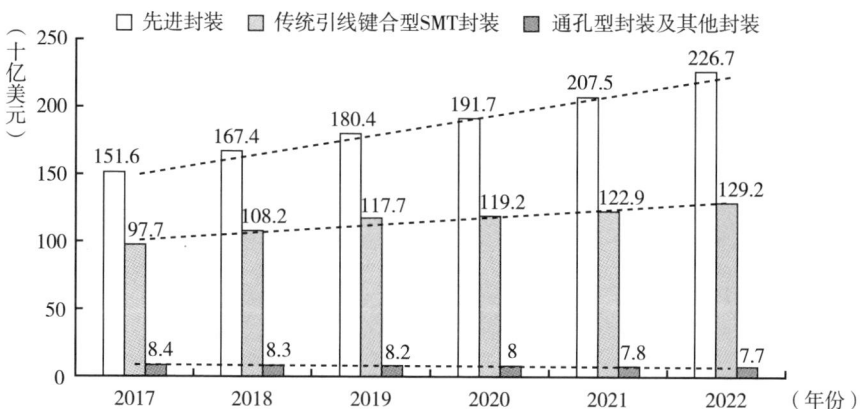

图3 2017～2022年不同集成电路封装类型出货量预测

注：2018～2022年数据为预测值。
资料来源：IC Insights。

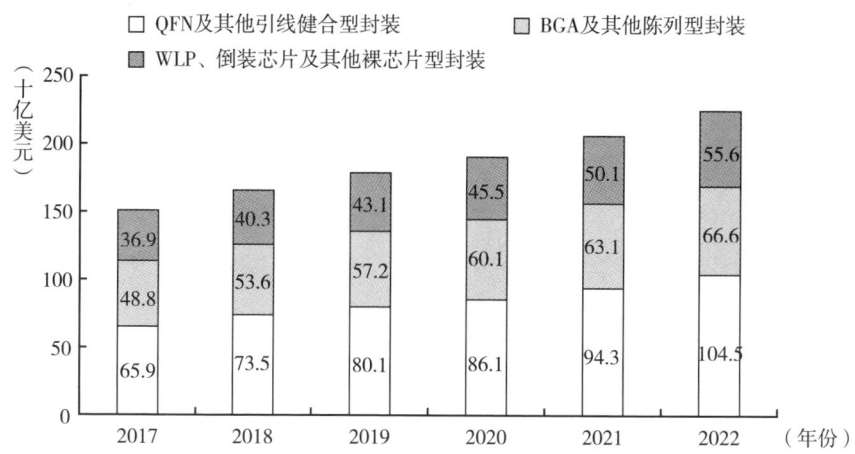

图4 2017～2022年先进封装不同类型出货量预测

注：2018～2022年数据为预测值。
资料来源：IC Insights。

不同集成电路封装类型出货量分布如图5和图6所示。2017年，先进封装占集成电路封装总出货量的59%，而传统引线键合型SMT封装占38%，

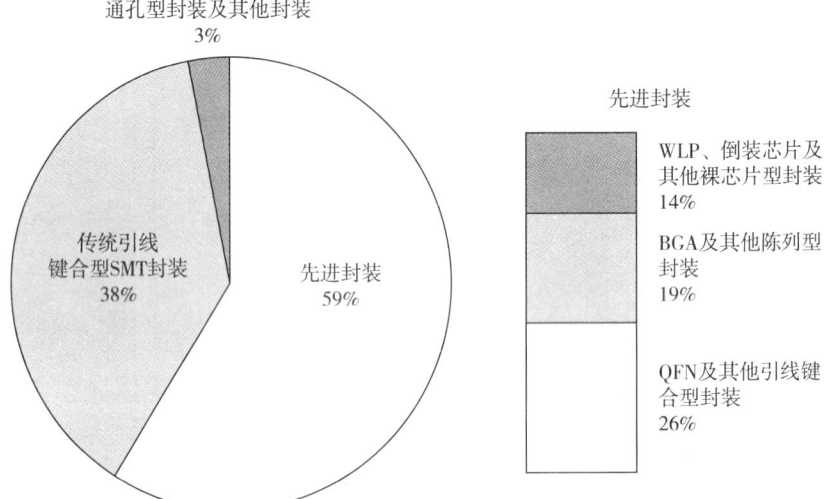

图5　2017年不同集成电路封装类型出货量分布

资料来源：IC Insights。

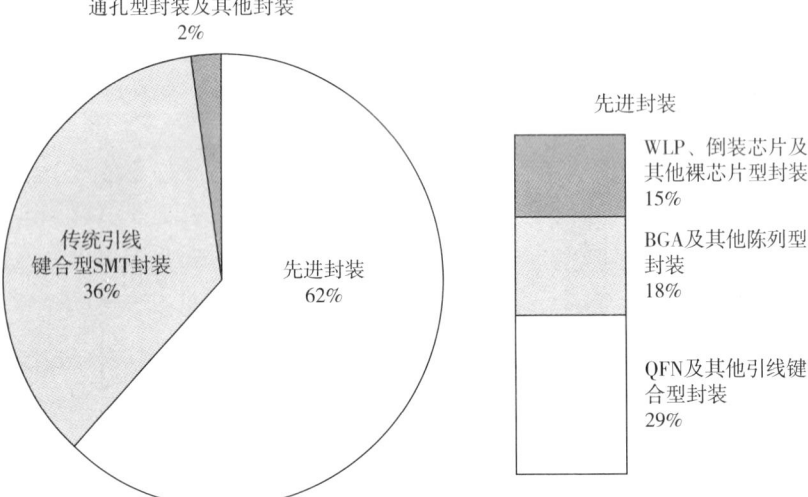

图6　2022年不同集成电路封装类型出货量分布

注：2022年数据为预测值。
资料来源：IC Insights。

通孔型封装及其他封装占3%。先进封装的进一步细分数据显示，方形扁平无引脚封装（QFN）和其他引线键合型封装占封装总出货量的26%，其次是BGA及其他阵列型封装占19%，WLP、倒装芯片及其他裸芯片型封装占比接近14%。据预测，先进封装将朝着更小、更薄、更轻的封装特性转变，从而能获得更好的性价比，到2022年，先进封装将占整个集成电路封装出货量的62%，传统引线键合型SMT封装占36%，通孔型封装及其他封装占2%。先进封装的进一步细分数据显示，QFN及其他引线键合型封装将占封装总出货量的29%，其次是BGA及其他阵列型封装占18%，WLP、倒装芯片及其他裸芯片型封装占比接近15%。

二 不同集成电路封装方式的发展方向

（一）器件小型化及性能要求驱动封装方式的转变

为了满足集成电路朝着更小更轻方向发展的应用需求，集成电路封装类型不断发展，其发展历程如图7所示。集成电路封装已经从双列直插封装（DIP）等通孔型封装演变为包括超薄小外形封装（SOP）、芯片级封装、球栅阵列封装、多芯片封装（MCP）等多种类型的封装。图像传感器、DRAM和部分闪存继续使用基于硅通孔（TSV）连接方式的3D集成电路，带有TSV的硅中介层继续用于高性能应用。新型WLP（如FO-WLP）预计会有更大程度的强劲增长，包括晶圆切割前封装和晶圆切割后封装两种解决方案。具有数千个焊球的系统级封装（SiP）通常采用BGA等封装形式。

表面贴装技术是绝大多数现代电子产品采用的封装方式，大规模从通孔型封装技术到表面贴装封装技术的转变发生在1985~1995年。对于某些应用，通孔型封装技术比表面贴装技术更具有优势，例如通孔型封装的产品具有更强的封装强度，通孔型封装将继续应用于大体积的设备或在恶劣环境中工作的设备。表面贴装技术在20世纪90年代末和2000年初期还出现了另外两个转变。一个转变是从引线框架封装如方型扁平式封装（QFP）到阵列

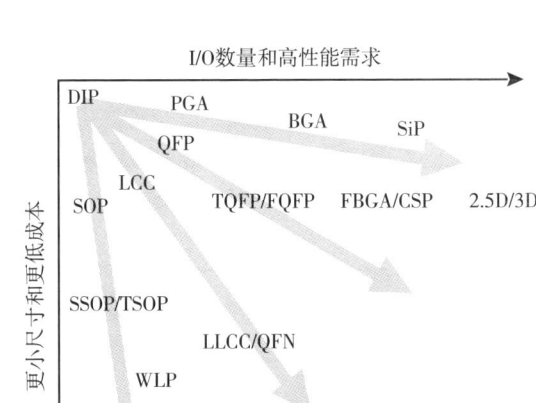

图7　集成电路封装类型的发展历程

资料来源：IC Insights。

封装（如 BGA），驱动因素是集成电路需要几百个甚至更多的 I/O 接口。类似的转变发生在存储器芯片领域，其中 DRAM 和闪存从外围引线 SO 封装切换到层压的基于衬底的细间距球栅阵列（FBGA）封装。另一个转变是从引线框架封装（如 SO）到用于低 I/O 计数器件的小型无引脚封装（如 QFN 和晶圆级封装）。

阵列封装技术的发展伴随着 BGA 封装技术的引入。引脚网格阵列（PGA）封装已经渐渐被平面网格阵列（LGA）封装方案替代，LGA 比带引脚的 PGA 成本更低。大多数 BGA 和 LGA 使用层压基板，但一些陶瓷基板仍然用于高性能和军事/航空航天应用。

在封装区域内部如何放置电子元器件也发生了转变。一种是从引线键合过渡到倒装芯片的连接方式，另一种是在单个封装区域内堆叠两个或更多个晶片。虽然对倒装芯片的需求继续强劲增长，引线键合互连仍然占大多数封装（大约75%～80%），许多硅片同时使用倒装芯片和引线键合互连。引线键合能够以 45 微米间距在焊盘上的多层芯片上进行连接。为降低制造成本，缩短布线间距，连接线将继续变细，在批量制造中，布线的最小直径为 0.6 或 0.7 密耳（1.0 密耳 = 0.025 毫米），最常见的是 0.7 密耳。

图 8 引线键合的超细连接间距能力

资料来源：IC Insights。

随着金价的上涨，集成电路制造企业选择使用铜或银合金代替金以降低成本，裸铜线和 Pd - 涂层铜线（PCC）的使用量将继续增加。随着可靠性的增强和铜线封装复杂性的提高，利用铜线的半导体封装产品出货量将继续增长，铜和其他合金也为许多应用提供了改进的导热性和导电性。

如今的堆叠式芯片封装并不是第一个将多个芯片安装在一个封装内的封装方式①，但该方式是首先被广泛采用的。封装区域内芯片的堆叠显著节省了电路板的使用，且成本较低，芯片间连接间距的缩短也使性能得到提高。

SiP 被定义为将具有两个或更多不同芯片的功能系统或子系统封装到一起，例如平面网格阵列、细间距球栅阵列、方形扁平无引脚封装、FO - WLP 或在层压基板中嵌入芯片。小型化和改进的性能仍然是 SiP 发展的主要驱动因素。

（二）引线键合和倒装芯片是球栅阵列封装最常见技术

BGA 封装和 LGA 封装是许多集成电路产品设计的首选封装方式，包括

---

① 多芯片组件（MCM）已经存在很多年了。

微处理器等高频产品，ASIC、芯片组、图形处理器、现场可编程门阵列等高I/O计数产品，数字信号处理器（DSP）和PLD等中高I/O技术产品，低I/O设备，包括闪存、DRAM和标准逻辑集成电路等。BGA封装应用于汽车、计算机、通信和消费产品等领域。

与细间距和超细间距QFP相比，BGA封装的主要优点之一是平面封装的高成品率。除了提供更高的I/O能力，BGA还具有许多其他有吸引力的特征，例如能提供优越的电气性能和高成品率。

虽然湿度敏感性问题已经基本解决，但是控制衬底翘曲仍然是一个挑战。为更好地控制翘曲问题，需要开发新的装配方法和新的材料。降低封装成本也是BGA面临的另一个重要问题。BGA封装成本的主要来源为材料成本，而材料成本的2/3归因于中介层基板。挑战在于，随着I/O密度的增加，衬底所需的线层数量也随之增加，这限制了BGA基板成本的下降，因此，封测业和集成电路制造商尝试通过缩小封装尺寸来降低材料成本。减小尺寸同时保持引脚数不变的一种方法是降低焊球间距。大多数标准PBGA采用1.27毫米或1.0毫米的焊球间距，而球距小于1.0毫米的BGA被认为是细间距BGA并且被分类为CSP。因为封装间距越小，产品就越昂贵，因此需要做成本权衡。

引线键合和倒装芯片是将芯片与BGA衬底互连采用的最常见技术。2010年，以倒装芯片封装为代表的BGA/LGA封装（包括标准BGA、CGA、LGA和MCP BGA，但不包括BGA型CSP）的份额首次超过50%。现今，倒装芯片互连大概占BGA/LGA封装的2/3以上。载带自动键合（TAB）方式的BGA已经逐渐被淘汰。

与焊料凸点相比，铜柱技术有以下几个优势。一是更高的可靠性。由于支柱的稳定性较高，并且比凸块具有更高的机械柔性，所以可靠性得到了提高。二是改进的热电性能。支柱间更小的间距使I/O计数密度更高。三是铜柱不需要引脚，而且更加环保。英特尔在2006年开始使用铜柱将MPU连接到基板。三星在高性能DRAM中使用铜柱已有数年，铜柱互连用于具有TSV堆栈的混合存储立方体（HMC）和高带宽存储器（HBM）中的DRAM

堆栈。业界通常使用铜柱将逻辑模块连接到硅中介层上，例如 AMD、Nvidia、Xilinx 等许多公司已经将铜柱列入其下一代技术节点路线图中。

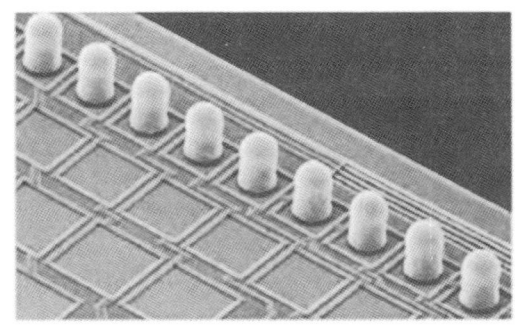 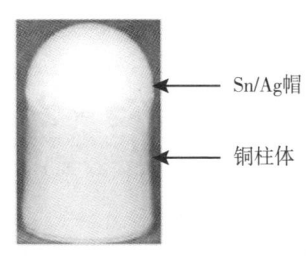

图9　采用铜柱的互连技术可以获得更小的互连间距

资料来源：IC Insights。

对倒装芯片的需求由高性能需求、高引线计数需求驱动。一般来说，由于倒装芯片的成本仍然很高（特别是对于倒装芯片基板），集成电路封装企业大多使用引线键合达到其引线计数限制。采用倒装芯片方式实现的28纳米及以下硅工艺设计的器件，大部分都是通过铜柱连接的。

（三）芯片级封装出货量占比近半成

CSP 并不是一种独立的封装类型，而是各种类型的非常小的封装技术的集合。事实上，有100多个 CSP 变体，其中许多可以被认为是现有封装类型的小型化或定制版本。严格意义来讲，CSP 的周长不超过其内部晶片周长的1.2倍或其内部晶片面积的1.5倍。2017年，CSP 型封装占集成电路封装总出货量的43%左右，出货量约为1100亿个（不包括晶圆级封装）。到2022年，这一比重预计达到45%。

随着 I/O 计数量的增加，不得不将互连间距缩小到低于0.5毫米以保证封装尺寸尽可能小。一般来说，CSP 是针对引线计数在500（或100）以下的集成电路的，并且包括存储器、低 I/O ASIC 设备、DSP、通用逻辑芯片、应用处理器、基带处理器和模拟电路设备。如今，CSP 越来越多地应用到多芯片组，包括无线产品如射频模块等。这些 SiP 芯片使用倒装芯片和引线键合的方式实现互连。

CSP 的主要应用领域包括移动电话、无人机、数码相机、手持游戏系统、存储卡、可穿戴电子产品、平板电脑和笔记本电脑等，这些应用对芯片的空间、形状因数和重量的要求很高。全球 CSP 出货量中，超过一半用于无线应用，移动电话尤其在高端智能手机中可以找到多达 40 个或更多的 CSP（包括晶圆级封装），如表 4 所示。

表 4　智能手机中 CSP 的使用量情况

制造商	型号	内部封装
Apple	iPhone 8 Plus	~70 CSPs（包括 WLP）
Samsung	Galaxy S8	~44 CSPs（包括 WLP）
Xiaomi	Mi6	~30 CSPs（包括 WLP）
Huawei	P9 Plus	~50 + CSPs（包括 WLP）

资料来源：IC Insights。

CSP 因具有尺寸小和良好电性能的优势而备受青睐。例如，DRAM 从传统的基于引线框架的 TSOP 迁移到层压 CSP 以满足所需的性能要求。一些性能较高的 DRAM 如三星的 LPDDR4 和 LPDDR4X，利用倒装芯片技术替代引线键合的方式将晶片封装在 FBGA 中，具有足够高的响应速度和功率特性。

在众多的 CSP 类别中，最适合其中三个不同类别：柔性中介层型、层压基板型以及引线框架型（或 QFN 类型），如图 10 所示。目前，应用最广泛的封装方式就是引线框架和层压基板型封装，基于柔性电路的 CSP 包括美国德州仪器公司的 Microstar 和 MicroStar 的初级 BGA 方案，但是目前柔性电路正被刚性层压基板所取代。

基于引线框架的 CSP 包括美国安靠公司的微引线框架（MLF）封装、富士通的小轮廓无引线（SON）封装和 Carsem 的 MLP 封装。大多数引线框架 CSP 都属于 JEDEC 标准中的 QFN 封装类别。这些封装通常没有焊

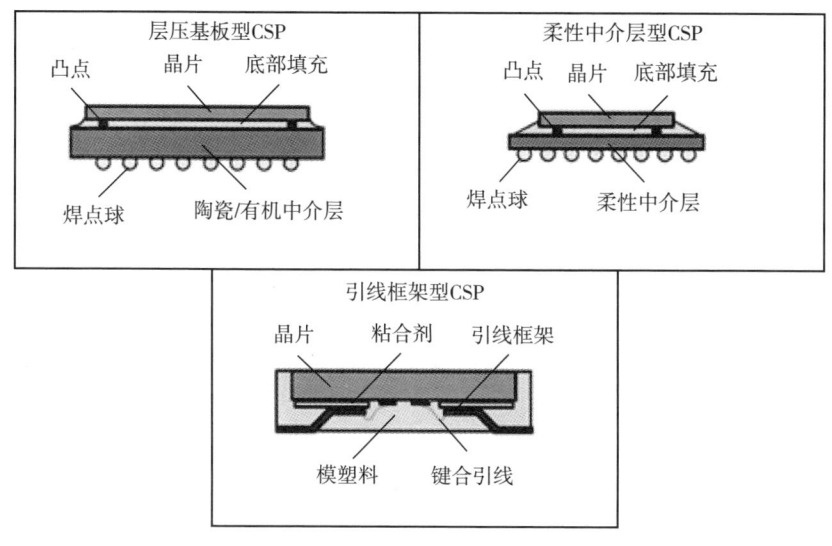

图10 芯片级封装的三种不同类型

资料来源：IC Insights。

球，针对低 I/O 应用（典型的小于 85），并且使用预镀引线框架，制造成本较低。

（四）层叠封装产品广泛应用于智能手机、平板电脑

层叠封装（PoP）技术发展迅速，已经出现了几代不同的层叠封装设计。与单个封装内的堆叠芯片相比，PoP 主要包括以下优点：由于在芯片层叠封装之前已经对其进行了封装和预测试，因此避免了在芯片层叠过程中出现不合格芯片的问题，这就很大程度上避免了其中一个芯片失效导致整个封装组报废的问题。在层叠封装解决方案中，底层封装的通常是应用程序处理器设备，顶层封装的大多包含两个或更多个内存芯片。

随着人们对智能手机和平板电脑需求量的增加，对总高度为 0.8 毫米甚至更小的 PoP 产品的需求也随之增加。美国安靠公司开发了一种模塑通孔（TMV）PoP 技术，能够以更小的形状因子提供更高密度的互连，这项技术目前已经广泛应用。为了改善性能，大多数公司已经开始在底部封装的逻辑

芯片上使用倒装芯片的封装方式。在某些情况下还可使用嵌入式晶片结构，即将晶片放置在两个基板之间。性能、功率（散热）和形状因子促使一些公司计划采用 FO–WLP 作为 PoP 中底层的逻辑封装方式。中国台湾地区的台积电（TSMC）推出了用于苹果智能手机应用处理器的集成 FO–WLP（InFO）封装方式，如图 11 所示，预计其他公司也会追随这一趋势。

图 11　TSMC 推出了用于苹果智能手机处理器的集成 FO–WLP 封装方式

资料来源：IC Insights。

（五）晶圆级封装成本低，批量生产优势明显

WLP 具有基板少、产品薄、形状因子最小等优势，加之晶片制造是在晶圆上完成的，这使批量加工成为可能。伴随着集成电路工艺的发展，晶圆级封装的成本也随之降低。WLP 的其他优点包括改进的电气性能以及更便捷的封装后晶圆性能测试能力。晶圆级封装可以应用在诸如移动电话、平板电脑、笔记本电脑、可穿戴电子产品和汽车电子等中，其中移动电话对 WLP 的需求量超过了市场的其他所有产品。

WLP 对于低引脚数（小于 200）的小型器件最有吸引力，如通用模拟和逻辑集成电路、RF 器件、存储器件、简单微控制器、DSP 以及图像传感器等。原因之一是每个晶圆上的晶片数量越多，WLP 的成本越低，另一个原因是，只有引脚数足够低，才能把所有的焊球安装在芯片上。

通过引入 FO-WLP 封装工艺，解决了扇入型晶圆级封装（FI-WLP）工艺的局限性问题，FO-WLP 封装工艺是传统 WLP 技术的延伸。除了在 PoP 封装中采用 FO-WLP 之外，很多公司已经在生产 FO-WLP 解决方案，包括单晶片和多晶片应用。

为了降低封装成本，英飞凌推出了 FO-WLP 技术。嵌入式晶圆级球栅阵列（eWLB）去除了衬底（封装和互连中最昂贵的部分之一），ASE、NANIUM 和 STATS ChipPAC 公司的 eWLB 技术都得到了授权。英特尔收购了英飞凌的无线部门，JCET 收购了 STATSChipPAC，安靠收购了 NANIUM。

三 发展趋势及面临的挑战

（一）先进封装技术终将主导集成电路封测市场

根据法国 Yole 公司预测，全球先进封装市场将在 2020 年占整个集成电路封装服务市场的 44%，年营业收入约为 315 亿美元；中国先进封装市场规模将在 2020 年达 46 亿美元，复合年增长率为 16%。从技术角度来看，FO-WLP、SiP、3D TSV 是最受关注的三种先进封测技术。

IC Insights 预测在未来数年之内，利用 FO-WLP 封装工艺技术生产的芯片，每年将会以 32% 的成长率持续扩大其市场规模，到 2023 年，FO-WLP 封装工艺技术市场规模将超过 55 亿美元。

扇出型晶圆级封装是一种颠覆性技术，由于其满足了许多智能手机制造商的需求，将在未来几年对电子行业特别是移动设备领域产生重大影响。

随着各企业转向新的硅技术节点，单个芯片体积的减小使每个晶圆所能生产的芯片数量增多。与此同时，输入/输出接口（I/O）的数量也在增加，为了将更多的 I/O 接口放置在传统扇入型 WLP 中，需要使焊球直径变得更小。高通公司发布了使用小于或等于 0.35 毫米间距的传统扇入型 WLP 达到可靠性性能的技术。扇出型晶圆级封装的优点包括能够提供小尺寸封装以及更高的集成密度。在 PoP 配置中使用扇出型晶圆级封装作为逻辑底部封装，可以满足厚度低于 0.8 毫米的 PoP 超薄目标。

3D 封装从仅引线键合的方式扩展到引线键合和倒装芯片组合使用的方式。包括扇出型晶圆级封装在内的各种 PoP 中使用芯片堆叠和封装堆叠的方式将继续使用几代。外包半导体封装和测试（OSAT）公司除了提供传统的封装和测试功能外，还将提供晶圆凸点制造和基板切割等业务。

电子行业的产品规模继续受移动行业特别是智能手机的推动，即使智能手机的增长放缓。随着产品多样性的增加，新的封装形式将继续推出。前端工艺技术的进步也推动了新封装类型的引入。现今的 OSAT 提供了 1000 多种不同的封装品种，而在 20 世纪 90 年代初期则只有几百种。

（二）集成电路设计复杂性使封装面临巨大挑战

目前，采用硅通孔技术的 3D 集成电路仅限于高性能存储器和图像传感器应用，层叠封装仍然是智能手机中存储器和处理器封装的首选方案。但未来产品正在考虑将存储器和逻辑单元结合成一体，但由于成本、商业和技术等原因，3D 集成电路尚未不能实现将存储器和逻辑单元封装到一起。

集成电路设计的复杂性越来越高，封装的作用也越来越重要，集成电路和封装的协同设计已成为产品成功与否的关键。封装面临的挑战包括持续的价格压力以及采用低 K 和超低 K（ULK）电介质制造的器件的芯片封装相互作用（CPI）问题。衬底翘曲仍然是层压衬底、硅中介层和晶圆级封装的封装方案所面临的挑战问题，许多挑战源于封装过程中和封装后材料相互作用产生的应力，特别是采用 ULK 电介质制造的器件以及增加使用无铅凸点和细间距铜柱所带来的应力增大问题。

集成电路产业封装未来面临的主要挑战还包括：异构集成系统和下一代硅技术节点的协同设计以及系统级设计问题；下一代硅技术节点的芯片封装交互和材料间相互作用管理问题；在层压封装和扇出型晶圆级封装中衬底翘曲问题；降低封装成本；提高精细特征有机衬底和面板级扇出型晶圆级封装的产量；新材料的开发。

参考文献

IC Insights：*The McClean Report 2018*.

IC Insights：*IC Market Drivers 2018*.

电子发烧友网站，http：//elecfans.com/。

Digitimes 网站，http：//www.digitimes.com/。

B.10
全球集成电路设备和材料业发展概况

冯园园 范增杰*

摘 要： 设备和材料是集成电路产业发展的基石。2018年，全球集成电路设备业市场规模继续稳步提升，韩国继续稳坐龙头宝座，中国大陆地区强劲发展，以高达56%的市场增速首次超越中国台湾地区，跃升至全球第二位，之后为中国台湾地区和日本。全球集成电路核心设备制造技术由美国、日本、荷兰等少数国家和企业掌控，设备供应垄断趋势仍在不断加剧。全球集成电路材料业市场规模小幅提升，中国台湾地区连续第九年摘取桂冠，中国大陆继续排在第二位，之后为韩国和日本。从材料业产能看，日本企业占有绝对优势。我国集成电路设备和材料业较为薄弱，但在国家的各种利好政策下，高端关键设备和材料从无到有，已经形成一定的支撑能力，未来也将迎来国产设备和材料的发展良机。

关键词： 设备业 材料业 市场规模 晶圆制造

2018年，受年中内存市场下滑及各国之间的贸易竞争等影响，全球集成电路设备市场经历了上半年的快速增长后在第三季度表现出小幅下跌，

---

* 冯园园，国家工业信息安全发展研究中心（工业和信息化部电子第一研究所）高级工程师，研究方向为集成电路、半导体、军用电子元器件等；范增杰，国家工业信息安全发展研究中心（工业和信息化部电子第一研究所）高级工程师，研究方向为电子元器件、电子信息、数据资源等。

但预计2018年全年市场规模仍然比2017年增长10%，韩国、中国大陆和中国台湾地区位列全球销售额前三。受益于7纳米和5纳米等先进工艺节点对新设备和材料的需求、全球200毫米设备和晶圆的巨大市场缺口以及大量新建晶圆厂的设备需求，全球集成电路设备产业发展形势依然向好，材料业发展也相对稳定，市场温和小幅增长。2018年，全球半导体设备和材料市场规模在整个半导体市场中占比约23%，即占据半导体产业链近1/4的市场份额。

一 2018年全球集成电路设备业发展态势

（一）全球市场稳步提升，韩国继续领跑

2018年，全球集成电路设备业继续保持增长态势，韩国、中国大陆和中国台湾地区领跑市场前三。根据国际半导体行业协会（SEMI）2018年12月的统计数据，2017年全球半导体制造设备的总销售额达到566.2亿美元，同比增长37%；2018年前三季度总销售额为495.6亿美元，同比增长19%；预计2018全年将达到620.8亿美元，同比增长10%，创历史新高。2015~2020年全球半导体设备销售额及增长率如图1所示，2017年和2018年前三季度全球半导体设备销售额对比情况如表1所示。

从区域市场层面看（见图2和图3），全球大部分地区的半导体设备市场在2018年稳步增长，但中国台湾地区、韩国和北美地区出现了小幅下跌。韩国将连续第二年成为半导体设备市场规模最大的地区，在整个市场中的占比预计为28%；中国大陆市场规模高速增长，首次跃升至第二位，同比增长高达56%，增长率排名第一，在全球市场中占比21%；中国台湾地区排名下跌至第三，在全球市场中占比16%；日本市场也在快速增长，增长率仅次于中国大陆，高达33%，排名第四位；北美市场依然排位第五；欧洲和东南亚及其他地区虽然也在增长，增长率分别为14%和24%，但在全球市场中占比较小。

工业和信息化蓝皮书·集成电路产业

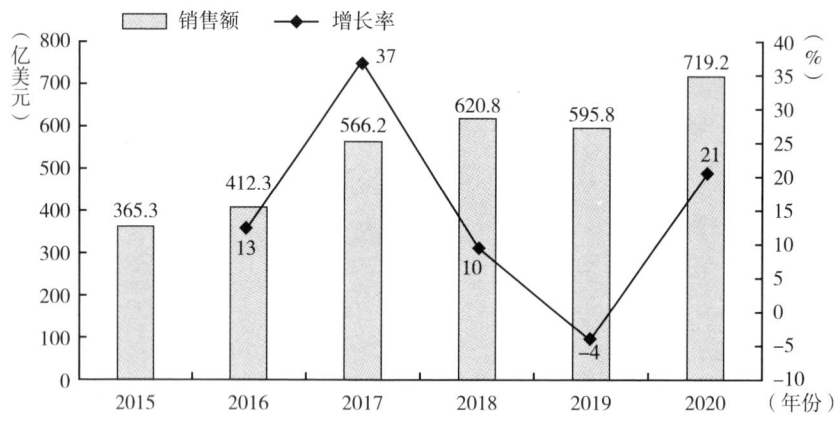

图 1 2015～2020 年全球半导体设备销售额及增长率

注：2018～2020 年数据为预测值。
资料来源：SEMI，2018 年 12 月。

表 1 2017 年和 2018 年前三季度全球半导体设备销售额对比情况

单位：亿美元，%

地区	2017年Q1	2018年Q1	2017年Q2	2018年Q2	2017年Q3	2018年Q3	2017年Q1～Q3	2018年Q1～Q3	同比增长
韩国	35.3	62.6	47.9	48.6	49.9	34.5	133.1	145.7	9.47
中国大陆	20.1	26.4	25.1	37.9	19.3	39.8	64.5	104.1	61.40
中国台湾	34.8	22.7	27.6	21.9	23.7	29	86.1	73.6	-14.52
日本	12.5	21.3	15.5	22.8	17.3	24.1	45.3	68.2	50.55
北美	12.7	11.4	12.3	14.7	15	12.7	40	38.8	-3.00
欧洲	9.2	12.8	6.6	11.8	10.6	8.5	26.4	33.1	25.38
其他地区	6.3	12.7	6.2	9.6	7.4	9.8	19.9	32.1	61.31
合计	130.9	169.9	141.2	167.3	143.2	158.4	415.3	495.6	19.34

资料来源：SEMI，根据 2017 年和 2018 年发布数据整理。

（二）晶圆制造设备份额最高，刻蚀和清洗设备贡献最大

从设备业细分产品层面看，集成电路设备通常可分为前道工艺设备（晶圆制造和加工设备）和后道工艺设备（封装与测试设备）。晶圆制造设备主要由硅片厂进行采购，最终产品为硅片；晶圆加工设备主要由集成电路

全球集成电路设备和材料业发展概况

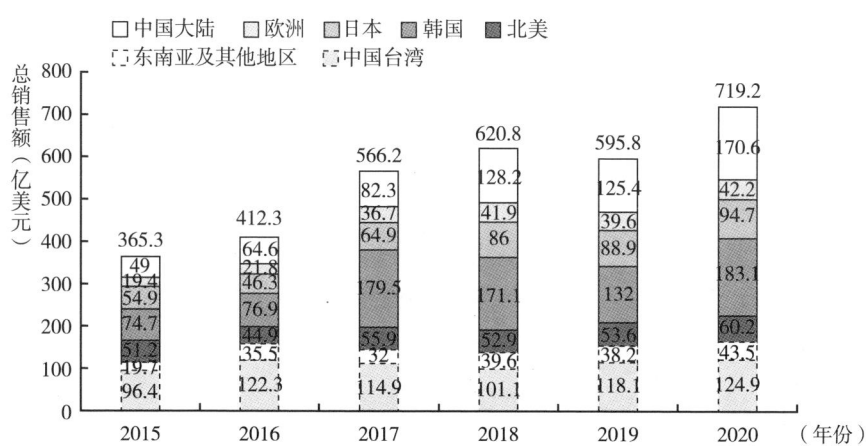

图2　2015～2020年全球各区域半导体设备销售额

注：2018～2020年数据为预测值。
资料来源：SEMI，2018年12月。

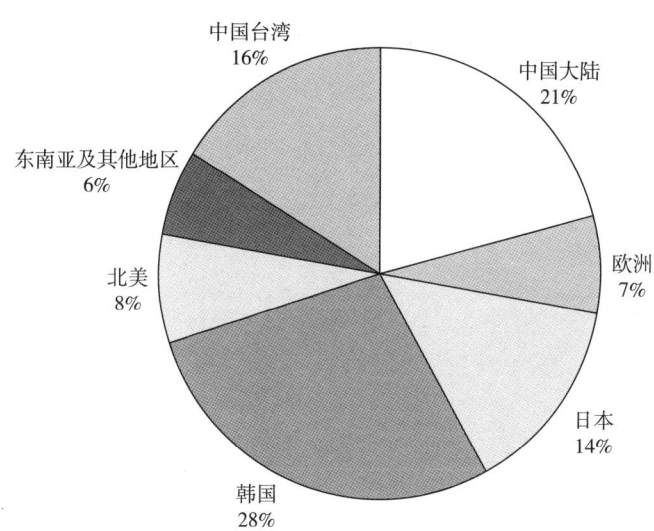

图3　2018年全球各区域半导体设备销售规模分布预测

资料来源：SEMI，2018年12月。

代工厂或整合器件制造商（IDM）企业进行采购，最终产品为芯片；封装与测试设备主要由集成电路封测厂进行采购。

SEMI 在 2018 年 12 月发布的预测数据显示，2018 年全球晶圆加工设备的市场规模将达 502 亿美元，同比增长 10.2%；其余的前道工艺设备部分，包括 Fab 厂设施设备、晶圆制造和掩模设备的市场规模预计为 25 亿美元，同比增长 0.9%；封装设备的市场规模预计为 40 亿美元，同比增长 1.9%；半导体测试设备的市场规模预计达到 54 亿美元，同比增长 15.6%。

分析上述数据发现，预计晶圆加工设备、前道工艺其他设备、封装设备、测试设备占比分别为 81%、4%、6% 和 9%（见图 4），技术程度最高的晶圆加工设备在整个设备业中占绝大部分份额。中国科学院上海微系统与信息技术研究所 2018 年 10 月发布的报告指出，在集成电路制造过程中，最主要、价值最昂贵的三类设备分别是沉积设备、刻蚀设备和光刻机，占半导体晶圆厂设备总投资的 15%、15%、20%～25%。根据美国领先的芯片市场研究和预测公司 VLSI Research 2018 年 10 月的预测数据，在晶圆加工制

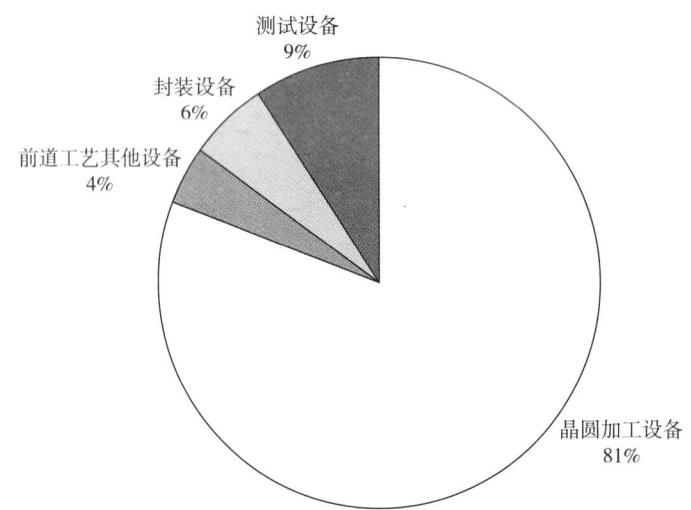

图 4　2018 年全球半导体设备细分领域销售规模分布预测

资料来源：SEMI，2018 年 12 月。

造设备中,市场份额排名前三的设备为刻蚀和清洗设备、沉积设备、光刻设备,分别占24%、23%和20%(见图5)。

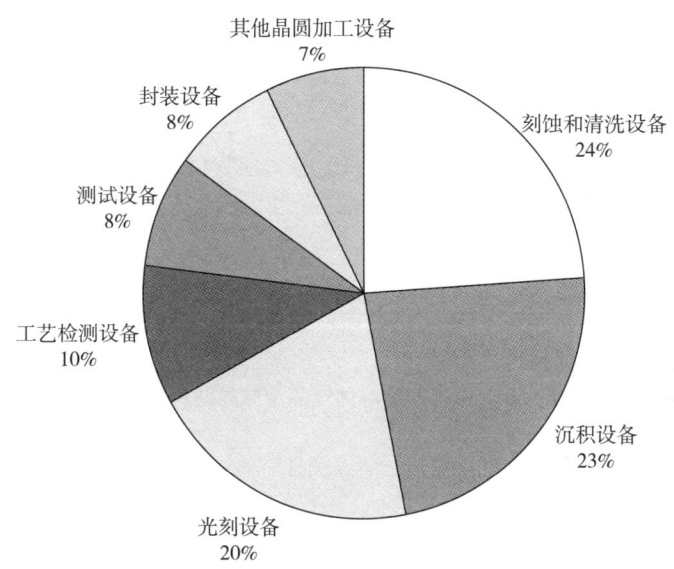

图5　2018年全球半导体设备细分产品销售规模分布预测

资料来源:VLSI Research,2018年10月。

(三)存储器所需制造设备支出最大,晶圆代工次之

从半导体产品类型层面看,全球晶圆厂制造设备(涵盖所有前道工艺设备)支出主要包括存储器、晶圆代工、逻辑器件、微处理器(MPU)、分立器件[包括发光二极管(LED)和功率器件]、模拟器件、微机电系统(MEMS)及其他。根据SEMI数据,近年来,存储器和晶圆代工一直引领晶圆厂制造设备支出,2018年晶圆厂制造设备支出仍然以这两大领域为主,且存储器份额最大,其次是晶圆代工(见图6)。

(四)45纳米工艺设备老当益壮,先进工艺设备各领风骚

从工艺节点层面看,根据全球权威信息技术研究与咨询公司美国

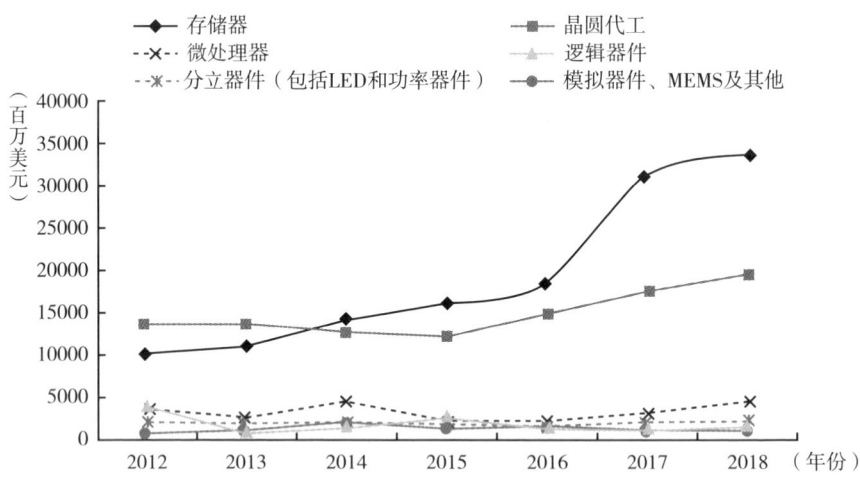

图 6　2012～2018 年不同半导体产品全球晶圆厂设备支出情况

注：2018 年数据为预测值。
资料来源：SEMI，2017 年 12 月。

Gartner 在 2018 年 10 月发布的数据（见图 7），工艺节点对 2018 年全球晶圆厂制造设备的贡献排名前三位的依次为 45 纳米、14 纳米和 10 纳米，其中

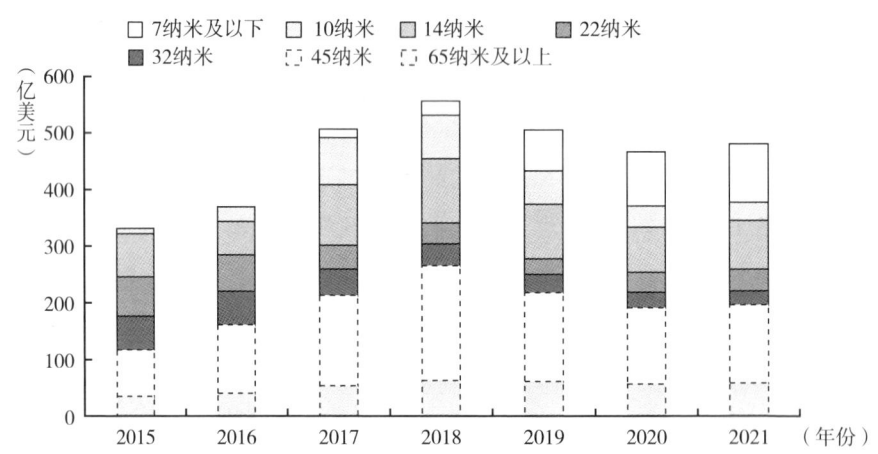

图 7　2015～2021 年不同工艺节点全球晶圆厂设备支出情况

注：2018～2021 年数据为预测值。
资料来源：Gartner，2018 年 10 月。

45纳米工艺节点设备规模主要是受3D NAND闪存驱动。10纳米和7纳米工艺节点设备在2017年和2018年增长强劲。

（五）美日荷三雄并起，寡头企业垄断市场

从集成电路设备供应商层面看，美国、日本、荷兰是全球集成电路设备制造的三大强国。根据2017年SEMI的统计数据（见表2），在全球前十大半导体设备生产商中，这三个国家的市场份额分别为38.78%、19.93%和12.69%，对应公司数量分别3家、5家和1家，其他市场所占份额仅不到三成。根据美国微电子市场研究公司The Information Network的统计数据（见表3），2018年前三季度前七大半导体设备供应商的市场份额有4家出现"缩水"，尤其是排在首位的美国应用材料公司，比2017年同期降低3.4个百分点；相反，日本东京电子、荷兰阿斯麦和美国科天公司都表现出继续增长的趋势，比2017年同期分别提升1.6个百分点、2.10个百分点和0.9个百分点。这些领先供应商凭借技术、资金等优势在半导体设备细分市场高度垄断，尤其是光刻机、沉积设备和刻蚀设备等精度和稳定性要求最高的晶圆

表2　2017年全球前十大半导体设备供应商营业收入情况

单位：亿美元，%

2017年排名	公司名称（英文）	公司名称（中文）	国别	2017年营业收入	同比增长	市场份额
1	Applied Materials	应用材料	美国	107	38	18.90
2	Lam Research	泛林	美国	84.4	62	14.91
3	Tokyo Electron	东京电子	日本	72.03	48	12.72
4	ASML	阿斯麦	荷兰	71.86	41	12.69
5	KLA–Tencor	科天	美国	28.2	17	4.98
6	Screen Semiconductor Solutions	迪恩士	日本	13.9	1	2.45
7	SEMES	细美事	韩国	10.5	142	1.85
8	Hitachi High-Technologies	日立高新	日本	10.3	5	1.82
9	Hitachi Kokusai	日立国际电气	日本	9.7	84	1.71
10	Daifuku	大福	日本	6.9	46	1.22

资料来源：SEMI。

加工要求最高的晶圆加工设备，例如荷兰阿斯麦公司在极紫外（EUV）光刻机领域的市场占有率为100%，在高端光刻机领域的市场份额高达80%；美国应用材料公司在化学气相沉积（CVD）设备和物理气相沉积（PVD）设备等沉积设备领域都保持领先，其中PVD设备市场在全球市场中份额超过一半；美国泛林公司在刻蚀机设备领域占有超过五成的市场份额。

表3 2017年和2018年前三季度全球主要半导体设备供应商市场份额对比

单位：%，个百分点

2018年 Q1~Q3排名	公司名称 （英文）	公司名称 （中文）	国别	2017年 Q1~Q3	2018年 Q1~Q3	变化
1	Applied Materials	应用材料	美国	27.20	23.80	-3.40
2	Tokyo Electron	东京电子	日本	20.20	21.80	1.60
3	ASML	阿斯麦	荷兰	18.30	20.40	2.10
4	Lam Research	泛林	美国	21.10	20.20	-0.90
5	KLA-Tencor	科天	美国	7.60	8.50	0.90
6	Hitachi High-Technologies	日立高新	日本	2.90	2.70	-0.20
7	Screen Semiconductor Solutions	迪恩士	日本	2.70	2.60	-0.10

资料来源：The Information Network，该数据中市场份额仅包括设备收入，不包括服务和备件收入。

二 2018年全球集成电路材料业发展态势

（一）全球市场小幅提升，中国台湾稳居榜首

根据美国电子材料咨询服务机构TECHCET的数据，2018年全球对内存芯片的需求稳步增长，使全球半导体材料市场总收入达到489亿美元，该数据与SEMI在2018年初的预测数据一致，比SEMI统计的2017年晶圆制造和封装材料市场总规模（469亿美元）同比增长4%。预计2019年全球半导体制造和封装材料收入同比增长3%至504亿美元，其中58%为半导体制造

材料收入，预计到2023年全球半导体材料市场的复合年增长率为4.3%。2016～2019年全球半导体材料市场规模及增长率如图8所示。

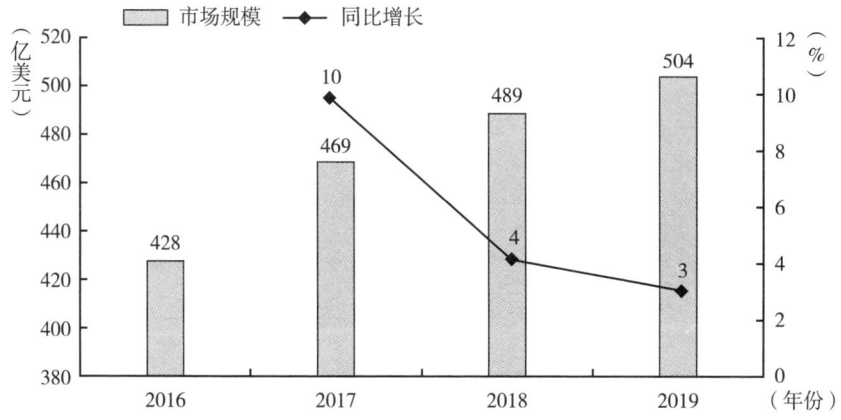

图8　2016～2019年全球半导体材料市场规模及增长率

注：2018～2019年数据为预测值。
资料来源：SEMI，2018年1月、2018年4月；TECHCET，2019年1月。

从区域市场层面看，近几年来全球主要区域半导体材料市场规模排名次序相对稳定（见表4），2018年全球半导体材料市场区域结构情况如图9所示。由于庞大的代工厂和先进的封装基地，中国台湾地区已经连续第九年成为全球半导体材料市场最大的消费者，市场规模为108.6亿美元，占全球22%的份额。中国大陆地区近两年在集成电路领域迅速发展，凭借81.6亿美元的市场规模继续巩固了第二名的位置，占全球17%的份额。之后为韩国和日本，市场规模分别为78.7亿美元和71.5亿美元，全球份额分别为16%和15%。相比2017年中国台湾、中国大陆、欧洲和韩国市场强劲的增长，2018年全球所有区域均呈现个位数的温和增长态势。

（二）日本材料全球领先，产能占据全球五成

由于半导体材料是半导体产业链中细分领域最多的环节，因此供应商数量众多，其中晶圆制造材料供应商包括硅片、光刻胶、湿电子化学品、电子

表4 2016~2018年全球区域半导体材料市场规模对比

单位：亿美元，%

2018年排名	地区	2016年	2017年	同比增长	2018年	同比增长
1	中国台湾	92	102.9	12	108.6	6
2	中国大陆	68	76.2	12	81.6	7
3	韩国	67.7	75.1	11	78.7	5
4	日本	67.6	70.5	4	71.5	1
5	东南亚及其他地区	53.9	58.1	8	60.1	3
6	北美	48.7	52.9	9	53.8	2
7	欧洲	30.3	33.6	11	34.6	3
	合计	428.2	469.3	10	488.9	4

注：2018年数据为预测值。
资料来源：SEMI，2018年1月、2018年4月。

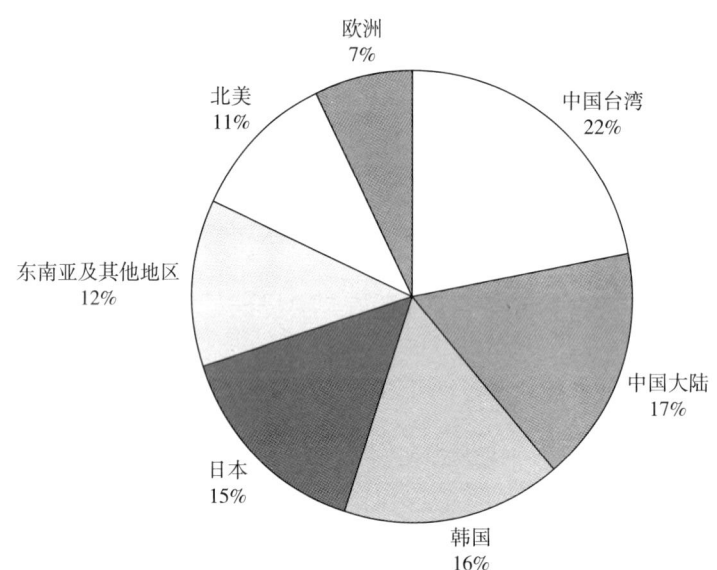

图9 2018年全球半导体材料市场区域结构情况

注：2018年数据为预测值。
资料来源：SEMI，2018年1月。

气体、CMP抛光材料、靶材等供应商，半导体封装材料供应商包括封装基板、引线框架、液体密封剂、树脂、键合丝、锡球、电镀液等供应商。在全球半导体材料供应商中，日本和美国企业具有绝对优势，韩国和德国企业也具有相当的话语权，其中日本企业在全球多数细分材料领域都能提供一半以上的产能份额。

以晶圆制造材料为例，硅片是最重要也是占比最大的原材料。SEMI统计数据显示2017年全球硅片市场销售额为87亿美元，晶圆制造材料销售额为278亿美元，因此硅片在整个晶圆制造材料市场的占比为31%。且自2017年硅片价格不断飙升后，硅片在整个半导体材料中的价值占比也不断上升，国际领先的半导体市场研究公司美国IC Insights预测近两年硅片短缺现象会一直持续到2020年。在硅片的供应商中，全球一半以上的产能由日本提供。按照市场占有率排名，全球前五大硅片供应商包括日本信越化学（Shin-Etsu Chemical）、日本胜高（Sumco）、中国台湾的环球晶圆（GlobalWafers）、德国Siltronic和韩国SK Siltron公司，这五家公司为全球贡献超过九成的市场份额，其中仅日本两家公司在全球的市场占有率已超过五成。2017年，日本信越化学和胜高公司硅片供应市场份额分别为30%和27%，而据中国台湾地区市场研究机构Digitimes Research的数据，由于硅片市场发展势头良好，日本这两个硅片巨头公司的营业利润率在2018年增势较大，2018年全球硅片销售额将增长20%以上，SEMI预测2019～2021年硅片的出货量将依然保持强劲增长。再如光刻胶领域，全球光刻胶市场也主要由日本企业垄断。根据全球领先的市场研究与咨询公司MarketsandMarkets的数据，全球光刻胶主要供应商包括日本合成橡胶（JSR）、日本东京应化（TOK）、日本信越化学、日本胜高、日本富士胶片电子材料、美国陶氏、美国杜邦等。此外，日本企业在溅射靶材、光掩膜板、陶瓷封装材料、键合丝等领域的市场份额也超过五成。

三 2018年全球集成电路设备和材料业影响分析

（一）韩国持续发力存储业务，中国产能持续释放

从地区层面分析，韩国连续两年位于全球半导体设备首位的主要原因是

2017年5月三星电子成立独立的半导体代工业务部门,以扩大投资规模,应对芯片业务及芯片外包业务不断增加的市场需求;其次是在存储器领域的投资不断加码,以维持DRAM的市场占有率,并抢占NAND Flash快闪存储器的市场占有率。中国大陆从2017年的第三位跃升为第二位主要归功于中国大陆晶圆厂的投资不断增加,很多新项目正在进行,众多新建的12英寸和8英寸晶圆厂进入设备安装期。SEMI预测2017~2020年全球将有62座新晶圆厂投产,其中约42%位于中国大陆。中国台湾地区半导体设备市场规模从2017年就丢掉了连续五年的龙头地位,2018年又被中国大陆赶超,下滑到第三位,主要原因是中国台湾地区半导体设备投资相对平稳,且市场空间有限;但得益于庞大的代工厂和先进的封装基地,中国台湾地区一直领跑全球半导体材料市场。全球半导体设备市场的扩大也得益于众多新的集成电路生产线,IC Insights在《2018~2022年全球晶圆产能》报告中指出,新的集成电路生产线预计将推动该行业晶圆产能在2018年和2019年均提高8%。

(二)贸易摩擦影响不容小觑,极紫外光刻设备前景看好

从全球发展环境看,2018年对全球集成电路设备和材料业发展造成较大负面影响的有两大因素:一是年中内存市场的下滑,导致DRAM和NAND供应商减少设备订单;二是各国之间的贸易竞争也对该行业造成不小影响。同时,全球集成电路设备和材料业发展也有两大积极推动因素:一是2018年全球对200毫米设备和晶圆的需求一直强劲;二是代工厂继续推进7纳米工艺,推动逻辑领域的设备订单增长。用于7纳米的EUV光刻设备将会有更大的市场机会,而严重依赖内存市场的刻蚀和部分沉积设备将在未来深受影响。高端工艺对高质量的大尺寸硅片和新材料的需求越来越大。2018年,韩国三星已经宣布推出使用EUV的7纳米工艺,进入了可量产阶段;中国台湾台积电采用传统光刻技术在7纳米上投入生产,计划为其第二版7纳米插入EUV,并将于2019年初推出;正致力于10纳米的英特尔也有望插入EUV。200毫米也是一个关键的设备市场。目前市场上对模拟、MEMS和射

频（RF）芯片的需求继续导致200毫米晶圆厂设备和硅片的短缺。据全球最大的二手半导体设备贸易商韩国 SurplusGlobal 公司称，如今该行业需要2000~3000个新的或翻新的200毫米工具来满足晶圆厂的需求，但市场上只有500种可用的200毫米工具。

四 未来发展趋势

（一）全球设备市场先抑后扬，区域排名波动不大

集成电路设备行业近年来一直处于繁荣发展时期，但2019年可能会增速减缓。受贸易摩擦和世界经济滑坡等因素影响，全球半导体产业巨头对设备投入持保守和观望态度，预计2019年全球半导体制造设备的总销售额将同比下降4%，降至595.8亿美元，成为近年来的首次下跌；展望2020年，业界对半导体产业信心较大，受中国大陆存储器大厂装机、全球集成电路库存减少后需增量扩产、存储器价格会止跌反弹等综合因素影响，预计全球市场会再次反弹升高，同比增长21%，达到719.2亿美元，成为新的历史最高点。

区域市场方面，2019年，预计仅中国台湾地区、日本和北美地区会有所增长，而其他地区都会小幅下降，韩国下跌率最高，为23%。预计韩国仍然排名第一，且市场龙头地位预计将继续保持到2020年；预计中国大陆与韩国的差距将大幅度减小，排名第二；预计中国台湾地区增长率最高，为17%，排名依然第三；排名第四和第五位的预计为日本和北美地区。

（二）美日荷依旧主导设备市场，龙头供应商地位不稳

设备市场的增长并不会立即导致设备供应商的竞争力提升。全球半导体设备市场仍然由美国、荷兰和日本等传统强国主导。尽管韩国半导体设备市场在全球最大，但2017年韩国设备制造商的全球市场份额仅为10.1%。这是因为韩国使用的设备中只有18.2%是在韩国制造的。因此，在大多数情

况下，韩国的三星电子和SK海力士的大规模投资对美国和欧洲的设备供应商来说是很好的市场机会。

制造设备供应商"老大"或将被替代。应用材料公司在半导体设备方面或将失去优势。根据美国微电子市场研究公司The Information Network的统计数据，长期以来的半导体设备领导者美国应用材料公司在2018年前三个季度的市场份额从2017年前三季度的27.20%下降至23.8%，对日本东京电子公司的领先优势从7.0个百分点下降至仅2.0个百分点。主要原因是应用材料公司60%的收入来自内存公司，而DRAM和NAND的资本支出预计将在2019年继续下降，SEMI预计2019年DRAM资本支出将暴减23%。

（三）宽禁带材料潜力巨大，新型材料成为各国争夺焦点

根据SEMI研究，未来一年半导体材料市场需面对美中贸易摩擦、汇率和国际金属价格的变动等不确定因素。从当前材料市场的发展形势看，第三代宽禁带半导体材料发展势头迅猛。这类材料具有高热导率、高击穿场强、高饱和电子漂移速率、高键合能等优点，是支撑5G、新能源汽车、工业、军事宇航等重点领域发展的核心材料。同时，由于一直引导集成电路创新发展的"摩尔定律"受技术和经济双重压力而发展遇困，新技术、新架构、新材料等都成为业界延续摩尔定律或超越摩尔定律的解决方案，包括以石墨烯、二硫化钼、硅烯等为代表的新型二维材料以及在散热领域可替代硅材料的新兴化合物材料等都成为产业界的研究热点。

禁带宽度是衡量集成电路上的半导体器件的重要指标，禁带越宽，器件的击穿电压就越高，半导体器件就能够获得更大的输出功率。由禁带宽度大的材料制成的宽禁带或超宽禁带半导体在高温、高压、高频、大电流、高辐射等极端工作条件下优势明显，且损耗很小。因此，以氮化镓（GaN）和碳化硅（SiC）为代表的宽禁带半导体以及以金刚石、氧化镓（Ga2O3）、氮化铝（AlN）等为代表的超宽禁带半导体材料是硅之后的下一代主要的半导体材料。在全球该领域仍然是美国、日本和欧洲等国家和地区有主导发言权，中国大陆正大力发展，未来潜力巨大。美国市场研究机构Technavio在《全

球宽禁带（WBG）功率半导体器件市场（2019~2023）》报告中预测，2019~2023年宽禁带功率半导体器件市场的复合年增长率将达到39%，到2023年达到21.9亿美元。正是由于宽禁带半导体材料的重要性和广阔市场，2018年11月，美国SiC材料公司GT先进技术公司甚至呼吁美政府禁售SiC制造设备，试图用这种方式保护美国最重要的创新技术之一，以维护美国在SiC生产领域的全球领导地位。

同时，新型材料前景十分广阔，世界各国都在积极研究新型二维材料以构建下一代晶体管，二维材料可以促成高性能晶体管，未来具有取代当今硅电子产品的巨大潜力。2018年1月，荷兰格罗宁根大学通过把铌掺杂的钛酸锶（$SrTiO_3$）半导体与铁磁性钴结合在一起，在结合面上构建了具有存储能力的自旋忆阻器，有望实现存储、内存和运算处理集成一体化的更快、更节能的计算机体系结构。2018年4月，美国能源部劳伦斯伯克利国家实验室和加州大学伯克利分校合作研究发现一种有潜力的"谷电子"晶体管材料——硫化锡（SnS），有望延续摩尔定律，提升集成电路信息处理能力。2018年5月，美国普渡大学在碲元素中提取了一种新型二维材料，可以使晶体管传输电流更高，加快电子器件信息处理速度。2018年6月，英国曼彻斯特大学二维材料中心宣布首批合作伙伴，共同加速石墨烯及六方氮化硼和二硫化钼等其他二维材料的商业化。2018年7月，美国伊利诺伊大学厄巴纳—香槟分校和德克萨斯大学达拉斯分校合作研究首次形成一种具有极高导热性的新材料——化合物半导体砷化硼（BAs），以解决硅的散热能力达到极限的困扰，新材料的导热系数比当前散热器用最佳材料高3倍。2018年7月，英国国家物理实验室（NPL）和曼彻斯特大学国家石墨烯研究院（NGI）合作提供石墨烯特性表征服务，以加速石墨烯的产业化和商业应用，抓住全球石墨烯市场发展机遇。2018年8月，由美国哥伦比亚大学、日本筑波国立材料科学研究所和法国国家科学研究中心（CNRS）组成的国际研究团队在扭转石墨烯所面临的限制方面有了新的研究突破，实现了控制材料电子特性的新方法。2018年8月，美国能源部橡树岭国家实验室（ORNL）发现了一种二维材料，以自身为食来获取原子"构建块"，进而形成稳定的

结构，有望改进二维材料的设计，培育先进的材料并产生有用的纳米级结构。2018年8月，美国明尼苏达大学开发了一种称为"拓扑绝缘体"的新材料，具有独特的自旋电子传输特性和磁性，能够提高计算机的处理和存储效率。2018年12月，美国普渡大学研究发现，由二维单原子材料制成的微/纳米级晶体管具有高性能和低噪声的优越特性，新构建的器件是创新电子和精密传感产品的关键。

（四）中国大陆持续发力，设备和材料发展迎来良机

近年来，在中国集成电路产业持续快速发展的带动下，中国大陆半导体设备和材料市场前景十分广阔。2016年，中国大陆半导体设备市场规模首次超过北美和日本，销售额同比增长32%达到64.6亿美元，一跃成为全球第三大半导体设备销售市场；2017年，中国大陆半导体设备销售额以27%的增速达到82.3亿美元，维持第三名的市场位置，2018年的半导体设备销售额预计更是以高达56%的增速达到128.2亿美元。然而，各国间的贸易竞争也为这个领域注入一些不确定性。2019年中国大陆半导体设备市场预计小幅下跌2%，但在2020年将以36%的增速继续创造新的市场记录（170.6亿美元）。中国大陆半导体材料市场规模表现出持续上升的趋势，2011年中国大陆半导体材料市场销售额仅为48.6亿美元，预计到2018年将一路攀升至81.6亿美元，增长70%。在细分市场领域，根据SEMI研究数据，2017年中国大陆的集成电路封装测试业务销售额为290亿美元，使中国大陆成为全球最大的封装设备和材料消费地区。2017年中国大陆封装设备市场销售额达到14亿美元，占全球份额最高，为37%。2017年，中国大陆制造的封装设备（包括外资企业和合资企业制造的封装设备）占中国大陆封装设备市场的17%。随着半导体封装市场的快速发展，中国大陆封装材料供应商正与行业一起扩大发展，已经开始为全球领先的国际封装公司服务。

中国大陆虽然是全球第三大半导体设备市场，但国产设备基本都销售到国家投资的集成电路生产线上，而外商投资的公司大多采用进口设备，中国

大陆半导体设备企业大多是在夹缝中求生存，整体实力仍然偏弱。随着中国政府不断出台相关政策，中国大陆半导体产业发展迎来黄金机遇期。"02 专项"已经取得阶段性进展，国家集成电路产业投资基金第二期已经启动，中国大陆半导体设备企业有望受益；且硅片厂和晶圆厂项目持续筹建，产能不断扩张，技术迎来迭代，国产半导体设备企业有望在 8 英寸半导体设备领域实现突围，不断缩小与国外企业的差距。

同样，虽然中国大陆半导体材料市场份额排名全球第二，但在技术水平上同国外差距仍然较大。但相关专项的实施与带动，填补了部分高端材料的空白。2008 年之前，中国大陆 8～12 英寸晶圆制造材料几乎 100% 依赖进口，而目前关键材料品种覆盖率达到 25%，初步形成了中国集成电路制造用材料供应链的雏形，中国大陆半导体材料企业销售收入逐年增长，用于集成电路的产品收入比例显著提高。预计随着全球半导体产业向中国大陆转移，日本、中国台湾等地市场占有率将呈下降趋势，因此中国大陆半导体材料市场会进一步扩大，为国产半导体材料的发展营造有利条件。

参考文献

国际半导体行业协会网站，https：//www.semi.org。
世界半导体贸易统计协会网站，https：//www.wsts.org。
VLSI Research 公司网站，https：//www.vlsiresearch.com。
TECHCET 机构网站，https：//techcet.com。
The Information Network 机构网站，https：//www.theinformationnet.com。
Gartner 公司网站，https：//www.gartner.com。
IC Insights：GLOBAL WAFER CAPACITY 2018 - 2022.
固态技术网站，https：//electroiq.com/。
华尔街见闻网站，https：//wallstreetcn.com。
半导体工程网，https：//semiengineering.com。
电子周刊网站，https：//www.electronicsweekly.com。
Seeking Alpha 网站，https：//seekingalpha.com/。
半导体行业观察网，http：//www.semiinsights.com。

商业韩国杂志网，http：//www.businesskorea.co.kr/com/com-1.html。
ASMI 公司财报，*ASM International Investor Presentation Q3 2018*。
Siltronic 公司财报，*Siltronic 2018 Fact Book*。
Digitimes 网站，https：//www.digitimes.com。
MarketsandMarkets 博客网站，http：//www.marketsandmarketsblog.com。
中国科学院上海微系统与信息技术研究所：《浅谈晶圆制造主要设备》，2018年10月12日。

政策措施篇

Policies and Measures

B.11
中国集成电路产业发展主要政策措施

贾 丹[*]

摘　要： 为进一步营造集成电路产业发展的良好环境，提高产业发展质量和水平，推动信息化与工业化深度融合，中国自2000年起先后颁布多项集成电路产业发展专项政策，各地政府也纷纷抓住集成电路产业发展重要战略机遇期，大力发展集成电路产业，配套出台符合当地实际的集成电路产业发展相关政策。本报告对国家及地方政府当前仍在执行的主要集成电路产业政策进行了梳理与汇总。

关键词： 集成电路产业　宏观环境　产业政策　地方政策

---

[*] 贾丹，国家工业信息安全发展研究中心（工业和信息化部电子第一研究所）工程师，研究方向为集成电路、半导体、电子信息等。

集成电路是我国经济和社会发展的先导性、支柱型产业。自2015年以来，中国集成电路产业产值呈现爆发式成长。这得益于我国政府主导大力推动集成电路产业发展，先后颁布了《鼓励软件产业和集成电路产业发展若干政策》（国发〔2000〕18号）、《进一步鼓励软件产业和集成电路产业发展若干政策》（国发〔2011〕4号）、《国家集成电路产业发展推进纲要》等政策。近年来，从国家到地方政府更是对集成电路产业给予了高度重视，纷纷出台促进产业发展的相关政策，以加快推进集成电路产业的发展，加快构建以集成电路为核心的现代信息技术产业体系，满足我国制造强国、网络强国战略的迫切要求。以下汇总分析了当前仍在执行的国家和地方主要集成电路产业政策。

一 国务院及国家部委主要集成电路产业政策

国务院印发《鼓励软件产业和集成电路产业发展若干政策》（国发〔2000〕18号）后，我国集成电路产业快速发展，产业规模迅速扩大，但与国际先进水平相比，我国软件产业和集成电路产业还存在发展基础较为薄弱、企业科技创新和自我发展能力不强、产业链有待完善等问题。为进一步优化软件产业和集成电路产业发展环境，提高产业发展质量和水平，培育一批有实力和影响力的行业领军企业，国务院制定印发了《进一步鼓励软件产业和集成电路产业发展若干政策》（国发〔2011〕4号）。新政策的出台，无论是融资特别是直接融资的便捷，还是税收政策的优惠，都将对软件产业和集成电路行业，尤其是具备核心技术、行业领先地位的软件服务企业起到长期推动作用，并将进一步提高我国软件技术和服务企业的服务水平和竞争力。

2014年，国务院印发《国家集成电路产业发展推进纲要》（以下简称《推进纲要》），进一步确立了市场在资源配置中的决定性作用、更好发挥政府作用的发展主线；充分体现了两个突出：一是突出企业的市场主体地位，使其成为创新的主体、产业发展的主动力；二是突出芯片设计—芯片制造—

封装测试—装备与材料全产业链布局,协同发展,进而构建"芯片—软件—整机—系统—信息服务"生态链;以全球产业发展趋势和国内产业基础为出发点,提出了2015年、2020年和2030年三个阶段的产业发展目标。

在财政税收方面,为贯彻落实《进一步鼓励软件产业和集成电路产业发展若干政策》和《推进纲要》精神,根据《中华人民共和国企业所得税法》及其实施条例,国家先后印发了《关于进一步鼓励软件产业和集成电路产业发展企业所得税政策的通知》(财税〔2012〕27号)、《关于进一步鼓励集成电路产业发展企业所得税政策的通知》(财税〔2015〕6号)、《关于软件和集成电路产业企业所得税优惠政策有关问题的通知》(财税〔2016〕49号)、《关于集成电路生产企业有关企业所得税政策问题的通知》(财税〔2018〕27号)等文件,使集成电路企业税收优惠政策的落实更有保障,极大地推动集成电路产业发展。

在人才培养方面,为主动实施和引领经济发展新常态,提升我国集成电路产业的持续发展能力,贯彻落实《推进纲要》精神,教育部、国家发改委联合制定了《关于加强集成电路人才培养的意见》(教高〔2016〕1号),强调加强集成电路相关学科专业和院系建设,创新集成电路人才培养机制,建设集成电路人才培养公共实践平台,加强集成电路人才培养的政策支持以及对集成电路产业人才工作的领导。

二 北京市主要集成电路产业政策

为响应国家号召,深入落实《推进纲要》精神,促进北京市集成电路产业的发展,北京市人民政府制定了《北京市进一步促进软件产业和集成电路产业发展的若干政策》(京政发〔2014〕6号)。政策规定,集成电路设计业视同软件产业;推进集成电路产业集聚发展;鼓励与生产企业开展合作,对与本市集成电路生产线合作的企业提供研发经费支持;支持高端集成电路生产性项目建设;打造集成电路工程化创新平台。

在金融保障方面,北京市为贯彻落实京政发〔2014〕6号文件精神,在

工业和信息化蓝皮书·集成电路产业

《关于支持中关村国家自主创新示范区集成电路产业发展的若干金融措施》（中科园发〔2015〕17号）中规定，担保机构、银行、保险机构，或者小额贷款机构通过为集成电路企业提供融资、境内外并购等方式实现其发展上市的，也可以获得相应的补贴支持。

北京市高度重视发展集成电路设计企业的发展及其联动效应。在《关于促进中关村国家自主创新示范区集成电路设计产业发展的若干措施》（中科园发〔2016〕37号）中提出，对集成电路设计企业的新产品研发力度、创新能力、服务平台的发展等提供支持，鼓励集成电路设计企业与整机企业联动发展，吸引和培育集成电路领军人才。

为深入贯彻落实习近平总书记视察北京时关于"构建'高精尖'的经济结构"重要指示精神，在北京地区集成电路产业持续发展的情况之下，北京市政府发布《关于印发加快科技创新构建高精尖经济结构系列文件的通知》（京发〔2017〕27号），提出到2020年，北京市要建成具有国际影响力的集成电路产业技术创新基地，并对各集成电路企业下达了主要任务，以建设具有全球影响力的科技创新中心为引领，加快培育科技、信息等现代服务业。

三　天津市主要集成电路产业政策

经过多年的积累，滨海新区集成电路设计产业已经具备加快发展的产业基础，为把握国家新一轮促进集成电路产业发展的战略机遇，打造集成电路设计产业集群，带动电子信息产业结构升级，培育新的特色优势产业，进一步促进天津市集成电路产业的发展，天津2014年印发《滨海新区加快发展集成电路设计产业的意见》。意见规定了滨海新区未来在集成电路设计产业的发展战略、发展原则和发展目标；提出建设三个产业发展集聚载体、完善两个公共服务平台、做大做强一批骨干龙头企业、形成一批特色优势产品、引进培育一批高端产业人才、创建优质产业发展环境等重要任务；并明确了为实现上述发展目标而制定的政策措施。

四 河北省主要集成电路产业政策

(一) 石家庄市

为深入实施京津冀协同发展战略,积极推进"石家庄(正定)中关村集成电路产业基地"建设,在贯彻落实好国家和省支持集成电路产业发展政策的基础上,石家庄市政府出台《关于支持石家庄(正定)中关村集成电路产业基地发展的若干意见》(石政发〔2016〕57号),从加大投融资支持、加快基础设施建设、加速企业培育、鼓励人才引进、保护知识产权、优化服务环境等方面做出了政策指导,以积极推进石家庄(正定)中关村集成电路产业基地的建设,以加快培育集成电路产业。

五 山东省主要集成电路产业政策

在多年来集成电路产业快速发展,整体实力明显提升,初步形成了涵盖集成电路材料以及集成电路设计、封装测试的产业链条的基础上,为把握国家新一轮促进集成电路产业发展的重要战略机遇,加快推进集成电路产业跨越式发展,带动产业转型升级,山东省出台了《加快集成电路产业发展的意见》(鲁政发〔2014〕14号),确立了加快集成电路产业发展的指导思想、基本原则和发展目标——到2020年,实现全省集成电路产业销售收入突破800亿元。并提出重点发展集成电路设计产业、封装测试产业、生产线建设、集成电路装备制造业及支撑产业,加快完善集成电路公共服务平台建设,并在意见中制定了相关保障措施。

六 江苏省主要集成电路产业政策

为进一步加快江苏省集成电路产业发展,江苏省人民政府制定了《省政府关于加快全省集成电路产业发展的意见》(苏政发〔2015〕71号),提出到2020年,通过调整产业结构、加快技术创新、提高产业集聚度实现集成电路产业销售收入超3000亿元的主要目标,并规定了在发展过程中的重点任务和保障措施等。以下汇总分析了江苏省主要城市当前仍在执行的主要集成电路产业政策。

(一)南京市

为加快全市集成电路产业发展,南京市人民政府制定了《关于加快推进集成电路产业发展的意见》(宁政发〔2016〕42号),提出了到2020年,全市集成电路产业销售收入突破500亿元,年均增幅60%以上,形成制造、设计和封装测试等环节协同发展的集成电路产业链的发展目标。并制定了《市政府关于加快推进集成电路产业发展的若干政策》以确保发展目标的实现,明确了重点支持项目,同时设立专项资金优先支持集成电路产业发展,建立集成电路产业投资基金,加强人才引进和人才培养以及对集成电路相关知识产权的综合保护。

(二)苏州市

为落实《江苏省软件产业促进条例》和《市政府印发关于推荐软件产业和集成电路产业跨越发展的若干政策的通知》及相关政策法规的精神,进一步促进苏州高新区软件和集成电路设计产业的发展,增强软件和集成电路设计企业的创新能力和竞争能力,强化区域产业特色,苏州市印发了《苏州高新区鼓励软件与集成电路设计产业发展的实施办法》(苏虎府规字〔2014〕2号)。办法规定,为促进企业产业化发展,对苏州高新区的集成电路设计企业,给予每月10~20元/平方米的房租补贴。对于符合一定条件的企业,可以享受财政奖励。促进人才与市场环境优化,鼓励引进集成电路设计行业领军人才和紧缺人才。

为促进苏州市软件和集成电路产业在更高层次上发展,优化产业发展环境,苏州市印发了《关于推进软件和集成电路产业发展的若干政策》(苏府

〔2018〕29号),明确了符合条件的集成电路企业可以享受的税收优惠政策、投融资政策、创业创新政策、人才政策和优化产业发展环境政策。

(三)无锡市

无锡市印发的《无锡市加快集成电路产业发展的政策意见》(锡政发〔2016〕262号)中指出要重点聚焦、培育若干个国内外知名的集成电路龙头企业,力争在"十三五"期间,全市集成电路产业产值突破1000亿元,其中设计业120亿元、制造业250亿元、封测业350亿元、配套支撑300亿元。并且鼓励国内外知名企业在无锡市设立独立法人的集成电路企业或者研发机构,对经营业绩靠前的企业进行分类分档奖励,支持集成电路产业关键技术和高端产品研发等。

为深入贯彻落实创新驱动核心战略和产业强市主导战略总体要求,加快推进无锡集成电路产业发展,无锡市制定了《关于进一步支持集成电路产业发展的政策意见(2018~2020)》(锡委发〔2018〕11号),对锡委发〔2017〕39号文件中关于集成电路部分进行补充,从鼓励企业做大做强、支持技术研发、强化人才支撑、培育产业生态等方面进行规定。鼓励培育本地龙头企业,培育本地成长性企业,支持关键项目建设,支持本地配套采购,鼓励企业资质备案,鼓励企业兼并重组;支持研发机构设立,鼓励申报重大专项,支持新技术、新产品研发应用;落实"太湖人才计划"相关政策,评选产业优秀人才,鼓励产业人才培训;培育产业生态等。

七 上海市主要集成电路产业政策

为进一步优化完善上海市软件产业和集成电路产业发展环境,根据国发〔2011〕4号文件和《推进纲要》精神,上海市制定印发了《关于本市进一步鼓励软件产业和集成电路产业发展的若干政策》(沪府发〔2017〕23号),明确提出将软件产业、集成电路产业作为上海具有全球影响力的科技创新中心和战略新型产业发展的核心领域建设,推动集成电路全产业链自主创新发展,提升产业规模和能级,打造具有国际影响力的软件和集成电路产业集群和创新源。政策分别从投融资政策、企业培育政策、研发政策、人才政策、知识产权政策、进出口政策和政府管理等多方面进行规定。

为贯彻落实沪府发〔2017〕23号文件精神,上海市经信委制定了《上海市软件和集成电路产业发展专项支持实施细则》(沪经信法〔2017〕633号),针对专项支持资金的使用原则和支持对象、范围、方式、标准等做出明确规定,同时对项目申报以及资金拨付等程序加以规定。

八 安徽省主要集成电路产业政策

为发展集成电路产业,促进电子信息产业发展,培育新兴特色优势产业,促进产业结构优化升级,根据国家文件精神安徽省印发了《关于加快集成电路产业发展的意见》(皖政办〔2014〕18号),提出了到2020年集成电路总产值达600亿元以上的发展目标;明确了优先发展集成电路设计业、突破特色集成电路制造业、提升封装测试业发展水平、选择发展相关配套产业的发展重点;规定了推动重点领域应用、建设特色产业园区、构建产业创新平台、扩大对外招商合作的主要任务;并制定了相关保障措施。

合肥市

为促进集成电路产业发展,着力把合肥打造成为中国集成电路产业聚集区,结合自身发展集成电路产业的基础条件、机遇和挑战,合肥市制定印发了《合肥市促进集成电路产业发展政策》(合政办〔2014〕26号),明确提出鼓励支持集成电路企业开展研发与创新、支持集成电路企业项目建设和企业融资、支持企业联动发展、支持公共服务平台建设等具体措施。

合肥市出台《合肥市加快推进软件产业和集成电路产业发展的若干政策》(合办〔2018〕27号),旨在通过资金补助、平台建设以及人才引进等方式将合肥市建设成为具有重要影响力的软件产业和集成电路产业集聚区。其中，就符合条件的相关企业给予补助提出了具体的实施方案，例如在支持新落户企业方面，总投资3000万元以上的集成电路制造、封测类项目，总投资超过1000万元以上的集成电路装备、材料类项目，按照固定资产实际投资额的12%给予补助，最高不超过2000万元。还指出，将设立软件产业发展基金和集成电路产业投资基金，支持重点企业发展和重大项目建设。

九 浙江省主要集成电路产业政策

为深入贯彻党的十九大和浙江省第十四次党代会精神，落实国家有关集成电路产业发展的部署，抓住市场需求爆发式增长的机遇，抢占集成电路产业发展制高点，进一步加快集成电路产业健康发展，浙江省印发了《浙江省人民政府办公厅关于加快集成电路产业发展的实施意见》（浙政办发〔2017〕147号），提出了到2020年全省集成电路及相关产业业务收入突破1000亿元的发展目标；明确了发展重点和主要任务；提出加大政府基金引导、加大财政支持力度、加大招商引资力度、落实税收优惠政策等政策支持；并提出了配套的强化保障措施。

根据财税〔2016〕49号文件相关规定，结合发展实际，浙江省制定印发了《关于软件和集成电路产业企业所得税优惠政策有关问题的通知》（浙财税政〔2016〕9号），规定享受税收优惠政策的软件、集成电路企业应当及时备案，有关部门应该对企业进行核查，经核查不符合条件的，税务部门应进行追缴。

（一）杭州市

为加快国家"芯火"双创基地（平台）建设，充分发挥集成电路产业对信息经济的引领支撑作用，响应国家和省对于发展集成电路产业的指示，进一步鼓励集成电路产业加快发展，杭州市制定了《进一步鼓励集成电路产业加快发展专项政策》（杭政办函〔2018〕94号）。该政策包含资助范

工业和信息化蓝皮书·集成电路产业

围、资助重点和保障措施三大部分共14条，明确每年统筹安排专项资金扶持杭州集成电路产业发展，重点鼓励集成电路设计企业和集成电路生产企业做强做大。此外，对集成电路产业领域的并购重组、投融资、税收和人才引进等方面，都将按照现有政策予以优先保障落实。

（二）宁波市

为大力培育发展集成电路产业，打造国家级集成电路特色工艺产业基地和专用材料产业基地，宁波市出台了《关于加快推进集成电路产业发展的实施意见》（甬政发〔2017〕39号），表示应积极引进骨干企业，加速企业培育，对于营业收入突破一定金额的企业，政府将给予分档奖励；同时要强化协同创新，鼓励本地芯片制造企业产品推广，提高专业化服务，优化发展环境。

十 广东省主要集成电路产业政策

（一）广州市

为深入贯彻习近平总书记重要讲话精神，大力实施制造强市战略，2018年12月25日，广州市工业和信息化委印发《广州市加快发展集成电路产业的若干措施》（穗工信规字〔2018〕6号）。该文件共分为四部分。一是思路与目标：组织实施"强芯"工程，注重内培外引、自主创新、人才集聚、融合发展，到2022年争取纳入国家集成电路重大生产力布局规划，建设国内先进的晶圆生产线，引进一批、培育一批、壮大一批集成电路设计、封装、测试、分析以及深耕智能传感器系统方案的企业，建成全国集成电路产业集聚区、人才汇聚地、创新示范区。二是主要任务：组织实施八大工程，包括芯片制造提升、芯片设计跃升、封装测试强链、配套产业补链、创新能力突破、产业协同发展、人才引进培育等。三是政策措施：共18条政策措施，在加强组织领导、培育发展骨干企业、促进企业做大做强、提升企业创新能力、大力开展项目招引、促进产业集聚发展、加大人才引培力度等方面构建产业链条式扶持发展体系。四是其他事项。明确政策扶持范围、扶持期限等。此外，该文件还指出通过一系列政策措施大力支持集成电路产业的发展，对于符合条件的企业、平台给予相应的补助和奖励。

（二）深圳市

为进一步加快深圳软件产业和集成电路设计产业发展，推动产业转型升级，提升产业发展质量，深圳市印发了《关于进一步加快软件产业和集成电路设计产业发展若干措施》（深府〔2013〕99号），表明深圳应提升研发和产业化水平，推进产业集聚发展，支持企业拓展市场，加强知识产权工作，强化人才引进和培育，优化投融资环境，加大财税支持力度以及优化行业管理服务以促进集成电路产业的发展，并针对各部门内容制定了相关优惠政策。

为落实国家、省、市关于集成电路产业发展的战略部署，进一步优化坪山区集成电路上下游产业布局，谋划第三代半导体产业发展，切实抢占新一轮集成电路、第三代半导体产业发展的制高点，深圳市坪山区针对集成电路、第三代半导体产业于2018年10月25日出台了《深圳市坪山区人民政府关于促进集成电路第三代半导体产业发展若干措施》，分别在产业资金支持、有效保障产业空间、大力引进优质企业、支持产业研发、支持产业链协同发展等方面进行明确规定。

（三）东莞市

为促进东莞松山湖高新技术产业开发区集成电路设计产业发展，推动东莞市电子信息产业转型升级，松山湖高新技术产业开发区印发了《东莞松山湖促进集成电路设计产业发展扶持办法》（松山湖发〔2017〕1号），规定由园区集成电路设计产业的业务主管部门及高新区台湾高科技园管理局具体实施，经认定的企业应在立项时向高新区台湾局申请项目入库才能申请享受相关优惠政策，并规定企业资格认定条件和扶持标准、资金申请时应提交的材料及申请流程、资金拨付程序及相应处罚规定等。

（四）珠海市

为加快推进珠海国家高新技术产业开发区集成电路设计产业集聚发展，加快技术创新和应用创新，在集成电路设计领域培育若干个国内外知名龙头企业，扶持一批"专、精、特、新"中小型科技企业，打造集成电路产业生态链，根据《珠海市促进新一代信息技术产业发展的若干政策》，并结合珠海国家高新技术产业开发区实际，开发区于2019年1月10日制定发布了《珠海高新区加快推进集成电路设计产业发展扶持办法（试行）》。此办法共列十条，包括支持研发创新、场地补贴支持、支持企业做大做强、支持产业公共平台发展、鼓励专业人才培养等几大方面内容，对符合相关条件的集成电路设计企业给予支持及资助补贴等。

十一 福建省主要集成电路产业政策

（一）泉州市

为积极对接全球集成电路产业资源尤其是中国台湾地区的高端企业、人才团队，依托"三园一区"打造全球内存重要生产基地、海西地区特色集成电路全产业链生态圈、两岸集成电路产业合作示范中心，晋江市人民政府出台了《晋江市加快培育集成电路全产业链的若干意见》（晋政文〔2016〕246号）。意见指出，重点支持和鼓励集成电路设计、制造、封测、装备、材料以及应用终端、创新服务平台等业态的企业、项目、机构、人才入驻。并对总投资规模不同的企业提供不同的政策补助；提供银行利息补贴等投融资政策补助；对于年销售收入超过一定额度的企业，给予一定比例的成长奖励；奖励科技研发，积极引进集成电路优秀人才。

（二）厦门市

为重点推动集成电路产业发展，厦门市制定印发了《厦门市加快发展集成电路产业实施细则》（厦府〔2018〕58 号），针对厦门市的实际情况，在投融资、人才支持、科研支持、成长奖励等方面制定了相关的激励政策，划分了重点支持领域，支持集成电路制造、设计、软件和系统整机（终端）协同发展，带动集成电路封测、装备和材料产业发展；鼓励系统整机（终端）、集成电路企业的垂直整合（并购），支持 IDM 或虚拟 IDM 合作模式，以及经集成电路领导小组认定的集成电路重点项目。

为有效促进"厦门两岸集成电路自贸区产业基地"发展，湖里区与厦门市科学技术局联合制定了《关于促进厦门两岸集成电路自贸区产业基地发展的办法》（厦湖府〔2015〕95 号），规定了集成电路自贸区产业基地的创业创新扶持政策、交易结算扶持政策、金融扶持政策、知识产权扶持政策、提升配套政策等。如支持集成电路企业入驻基地，对于入驻基地总部的企业，前两年场地租金全额补贴，第三年按 50% 补贴，每家企业按人均 10 平方米控制，最高不超过 200 平方米。

海沧区在《厦门市加快发展集成电路产业实施意见》的基础上制定了《海沧区扶持集成电路产业发展办法》（厦海府〔2017〕90 号），针对海沧区的实际情况，成立海沧区工业发展工作领导小组，整合调动各方面资源，做好集成电路产业发展顶层设计，统筹协调并解决海沧区内有关集成电路产业发展的重大问题。并在投融资政策、人才政策、科研支持、成长奖励、降低企业运营成本、支持企业利用 IPO 市场融资和落户政策等方面进行了明确规定。

十二　江西省主要集成电路产业政策

为鼓励江西省集成电路产业加快发展，提高产业发展质量和水平，江西省出台了《关于进一步鼓励软件产业和集成电路产业发展的实施意见》（赣府发〔2012〕31 号），对落实国家各项财税优惠政策做出具体规定，同时在进一步加大投融资扶持力度、鼓励企业加强研究开发、大力支持企业产品出口和"走出去"发展、不断优化人才培养使用机制、强化知识产权保护和积极帮助企业开拓市场等方面进行了明确规定。

十三 湖南省主要集成电路产业政策

为加快湖南省集成电路产业发展，提升集成电路产业总量和发展质量，湖南省制定印发了《关于鼓励集成电路产业发展的若干政策》（湘政办发〔2015〕22号），鼓励引进集成电路企业、鼓励人才引进和培养、鼓励企业创新、鼓励培育集成电路产业集聚区等。同时，省政府将积极完善投融资环境，加大财税支持力度，落实集成电路产业税收优惠政策，成立领导小组，高度重视集成电路产业发展。

长沙市

为落实国家《推进纲要》，促进长沙经济技术开发区集成电路产业健康快速发展，长沙经济技术开发区制定了《长沙经济技术开发区促进集成电路产业发展试行办法》，强调在招商引资方面企业享有入区补贴、生产场地租金补贴、购买研发生产用房补贴、财政奖励和中介奖励等优惠政策；在产业发展方面企业享受成长支持、配套支持、平台支持、联动支持、创新支持等激励措施；同时在人才支撑方面做出明确说明；并规定了相关申报和评审程序以及监督管理制度等。

十四 陕西省主要集成电路产业政策

为进一步营造陕西省软件产业和集成电路产业发展的良好环境，推动信息化与工业化深度融合，加快培育新一代信息技术产业，根据国发〔2011〕4号文件，陕西省制定印发了《关于进一步鼓励软件产业和集成电路产业发展的实施意见》（陕政发〔2011〕61号）。此意见明确了发展思路，在财税政策、投融资政策、研究开发政策、进出口政策、人才政策、知识产权政策、市场政策、政策落实等方面给出了具体的意见。

十五　重庆市主要集成电路产业政策

重庆市拥有发展软件产业和集成电路产业最需要的人力、智力和市场资源，发展软件产业和集成电路产业具有良好的基础和巨大的潜力，在此基础上，为进一步促进重庆市软件产业和集成电路产业发展，重庆市印发了《重庆市人民政府关于贯彻国务院鼓励软件产业和集成电路产业发展的若干政策的实施意见》（渝府发〔2001〕114号），提出要提高认识，明确目标，把软件产业和集成电路产业的发展作为本市国民经济和社会发展的一项重要而紧迫的任务；加大政府扶持力度，拓宽投融资渠道，大力培育软件产业；充分发挥税收优惠政策的作用，加快软件产业的发展；加强知识产权保护，建立积极的分配制度和激励机制；加快软件人才的培养和引进，为软件产业的发展提供技术和人才支持；加强信息技术、软件技术在传统产业中的应用，促进传统产业跨越式发展；规范行业管理，做好服务工作等内容。

为进一步促进重庆市集成电路产业发展，重庆市印发了《重庆市促进集成电路产业发展管理办法》（渝办发〔2011〕385号）。设立重庆市集成电路产业发展专项资金500亿元，同时规定了专项资金的奖励条件，对集成电路设计企业、生产型企业等提供扶持，支持集成电路企业发展上下游产业链，鼓励研发自主知识产权技术等。并明确规定了满足条件的企业可享受的税费优惠政策、人才扶持政策、基础设施政策等。

十六　甘肃省主要集成电路产业政策

为加快推进甘肃省集成电路产业发展，甘肃省制定印发了《甘肃省贯彻落实〈国家集成电路产业发展推进纲要〉的实施意见》（甘工信发〔2014〕387号），分析了近年来甘肃省发展集成电路产业状况和形势，提出了到2020年全省集成电路产业发展的目标，确立了改造提升集成电路封装测试业、增强集成电路产业配套能力、加快推动集成电路设计制造业等主要任务和发展重点，并提出了配套的保障措施。

B.12
中国国家和地方集成电路产业基金概况

苏建南 冯 华*

摘 要： 自2014年9月国家集成电路产业投资基金成立以来，一期1387亿元已投资完毕，投资对象覆盖集成电路设计、制造、封测和装备材料等环节的龙头企业和众多有潜力的企业和项目，成效显著。同时，大基金也充分发挥了杠杆作用，不仅吸引民间资本进入集成电路产业，也带动地方政府成立超过5000亿元的产业基金，掀起了我国集成电路产业发展热潮。

关键词： 大基金 地方产业基金 集成电路

为进一步推进集成电路产业发展，工信部于2014年6月正式发布《国家集成电路产业发展推进纲要》，同年9月成立国家集成电路产业投资基金（简称"大基金"），中国发展集成电路产业的决心更加显露无遗。与此同时，为响应国家号召，各地方政府也相继出台集成电路产业发展相关政策，并成立产业投资基金。目前，北京、上海、武汉等多个省市已成立地方性集成电路产业促进基金，并将集成电路作为地方重点产业发展。

---

* 苏建南，国家工业信息安全发展研究中心（工业和信息化部电子第一研究所）工程师，研究方向为集成电路、半导体、电子元器件等；冯华，国家工业信息安全发展研究中心（工业和信息化部电子第一研究所）高级工程师，研究方向为电子信息、信息服务等。

中国国家和地方集成电路产业基金概况

一 大基金一期投资完毕,二期继续引领

大基金一期从成立到投资完毕历时将近四年,截至2018年6月,一期总投资额为1387亿元,投资上市公司20多家,非上市公司50多家,集成电路设计、制造、封测、装备材料等各个产业链环节均在投资范围之内,制造领域承诺投资比重高达63%,设计领域投资比重也达到20%,封测和装备材料业的投资比重分别为10%和7%。大基金总裁丁文武表示,大基金第一期的成果可以说是"进展顺利,成绩显著"。大基金一期所投主要企业基本情况如表1所示。

表1 大基金一期所投主要企业基本情况汇总

单位:亿元,%

被投资企业	融资方式	投资金额	持股比例	业务领域
鑫华半导体	—	5	49.02	装备材料
太极实业	战略融资	9.49	6.17	装备材料
中芯南方	战略融资	9.47	27.04	制造
中芯集成电路	A轮	未披露	未披露	制造
华虹半导体	战略融资	25.75	18.94	制造
创达新材	间接投资	0.1023	4.99	装备材料
中电港	B轮	12	14.18	分销
晶方科技	股权转让	6.8	9.32	封测
万盛股份	定增收购资产后转股	6.6	7.41	设计
景嘉微	定增	11.7	4.71	设计
雅克科技	定增收购资产后转股	5.5	5.73	装备材料
ACM Research		0.44	5.51	装备材料
兆易创新	协议转让	14.5	11	设计
长电科技	定增、协议转让、设投资平台	约29	约19	封测
国微技术	—	0.93	10	制造
匠芯知本	战略融资	6.6	20	设计
北方华创	定增	6	7.5	装备材料
通富微电	设投资平台后增发转股	6.4	15.7	封测
德邦科技	A轮	未披露	未披露	装备材料
三安光电	定增、协议转让	64.4	11.3	制造
盛科网络	战略融资	3.1	未披露	设计
北斗星通	定增	15	11.46	设计
安集微电子	C轮	未披露	15.43	装备材料

工业和信息化蓝皮书·集成电路产业

续表

被投资企业	融资方式	投资金额	持股比例	业务领域
中芯北方	A轮	43	32	制造
长川科技	IPO前增资	0.4	7.5	装备材料
士兰集昕微电子	—	4	48.78	制造
华天科技	战略融资	5	27.23	封测
中兴微电子	战略融资	24	24	设计
拓荆科技	A轮	未披露	未披露	装备材料
艾派克科技	并购	5	4.29	设计
三安光电	定增等	64.4	11.3	制造
中芯国际	战略融资	41.47	15	制造
国科微	IPO前增资	4	15.79	设计
紫光展讯	战略融资	9.9	30	设计
纳思达	定增	5	4.02	设计

资料来源：上市公司年报及网络信息整理。

大基金二期规模将达到1500亿～2000亿元，预计将有中央财政、部分国有企业和地方政府共同出资，其中中央财政认缴200亿～300亿元，国开金融公司认缴300亿元，中国烟草总公司、中国移动公司、中国保险投资基金分别认缴200亿元左右。

大基金二期重点在集成电路设计，聚焦新兴应用。在投资方向上，将提高对设计业的投资比例，并围绕智能汽车、智能电网、人工智能、物联网、5G等国家战略新兴产业领域进行投资规划。在二期基金中，如果设计业投资比例达到总规模的20%～25%，则投资金额将达到300亿～500亿元，非常有助于我国设计业的发展，预计未来两到三年将呈现逐年提速的增长状态。

二 地方产业基金相继成立，助力各地产业发展

经不完全统计，当前已成立或宣布成立的省市级产业基金有17个，包括北京、上海、湖北、湖南等地。这17个地方产业基金的目标规模合计已经多达5000亿元。当前中国各省市设立的集成电路产业基金汇总如表2所示。

表2 中国各省市设立的集成电路产业基金汇总

区域:名称	成立时间	总规模	首期募集	投资方向	参与项目
北京:北京市集成电路产业发展股权投资基金	2013年12月	300亿元	首期规模30亿元,主要投资制造和装备、设计和封测两支子基金	一是投资集成电路产业中设计、制造、封装测试、核心装备等产业关键环节的重点项目;二是投资一批工程创新实体、工程实验室、企业技术中心等创新实体;三是通过资本运作推动重点企业的兼并重组;四是针对产业发展需求,高水平开发建设集成电路产业专业化园区,并提供产业综合配套服务	瑞典MEMS晶圆代工厂Silex收购案、圆融融光电等
上海:上海市集成电路产业基金	2016年1月	500亿元	首期募资285亿元	推动上海集成电路产业,尤其是集成电路制造业加速发展,加大产业整合步伐,形成产业集聚,塑造产业龙头,引领全国集成电路产业发展	—
湖北:湖北集成电路产业投资基金	2015年8月	300亿元	—	重点支持国家重大项目发展,推动湖北集成电路产业链整体升级	国家存储器基地项目
湖南:湖南国微集成电路创业投资基金	2016年3月11日	30亿~50亿元	2.5亿元	集成电路设计、应用、装备与材料等领域	—
广东:集成电路产业投资基金	2016年6月	150亿元	—	集成电路设计、制造、封测及材料装备等产业链重大和创新项目	—
深圳:深圳集成电路产业引导基金	2015年10月	200亿元	100亿元	IC设计公司为主,系统、方案、整机全产业链扶持	2016年4月27日深圳集成电路产业引导基金投资深圳市中兴微电子技术有限公司24亿人民币,占股24.00%

工业和信息化蓝皮书·集成电路产业

续表

区域：名称	成立时间	总规模	首期募集	投资方向	参与项目
南京：集成电路产业专项发展基金	2016年12月	2016年设立，目标规模500亿元，2018年1月又明确了建立总规模200亿美元的南京市集成电路产业投资基金等十条配套政策	—	推动南京市集成电路产业发展	—
无锡：集成电路产业基金	2017年1月	200亿元	50亿元	引进集成电路产业链重大投资项目	—
昆山：昆山海峡两岸集成电路产业投资基金	2017年2月	100亿元	10亿元	一是作为母基金，引导社会资本、产业资本和金融资本等投向集成电路产业，二是直接投资，重点支持成长性和市场前景好、带动作用大、示范效应强的重大项目；三是对外并购，收购或部分收购境外具有一定规模、创新能力强的企业，引进成熟研发成果	—
安徽：安徽省集成电路产业投资基金	2017年5月18日	300亿元	100亿元	围绕安徽省集成电路产业的发展，采用参股设立子基金、股权投资、产业并购等方式重点投资集成电路晶圆制造、设计、封测、装备材料等全产业领域	—
陕西：陕西省集成电路产业投资基金	2016年8月25日	300亿元	60亿元	主要围绕陕西省集成电路关键环节集成电路制造、封装、测试、核心装备等产业的重点项目和第三代半导体、光电子集成等领先技术创新平台建设及产业化项目	主要投向陕西省内集成电路产业链上的优质企业、骨干企业、高成长性企业、拟上市及挂牌后备企业

200

续表

区域/名称	成立时间	总规模	首期募集	投资方向	参与项目
福建：福建省安芯产业投资基金	2016年6月25日	目标规模500亿元	75.1亿元	在Ⅲ-Ⅴ族化合物集成电路产业群投资约70%的资金，在其他集成电路产业链为主的半导体领域投资约30%的资金	—
厦门：厦门国资紫光联合发展基金	2016年3月9日	不低于500亿元	—	培育一批有核心竞争力和自主创新能力的标杆企业，形成厦门支柱产业和新兴产业新利润增长点	—
四川：四川省集成电路和信息安全产业投资基金	2016年3月	120亿元	—	重点投向集成电路产业和信息安全产业	—
辽宁：集成电路产业基金	2016年5月	100亿元	20亿元	—	—
石家庄：集成电路产业投资基金	2016年11月15日	100亿元	10亿元	重点用于基地内集成电路企业研发创新、公共服务平台建设等集成电路项目建设和运营	—
青岛：青岛海丝民和半导体基金企业	2017年11月	100亿元	30亿元	主要方向是并购境外成熟优质半导体公司及投资境内高成长半导体公司，重点布局设计公司、设备公司，小型晶圆及封测平台	—

资料来源：网络信息整理。

三 集成电路产业基金投资方向简析

（一）全产业链投资，优先支持产业龙头

集成电路设计、制造、封测、装备材料等领域的代表性企业如紫光集团、中芯国际、长电科技、中微半导体等都在大基金一期的投资范围之内，实现了产业链的完整布局。涉及企业包括紫光展锐、中兴微电子等设计企业；中芯国际、上海华虹、长江存储、杭州士兰微电子、三安光电等制造企业；长电科技、通富微电、华天科技等封测企业；北方微电子、中微等装备企业；上海硅产业集团、江苏鑫华、安集微电子等材料企业。大基金一期投资领域情况如表3所示。

表3 大基金一期投资领域情况

单位：%

领域	说明	投资占比
设计	设计业主要龙头企业已经布局，紫光展锐等已开展5G通信核心芯片研发，先进设计水平达到16/14纳米	20
制造	制造业先进工艺、存储器、特色工艺、化合物半导体等主要领域已经布局，中芯国际28纳米多晶硅栅极工艺产品良率达到80%，长江存储32层3D NAND闪存芯片2017年底提供样品，64层工艺开始研发	63
封测	封测业主要龙头企业均已布局，支持长电科技、通富微电开展国际并购，获得国际先进封装技术和产能，长电科技跃升为全球封测业第三位，中芯长电14纳米凸块封装已经量产	10
装备材料	装备材料业中刻蚀机、12英寸硅片等主要核心领域已经布局	7

资料来源：《人民邮电报》。

大基金的成立一方面能够有效引导社会资本投入集成电路产业，推动集成电路产业发展热潮；另一方面，加强对产业链短板环节的支持力度，增强集成电路制造和装备材料领域的实力，完善集成电路产业链。

（二）地方基金持续加码，助力大规模项目落地

半导体产业属于重资本开支行业，一条12英寸先进晶圆产线的投入资金一般要达到几十亿美元，仅仅凭借大基金的资金支持仍然不够。因此在大基金设立的同时，也需要地方性投资基金积极加入集成电路领域的投资中来，以国家资金为杠杆，撬动大规模资本进入半导体产业。在大基金的带动下，地方集成电路产业基金持续增长，总规模已超过5000亿元，各级政府不仅有发展集成电路产业的决心，也为产业提供实际的支持。近年来，在地方政府政策和资金的大力扶持下，各地纷纷有大规模集成电路投资项目落地，例如总投资为30亿美元的台积电南京12英寸/16纳米生产线项目、总投资62亿美元的厦门联芯12英寸生产线项目等。这样的带动力也将对国内未来几年集成电路产业格局带来改变。

B.13
美国下一代军用半导体技术发展举措研究

冯园园　范增杰　张洁雪*

摘　要： 由于"摩尔定律"受技术和经济两大因素限制即将走向终结，半导体产业在新器件、高密度封装、新计算范式三大领域涌现大量新技术。面对半导体产业发展的转折点，美国国防部联手产业界和学术界发起一场不再依赖传统"等比例微缩"的半导体发展革命，以确保美国在基础电子领域的持续领先。美国国防先期研究计划局（DARPA）从2016年底至2017年8月接连启动了"联合大学微电子项目"（JUMP）、"电子复兴"（ERI）和"通用异构集成和知识产权复用策略"（CHIPS）三大项目，瞄准不同定位，通过JUMP和ERI项目全力推进下一代半导体技术基础和应用研究攻关，通过CHIPS项目革命性改变电子元器件的研制和生产，大胆创新，力图开启下一代军用半导体技术发展新纪元。

关键词： 下一代半导体　联合大学微电子　电子复兴　小芯片

---

* 冯园园，国家工业信息安全发展研究中心（工业和信息化部电子第一研究所）高级工程师，研究方向为集成电路、半导体、军用电子元器件等；范增杰，国家工业信息安全发展研究中心（工业和信息化部电子第一研究所）高级工程师，研究方向为电子元器件、电子信息、数据资源等；张洁雪，国家工业信息安全发展研究中心（工业和信息化部电子第一研究所）工程师，研究方向为人工智能、信息服务等。

由"摩尔定律"引导的"芯片特征尺寸等比例微缩"一直是半导体技术创新发展的主线，信息技术在这一驱动力下呈现了惊人的发展速度。但随着芯片加工工艺逐渐逼近物理极限，"摩尔定律"受技术和经济双重压力发展乏力，而大量有别于传统半导体的新技术也正加速涌现，半导体产业发展面临转折。为了探索半导体产业在"超越摩尔定律"下的发展路径，美国国防部再次牵头，启动了汇聚美国半导体产、学、研多方力量的三大项目，瞄准下一代半导体技术，围绕传感器与通信网络、分布式计算和网络、认知计算、智能存储等重大应用需求，从系统创新、组织体系创新出发，拉起一场不再依赖传统"等比例微缩"的半导体技术变革的竞争序幕。

一 下一代半导体产业发展背景

"摩尔定律"指在价格不变的情况下，单片集成电路上可容纳晶体管数目每隔18～24个月增加一倍，性能也随之提升一倍；在经济效益层面，即同等性能的计算处理芯片的价格每隔18个月降低一半。"摩尔定律"自诞生之日起，就一直指引着半导体产业的指数级发展，为整个电子信息产业带来日新月异的变化。但当前，随着特征尺寸已下探至10纳米，延续"摩尔定律"所能带来的经济效益被持续削弱，推进半导体产业"超越摩尔定律"发展的新技术大量涌现。

（一）"摩尔定律"面临终结

2016年2月，美国《自然》杂志撰文表示，著名的国际半导体技术路线图（ITRS）将不再以"摩尔定律"为编写主旨，全球半导体行业也已达成共识——"摩尔定律"走向终结。3月底，"摩尔定律"最忠实的拥护者——美国英特尔公司也表示，已无法按预期在2015年底实现10纳米制造工艺的量产，不得不继续沿用14纳米Skylake处理器架构，并将已延续十年的"嘀—嗒"（Tick-Tock）两年发展进度改为"制造工艺—架构—优化"

（PAO）三年①。"摩尔定律"受技术压力和经济压力两大因素限制即将走向终结。

（1）技术压力。一是无法有效散热致"热死亡"。特征尺寸的减小和电子元器件集成度的增加，导致器件内部产生的大量热量无法排出。以对散热需求最迫切的中央处理器（CPU）为例，受限于散热能力，CPU自2004年起从提升指令执行速度转为多核架构发展，因此CPU的处理速度至今未超过2004年就已达到的4GHz。二是量子效应致硅材料被替代。从2004年特征尺寸达到90纳米起，半导体进入纳电子时代，量子效应开始发挥重要作用。美国英特尔、IBM等公司为此先后研发出应变硅、高K金属栅、鳍形晶体管等一系列先进技术来延寿硅材料器件。但随着特征尺寸继续向7纳米和5纳米减小，电子的行为将受限于量子的不确定，晶体管变得不可靠，硅材料也终将达到性能极限。

（2）经济压力。一是多样化需求打破原有发展模式。在五十多年发展历程中，半导体产业已形成"自动升级"模式，即大规模产销"类少量多"的微处理器和存储器等通用型器件，用丰厚的收入来升级工艺和改造设备，提升产品性价比，进而在下一轮循环中获取更大市场份额和更高收入。但随着电子信息产业进入移动化时代，客户需求取代半导体技术进步成为电子行业发展的推动力，而需求的多样化也导致了市场碎片化，半导体产业需求不再是"类少量多"，单个产品的量级也许仅有几十万件，无力支撑原有模式。二是生产成本加速上涨。随着特征尺寸接近原子级和晶圆直径计划向450毫米迈进，巨大的工艺难度导致生产成本陡然上升。例如，不计前期研发和后期运营费用，仅建立一条450毫米晶圆生产线就需数十亿美元；最先进的10纳米特征尺寸专用集成电路的设计成本已近4.2亿美元，是130纳米芯片设计费用的17~20倍。高昂的设计和制造成本只有需求量巨大的快速消费类电子企业才能负担，因此，在下一代生产工艺及器件的研发上，仅

---

① 以各特征尺寸开始量产的时间为例，2003年的90纳米、2005年的65纳米、2007年的45纳米、2009年的32纳米、2011年的22纳米、2013年的14纳米。但对于原本应于2015年实现量产的10纳米，英特尔表示已不得不延期。

有美国英特尔、韩国三星、中国台湾台积电等少数企业以抱团合作的方式参与其中。

（二）创新技术不断涌现

为了实现"超越摩尔定律"发展，半导体产业在新器件、高密度封装、新计算范式三大领域涌现大量新技术，如图1所示，并正大举构建着属于自身的新架构、算法、工具等，半导体产业亟须为这些领域建立新技术路线。

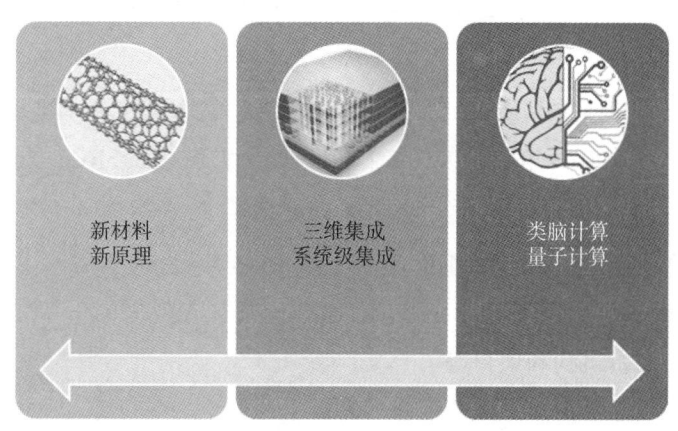

图1　半导体技术领域现阶段发展热点

1. 器件自身结构和材料的优化和创新

在新结构方面，产业界提出了自适应供电、模拟功能数字化和加入新材料等方式，以及负电容晶体管和二维堆叠晶体管等新结构。在新材料方面，以石墨烯、二硫化钼、硅烯等为代表的二维平面材料一直是替代硅材料研究的热点。在新机制方面，利用自旋和能谷等更多电子自由度的器件成为潜在突破点。

2. 三维立体封装和系统级集成等高密度集成

将多个器件垂直堆叠集成可以提高单位体积内的功能密度，成为目前提高性能的最有效手段。更进一步，以系统为单位，通过大力发展异质/异构集成技术，将具备多种功能的多个器件进行单片集成，可以不断满足微型、

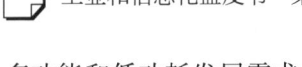

多功能和低功耗发展需求。

3. 神经形态计算和量子计算等新计算范式

神经形态计算可模拟人脑的信息处理方式，具备感知、识别和学习等多种能力。量子计算指以量子力学规律进行超高速、大数据量的数学和逻辑运算，在核爆模拟、密码破译等领域具有独特优势。两个领域均有望带来颠覆性影响，为各国所重视，正获快速发展。

二 三大项目全面应对半导体发展之困

下一代半导体技术该如何发展成为美国产、学、研和军方的共同关注点和热议的焦点。2017年3月底，美国半导体研究联盟（SRC）和半导体产业协会（SIA）共同发布了《半导体产业发展愿景指南》（以下称《指南》）。美国半导体界多个学术机构和龙头企业的多名高级研究专家共同撰写了该《指南》，详细阐述了半导体产业未来需优先发展的14个技术领域、重点方向、在研机构和项目等。

作为一直在推进半导体前沿技术发展上扮演主导角色的美国国防管理机构，美国国防先期研究计划局（DARPA）在《指南》的基础上，再次发挥组织创新优势，从2016年底至2017年8月接连启动了"联合大学微电子项目"（JUMP）、"电子复兴"（ERI）和"通用异构集成和知识产权复用策略"（CHIPS）三大项目，瞄准不同定位，大胆创新、点面结合，力图扫清产业发展面临的技术和经济障碍。

（一）JUMP项目突出协同创新

JUMP项目聚焦于高性能、高能效微电子器件的高风险、高回报的长期创新性研究，以支持具有成本效益和安全保障的端到端感知和驱动、信号和信息处理、通信、计算和存储解决方案等；设立了"二横（基础）四纵（应用）"六个呈网状交叉的研究中心，具体如图2所示，鼓励围绕下一代半导体技术开展跨校/跨学科创新研究，每个研究中心都有一个研究主题，如表1所示。该项目预计为期5年、总投资约2亿美元,已于2018年1月正式开启探索性研究工作。

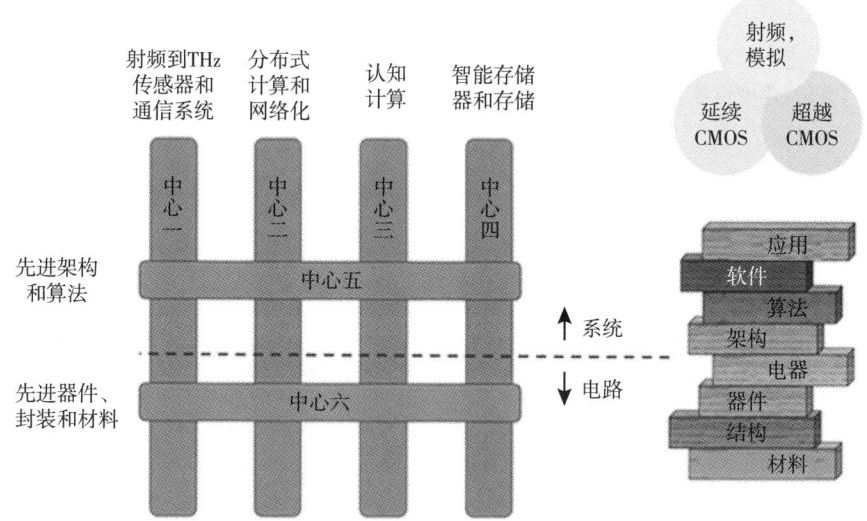

图2 JUMP项目六个研究中心的结构

表1 JUMP项目主要研究内容

目标		技术领域	研究内容
垂直研究中心	强调应用导向目标,通过全面覆盖所需的跨学科科学和工程来聚集于产业面对的重要问题,获得突破性的技术和产品	射频到THz传感器和通信系统	在材料、设备、器件、电路、集成和封装、互联、架构(如子系统/阵列)和算法领域的突破性研究,更高效产生、建模、控制、处理(主要或非常近耦合到RF/mm波/THz频段)、通信(传输)和感知/探测放射性信号
		分布式计算和网络化	解决超大规模分布架构的挑战,以及提出进化型和变革型(非传统)的架构方案,尤其是多层、有线和无线互联异质结系统
		认知计算	寻求全新替代冯诺依曼结构的解决方案,能够进行规模化学习,执行推理和决策制定,并能够与人类进行交互,如模拟计算、随机计算、香农启发计算、近似计算、神经形态计算
		智能存储器和存储	寻求一个整体的、垂直集成的方法来实现高性能智能存储系统,其中包括运转系统、编程模块、存储器管理技术和原型系统架构

209

续表

	目标	技术领域	研究内容
水平研究中心	驱动在特定学科的基础研发,产生颠覆性突破,加速新技术进程	先进架构和算法	实现全新计算、通信和存储应用所需的先进集成电路和架构,必须研发出带有相关原始电路的可微缩异质架构,全新架构必须在硬件和算法间建立桥梁
		先进器件、封装和材料	基于新材料和非传统集成综合的理论,解决先进有源和无源器件、互联和封装,支持提供未来微缩和能效的计算(包括模拟)和信息感知、处理和存储中下一突破性范式

(二)ERI项目突出基础技术研究

ERI项目在JUMP项目的基础上进一步加强半导体器件及系统的基础技术研究,目标是实现新材料、设计和微型架构的系统性研发,以及配套高效率设计思路和工具的开发,不再依赖传统等比例缩放即可实现电子器件性能的持续提升,开启电子器件发展新纪元。该项目分材料、架构和设计三部分,并由DARPA微系统技术办公室(MTO)主任Bill Chappell牵头和总体把控,具体研究内容如表2所示。项目于2017年6月正式启动,预期为期5年,国防部总投入超过15亿美元,成为DARPA发展元器件手笔最大的一次动作。

2017年9月,DARPA启动首批6个子项目,分别是三维单片系统片上(3DSoC)、新型计算基础需求(FRANC)、软件定义硬件(SDH)、领域专用片上系统(DSSoC)、电子资产智能设计(IDEA)和Posh开源硬件(POSH),各子项目研究目标如表2所示,进一步体现了ERI项目的研究用意。

2018年11月,DARPA宣布ERI项目已进入第二阶段,将进一步把国防企业技术需求和能力与电子行业的商业和制造实际相结合,主要目标是解决三个关键问题:支持美国本土制造业发展并具备针对不同需求发展差异化的能力;解决芯片安全的需求;实现ERI项目技术研发与国防实际应用的紧密对接。

表 2　ERI 项目主要研究内容及首批启动的 6 个子项目

领域	研究内容	子项目	目标
材料与集成	①研究和挖掘周期表内所有可能的候选材料以制造下一代逻辑和存储器件②研究不同半导体材料的单片集成，以及垂直集成工艺	3DSoC	开发3D单片技术、有效封装逻辑、存储和输入/输出单元，使系统级芯片的计算速度提高50倍以上，同时功耗更低
		FRANC	通过开发新材料、组件和算法，确定评估和建立超越冯·诺依曼计算架构原理所需的基础，克服"内存瓶颈"
系统架构	①研究针对所执行特定任务的最优化的电路结构，如用于机器学习的图形处理单元②探索其他的可能性，如可根据所支持软件需求进行调整的可重构物理架构	SDH	构建运行时可重新配置的硬件和软件系统，实现近似ASIC的性能和运行效率，而不会牺牲数据密集型算法的可编程性
		DSSoC	开发一种由多个内核组成的异构系统级芯片，包括通用/专用处理器、硬件加速器、存储器和输入/输出，实现通过单个可编程器件快速开发多应用系统
设计	研发可对特定电路进行快速设计和实现的开发工具，带来变革性影响	IDEA	创建用于混合信号集成电路、系统级封装和印刷电路板的自动统一布局生成器所需的算法、方法和软件，使非电子设计专业的用户在24小时内完成电子硬件的物理设计
		POSH	创建一个开源的系统级芯片设计和验证生态系统，以实现超复杂系统级芯片的成本效益设计

（三）CHIPS 项目突出模块化设计的灵活性

CHIPS 项目一方面将大量引入商用先进知识产权（IP）和制造工艺，使商业领域的先进技术和研究成果能快速为军方所用，另一方面将推进现有半导体器件和 DARPA 此前所研制组件的模块化，以及接口的标准化，共同实现多种包含多个 IP、具有先进功能、即插即用的"小芯片"。这些"小芯片"可根据特定军事需求，通过三维集成和异质集成技术，快速、无缝拼接组装成所需"微系统"。通过 CHIPS 项目，将不再采用此前单片集成电路的设计和制造思路，而是通过拼接和组装的方式解决复杂集成电路的设计难题，实现各种功能的快速组装和更新换代，并将交付时间和成本减少 70%。

项目于2017年8月启动，预计为期4年，总投资0.7亿美元。CHIPS项目示意如图3所示，研究内容如表3所示。

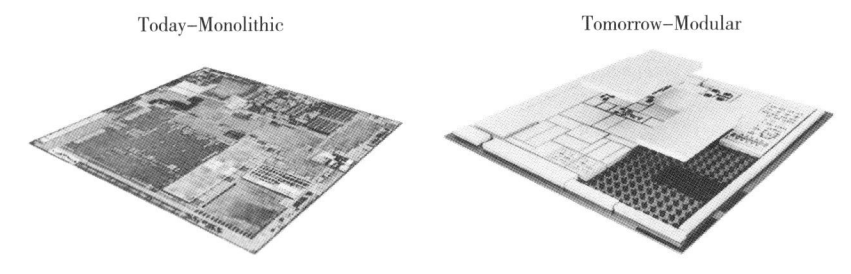

图3 CHIPS项目示意

表3 CHIPS项目设置和研究内容

时间		阶段1 18个月	阶段2 18个月	阶段3 12个月
研究内容		建立接口标准、扩充可用IP	展示带有标准接口和IP的"小芯片"	"小芯片"可实现快速迭代升级
技术领域	Ⅰ	①建立接口标准②通过标准接口将现有数字系统模块化	①展示数字"小芯片"②成本+设计循环分析	①展示可快速升级能力②与单片实现方式对比成本+设计循环分析结果
	Ⅱ	①建立接口标准②通过接口标准将现有模拟系统模块化③展示互连性能	①展示伪单片微波集成电路（PLIC）②性能、单位成本、一次性工程（NRE）和交付时间分析③开发商业模式	①展现PLIC快速组装能力②与微波毫米波单片集成电路对比性能、单位成本、NRE和交付时间
	Ⅲ	支持技术领域Ⅰ和Ⅱ任务和目标的设计工具、组装方法		

（四）面向重大应用需求，技术突破与产业链重组并举

《指南》、JUMP和ERI项目研究领域的关系如图4所示，可以看出美国将全面通过基础研究和应用研究推进下一代半导体技术的发展。美国主要半导体技术未来发展重点如表4所示。

CHIPS项目不会研发新的器件技术和接口标准，而是着重完成现有器件/微系统的模块化，及实现在未来系统中的最大程度复用，将对数字系统和

美国下一代军用半导体技术发展举措研究

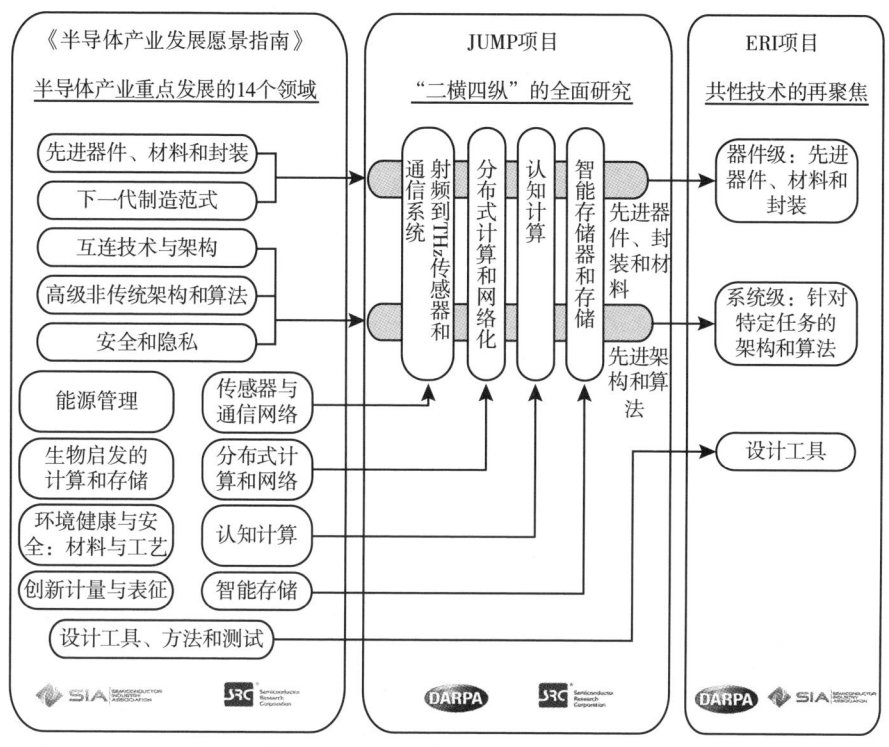

图 4　《指南》、JUMP 和 ERI 项目研究领域关系

表 4　美国主要半导体技术未来发展重点

分类	领域	研究内容	研究方向
基础研究	器件	先进材料和对应器件	Ⅲ-Ⅴ、锗硅、碳基、一维或二维、多铁、铁电、磁性、相变和金属绝缘体过渡材料及对应器件； 利用电化学、电生物、光子等除电荷和自旋其他状态变量的器件
		先进制造和封装技术	芯片级封装、3D/2.5D 扇出型晶圆级封装、异质集成； 高吞吐量的原子淀积和去除（蚀刻和清洁）方法
	系统	互连技术和架构	实现 10 纳米以下电子互连、金属通孔之外的层间新型互连、新型自对准和自组装技术、光子开关器件和互连、自旋互连、新型互连材料等
		非传统架构和算法	近似计算、随机计算、香农启发计算；软硬协同设计 可扩展的异构架构和算法
		安全和隐私	威胁建模；安全感知软硬件协同开发；加密和加密实现

213

续表

分类	研究内容	分类	研究内容
应用研究	射频到THz频段传感器和通信系统	配套支撑	针对特定应用和可快速实现的设计工具和方法
	极大规模分布式计算和网络		预测、表征和测试方法
	认知计算		材料与工艺的环境与安全
	智能存储系统和数据处理平台		能源管理

超宽带射频系统等实现密集替代；设计、验证和制造等电子元器件传统产业链中的重要环节或可因此省略，为整个电子元器件研制和生产链带来变革性改变；还可实现商用先进技术和军用安全保障手段的优势互补，以及继续推进商/军用半导体产业链的深层融合。CHIPS项目半导体产业链的重组如图5所示。

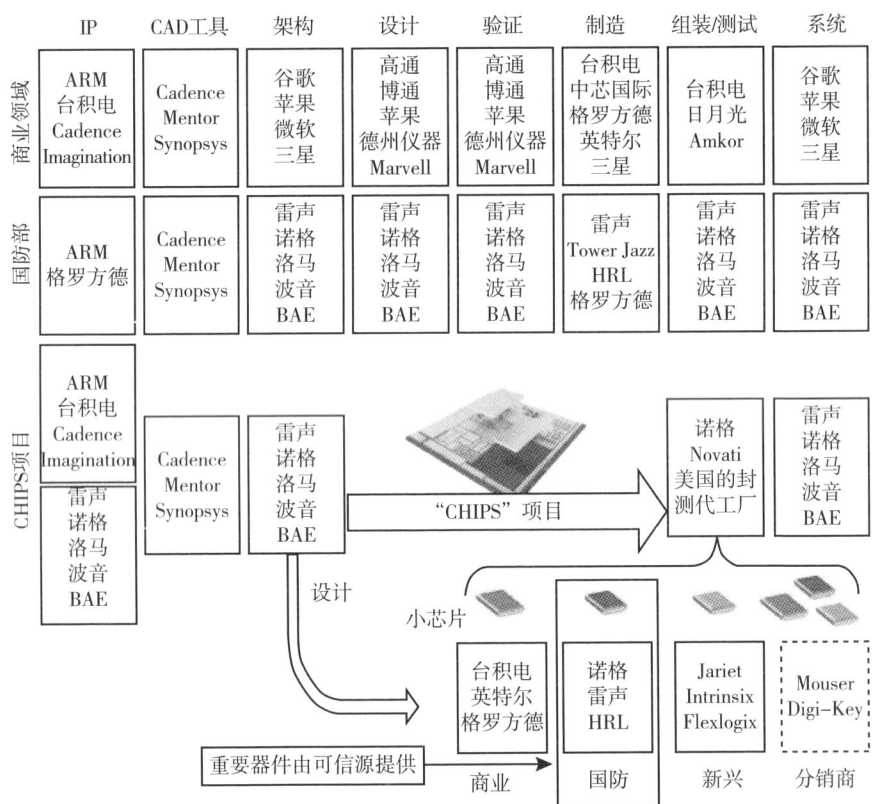

图5 CHIPS项目对半导体产业链的重组

注：所列公司仅为举例。

三 依托重要机构军民共推产业发展

美国 DARPA 通过联合 SRC 和 SIA 积极联系学术界和产业界,并通过大目标、大手笔、体系化项目设置思路,实现整体科研和产业实力的提升。

(一)军方、产业和科研三大推手共同发力

1. 军方"推手"——DARPA

在半导体领域,DARPA 从 20 世纪 80 年代起先后启动了"超高速集成电路"、"微波毫米波单片集成电路"和"宽禁带半导体技术"等一系列重大项目,实现了硅、第二代化合物半导体、宽禁带半导体这三代半导体技术"十年一代"的接续发展,直接推动了硅基大规模集成电路、全球无线通信技术、新一代高频高功率微波武器等技术和装备的到来。

2. 产业"推手"——SIA

SIA 目前已成为连接美国政府和半导体企业的重要桥梁,通过与政府和其他重要行业利益方合作,在推动政策法规出台和落地、鼓励企业创新、促进美国半导体产业发展方面发挥重要作用。SIA 每年出版发布产业调查报告和市场数据,现有成员囊括了全球最具影响力的半导体企业,覆盖设计、制造、封装、测试、应用各环节。

3. 科研"推手"——SRC

SRC 目前已成为世界级技术研究联盟,在扩大行业知识基础、培育未来科研力量、促进半导体技术创新和成果转移方面扮演重要角色。SRC 在 DARPA、SIA、美国国家科学基金会(NSF)等机构的支持下,一直致力于开展半导体技术领域的长期、创新、支撑性跨校/跨学科研究。

(二)多种思路全面瞄准产业整体发展

1. 以"微系统"为目标,统领半导体未来发展

"微系统"指在引入微电子、光电子、微机电系统、微能源等各种器件

和多种集成技术的基础上,结合针对特定需求的算法和架构,实现感知、信息处理、信令执行、通信等多种功能的微型系统,并最终发展为具备高度推理和学习能力的智能信息处理微平台。自 20 世纪 90 年代末 DARPA 成立 MTO 之日起,"微系统"就被美国国防部视为半导体器件发展的长久目标,以及维持美国军事优势的核心和基础之一。

2. 大手笔寄托大愿景,沿袭体系化发展思路

《指南》及三大项目均以"超越摩尔定律"、推动半导体产业未来 10 ~ 15 年的发展为宏愿,以期对整个半导体产业带来重大影响,再现电子产业 70 年飞速发展的奇迹。JUMP 项目是国防部基础电子领域最大规模的高校联合研究,ERI 项目仅 2018 年国防预算就达 7500 万美元,刷新国防部半导体技术研发项目的投资记录,CHIPS 项目被赋予开启"小芯片"时代的重任。三大项目的设置均采取包含材料、器件、架构、工艺、封测、应用、设计工具等在内的全体系研究思路,实现对全产业链的建构和推进;同时注重对研究成果转化的考核,如 JUMP 项目明确要求垂直研究中心的研究成果要在 5 年内达到可转化水平,并在 10 年内实现转化。

3. 调动政产学研多方力量,汇聚智力和资金资源

在项目组织上,DARPA 一方面通过充分的提案征集全面汇聚美国政产学研创新力量,另一方面通过国防部资金来吸引更多商业资本的参与,强化研究成果在民用领域的溢出,带动美国电子产业基础实力的全面提升。JUMP 项目通过与 SRC 合作,充分调动美国高校微电子研发力量,并为未来产业需求做好人才储备;同时积极吸纳商业资本,投资方除了国防部外,还包括美国 IBM、诺斯罗普·格鲁曼、镁光(Micron)、英特尔、亚诺德、雷神、洛克希德·马丁公司,以及中国台湾地区的台积电等企业。ERI 项目通过与 SIA 合作,加大企业参与力度,并计划吸纳国防部预算 2 倍的商业投资,使总金额超过 2 亿美元。CHIPS 项目则设置了大型国防装备商、大型微电子企业、半导体设计工具企业和高校四大参研阵营,以更好覆盖全产业链。

四 启示与建议

（一）组织协同，重点突破

随着半导体技术朝着新型架构、新型材料/新原理器件、先进封装等多领域并行发展，业界将会呈现不同领域的多条发展路线。面对这种发展态势，我国应坚定实施创新驱动发展战略，瞄准全球半导体产业发展前沿，强化并推进前瞻性基础研究，加紧规划制定，将积累的单点优势，通过组织创新，形成整体突破；通过规划引导，带动企业、社会多方面投入。

（二）企业主导，系统引领

随着供给侧结构性改革的持续深化，我国半导体产业取得了突飞猛进的发展，创新创业气息浓厚。在国家和各省市集成电路产业投资基金的支持下，多个半导体企业实力大增，跻身于国际发展前列，带动了国内半导体行业上下游企业的协同发展。我国应继续大力鼓励和扶持半导体领域的优秀企业投身到世界先进技术的研发中，强化企业的主体地位，充分利用企业对市场需求的把控和强大的产业化能力，实现研究成果的快速成熟和更广泛应用，提高资金利用效率，降低风险，促进我国半导体产业迈向全球价值链中高端。

参考文献

张倩、孟拓：《美国军民协作探寻半导体产业技术发展新路线》，《中国集成电路》2017年第12期。

园 区 篇

Parks

B.14
美国、日本和中国台湾地区集成电路产业园区发展经验

苏建南　郎宇洁*

摘　要： 美国、日本和中国台湾地区拥有全球领先的集成电路产业，而产业园区的集聚效应和带动效应在产业发展过程中起到了巨大作用。美国硅谷、日本九州硅岛和中国台湾新竹科学工业园均是成功的集成电路产业园区代表，具有悠久的历史和丰富的发展经验，对提升集成电路产业发展水平、带动工业竞争力等起到了巨大推动作用。

关键词： 硅谷　九州硅岛　新竹科学工业园

---

* 苏建南，国家工业信息安全发展研究中心（工业和信息化部电子第一研究所）工程师，研究方向为集成电路、半导体、电子元器件等；郎宇洁，国家工业信息安全发展研究中心（工业和信息化部电子第一研究所）工程师，研究方向为人工智能、信息服务等。

美国、日本和中国台湾地区集成电路产业园区发展经验

集成电路产业是高技术产业发展的核心，自集成电路发明之日起就受到经济发达国家和地区的高度重视。尤其是美国、日本和中国台湾地区，在20世纪六七十年代就意识到集成电路产业的巨大潜力，分别设立了硅谷、九州硅岛和新竹科学工业园，来聚集集成电路上下游企业和相关科技人才，大力发展集成电路产业，培育了大量全球领先的集成电路企业，构建起超强的集成电路产业竞争实力。当前我国正在从国家层面推动集成电路产业的发展，各地政府也积极响应，大量集成电路产业园区应运而生。其他园区的成功发展经验具有重要的借鉴意义。

一　美国硅谷

（一）概况

硅谷位于美国加州旧金山湾区，北加州第一大城市圣何塞为硅谷的中心。著名的"硅谷大道"两侧坐落着上千家高科技公司，不仅有全球知名的领先企业，还有很多中小型公司。伴随着半导体产业的发展，1971年，该地被《商业周刊》首次称为"硅谷"，"硅谷"这个举世闻名的名字就是这样由来的。经过半个世纪的发展，硅谷已经形成完善的创新生态系统，并持续引领全球信息技术、生物制药、新能源、新材料等多领域科技创新发展，成为世界创新中心。

硅谷吸引了全球的高科技人才，是美国人口最多元化、素质最高的地区。据《2018硅谷指数》（*2018 Silicon Valley Index*），硅谷地区总人口达到307万，其中白人占35%，亚裔占33%，西班牙裔占26%，非洲裔占2%，跨族裔和其他族裔人口占4%。73%的成年人受过高等教育，22%拥有研究生以上学历。2017年硅谷新增就业岗位4.7万个，工作岗位总数近164万，人均薪酬超过13万美元。硅谷地区以加州1.2%的土地面积贡献了加州GDP的15.3%，美国GDP的2%，人均GDP达到9.3万美元。同时硅谷也是金融资本活跃的投资热土，IPO融资额占加州的50%，风险投

资额占 71.5%。

硅谷孕育了美国乃至全球的半导体产业。20 世纪初期至 20 世纪 50 年代，硅谷作为美国重要的国防工业基地，一直对美国国防部提供大量的军用元器件，同时是美国空军和海军的研发基地。1954 年，晶体管的发明者威廉·肖克利在帕罗奥图市（Palo Alto）建立了肖克利半导体实验室。1958 年实验室的一群年轻工程师组建了一个新公司——仙童半导体公司，批量生产集成电路板上的半导体元器件。随着仙童半导体公司的成功发展，在风险投资资本的帮助下，许多工程师和企业家创立了自己的公司，例如 Intel、AMD、National Semiconductor（国家半导体公司，2011 年被德州仪器并购）等。

硅谷的高速发展期是 20 世纪 70 年代初到 80 年代中期这一阶段。微处理器于 1971 年的成功发明是美国进入微电子时代的一个标志性事件。同时，微电子产业的发展也给美国尤其是硅谷带来了巨大财富和发展机遇。微处理器的应用领域广泛，包括计算机、工业控制、机器人等。

由于美国政府的政策改变以及来自国际的一系列挑战，加之自身发展不够完善，硅谷在 20 世纪 80 年代到 90 年代中期经历了一段发展停滞期，但这一局面在 90 年代初期就得到了改善。这一时期，美国的软件业发展迅猛，集成电路产业结构也发生了重大转变，逐渐形成了产业链如设计、制造、装备、测试等各自独立发展的格局。这一时期的硅谷是一个集先进设计与发明于一身的产业战地，这意味着硅谷已经率先进入了信息社会。20 世纪 90 年代开始，互联网、新能源汽车等相继成熟，硅谷率先加入了新领域的发展行列，并继续扩大自身的产业优势。截至目前，硅谷已经集聚了上万家半导体、集成电路和计算机企业。

（二）主要半导体企业

1. 英特尔（Intel）

英特尔公司成立于 1968 年，坐落于美国硅谷，50 年来一直致力于芯片创新、技术开发、产品与平台等领域的发展，是全球最大的芯片、计算机、网络和通信产品制造商。2017 年英特尔营业收入达到 614 亿美元，连续多年成为全球最大的半导体厂商。

2. 英伟达（NVIDIA）

英伟达公司成立于 1993 年，总部设在美国加州的圣克拉拉，是一家以显示芯片和主板芯片组为主的无晶圆（Fabless）半导体设计公司。NVIDIA 公司是全球视觉计算技术的行业领袖，也是图形处理器（GPU）的发明者。2017 年营业收入达 92.28 亿美元，排名全球集成电路设计厂商第三。

3. 超威半导体（AMD）

超威半导体公司成立于 1969 年，创始人为杰里·桑德斯，总部位于加利福尼亚州桑尼维尔。AMD 公司专门为计算机、通信和消费电子行业提供各种创新芯片的设计和制造，包括 CPU、GPU、APU、主板芯片组、电视卡芯片等，并提供闪存和低功率处理器解决方案。AMD 公司在 2017 年全球集成电路设计厂商中排名第六。

4. 美满电子（Marvell）

美满电子公司成立于 1995 年，总部设在硅谷，是一家全球领先的存储、通信和消费电子整合式芯片解决方案提供商。公司主要针对高速、高密度数字资料存储和宽频数字数据网络市场，从事混合信号和数字信号处理集成电路设计和开发，是全球顶尖的无晶圆厂半导体公司之一。

5. 闪迪（SanDisk）

闪迪公司成立于 1988 年，由非易失性存储技术领域的国际权威——Harari Eli 博士创立于加州帕罗奥图市。该公司是全球最大的闪速数据存储卡产品供应商，也是财富 500 强企业和标普 500 企业。

6. 应用材料（Applied Materials）

应用材料公司成立于 1967 年，总部位于美国加州圣克拉拉，是全球精密材料工程的领导厂商，提供全球半导体、平面显示器、太阳能光电等行业所需的相关设备及服务，是全球领先的半导体设备和服务供应商。主要产品为芯片制造相关设备，如原子层沉积设备、物理气相沉积设备、化学气相沉积设备、电镀设备、离子注入设备、快速热处理设备、化学机械抛光设备等。

7. 赛普拉斯（Cypress）

赛普拉斯公司成立于 1982 年，总部位于美国加州圣何塞市，为当前最先进的嵌入式系统提供核心的高性能、高品质解决方案，产品广泛应用于汽车、工业和网络平台及高交互性的消费和移动设备等领域。主要产品包括 NOR 闪存、F－RAM®和 SRAM、Traveo®微控制器、业界唯一的 PSoC©可编程片上系统解决方案、模拟和 PMIC 电源管理芯片、CapSense©电容式触摸感应控制器、无线 BLE 低功耗蓝牙以及 USB 连接解决方案等。

8. 赛灵思（Xilinx）

赛灵思公司成立于 1984 年，总部位于加州圣何塞市。Xilinx 首创了现场可编程逻辑阵列（FPGA）这一创新性技术，并于 1985 年首次推出商业化产品，当前 Xilinx 满足了全球对 FPGA 产品一半以上的需求。公司是全球领先的可编程逻辑完整解决方案供应商，在 2017 年全球集成电路设计厂商中排名第八。

9. 阿尔特拉（Altera）

阿尔特拉公司成立于 1983 年，总部位于圣何塞市，自成立以来一直致力于高密度、高性能可编程逻辑器件（PLD）及相应开发工具的设计、生产与销售工作，并长期处于行业领先地位。Altera 公司于 1984 年推出了全球首个可擦除可编程逻辑器件 EP300 系列，同时开发了首个基于电脑系统的开发系统，并成为全球首个 PLD 器件供应商。Altera 提供 FPGA、SoC FPGA、CPLD 和 HardCopy©ASIC 产品，并结合软件工具、知识产权、嵌入式处理器和客户支持服务，为全球客户提供有价值的可编程解决方案。2015 年，Altera 公司以 167 亿美元价格被英特尔收购。

10. 铿腾电子科技（Cadence）

铿腾电子科技公司是一家美国电子设计自动化软件（EDA）和工程服务公司，总部位于加州圣何塞市。公司于 1988 年由 SDA Systems 与 ECAD 公司合并而来，是全球最大的电子设计技术、程序方案服务和设计服务供应商，自 1991 年以来，销售业绩已连续多年在国际电子设计自动化（EDA）市场中稳居第一。全球知名半导体与电子系统公司均使用 Cadence 软件。

11. 新思科技（Synopsys）

新思科技公司成立于1986年，是全球领先的电子设计自动化（EDA）软件工具供应商，总部位于美国加利福尼亚州。该公司长期致力于复杂片上系统以及集成电路设计与验证平台的开发工作，同时提供知识产权和设计服务。

12. 安华高（Avago）

安华高公司联合总部位于加州圣何塞市，1961年安华高作为惠普半导体产品事业部而成立。曾是安捷伦半导体集团产品部的一部分，后分拆成一个独立的法律实体。Avago是全球领先的III-V族半导体公司，主要设计和开发模拟芯片、定制芯片、射频和微波器件产品。

13. 美国国家半导体公司（National Semiconductor Corp）

美国国家半导体公司成立于1959年，总部位于加利福尼亚州的圣克拉拉，是全球模拟电源管理技术领导者，主要生产各种电源管理产品，如集成电路、Power Wise产品以及Solar Magic产品等。该公司于2011年被德州仪器（Ti）收购。

（三）发展经验

硅谷模式不是简单地把大学科研机构和风险投资组合在一起，其成功的核心因素是形成了适合新产业技术协调发展的完备系统。

1. 良好的创业和专利保护环境

创业文化和精神是硅谷成功的一大重要因素，硅谷的企业家们勇于创新，并且不怕失败。据统计，在硅谷创业成功的概率仅有三成到四成，存活十年以上的公司数量占比仅有一成，可见，失败伴随着硅谷的成功，同时激烈的竞争也是对创新想法优胜劣汰的选择过程。

专利数量是影响上市股票价值的重要因素之一，因此硅谷的企业高度重视专利申请与专利保护。它们意识到只有依靠自己的专利技术，才能在自由市场中充满竞争力，专利技术不仅能够帮助企业吸引投资者，还能一定程度上限制竞争对手的发展。据统计，美国2006年最具发明创造性的

20 个专利中，有 10 个都产生于硅谷。更多的公司还建立了相应的专利发明奖励机制。

2. 风险投资和金融服务是硅谷发展的物质基础

风险资本是硅谷成功的物质基础，是创新企业成长发展的"食粮"，包括为企业发展初期提供的天使资金，也包括为成熟企业提供诸如信息服务、管理咨询、战略决策等服务。克雷诺·帕金斯向苹果公司投入 13 亿美元资金后，苹果公司于 1980 年成功上市标志着风险投资时代的开始。1995～2000 年是硅谷风险投资的快速增长期，2000～2006 年是风险投资的平稳发展阶段，每年约 300 亿美元风险资本。风险投资在一定程度上提高了企业的运作效率，同时银行体系还提供了完善的金融服务，这加速了资本的流动，并对风险投资起到了一定的推动作用。

3. 中介服务资源为硅谷发展解除后顾之忧

硅谷的中介服务资源主要包括人力资源机构、财务和法律服务机构及技术转让机构等。硅谷拥有大量猎头公司，可以为当地的高科技公司寻找符合条件的技术或管理人员，促进了人才的有效交流和流动，同时美国高校还为硅谷提供高素质的研究人员和工程师，高校的人力资源网络为硅谷的高速发展提供了强劲的人力保障。在硅谷，律师和会计人员常常发挥重要作用。企业的知识产权、贸易相关事务都需要咨询律师，律师也起到商业桥梁的作用；美国的税务法十分复杂，会计能够提供税务服务；技术转让机构能够推动产学研的紧密结合，并加速科研成果转化，硅谷有众多的技术转让服务机构，它们的主要工作就是将大学的科研成果转移到相应的企业，实现成果的有效转化。

二 日本九州硅岛

（一）概况

九州位于日本的西南端。九州的半导体产业起源于 20 世纪 70 年代，

1967年后三菱电机、日本电子（NEC）等企业先后落户九州，20世纪80年代后，半导体制造、材料等相关企业也纷纷扎根于九州，从此九州的半导体产业进入快速发展阶段。1990年，日本半导体产值在全球的占比达到30.5%，而九州的集成电路产值在全球的占比也达到10%以上，从此，九州被称为"硅岛"。由于20世纪80年代美日贸易摩擦等不利因素的作用，加上日元升值和来自韩国半导体产业的激烈竞争，九州半导体产量骤降，到2004年九州在全球半导体市场的占比降至4.9%。随着对手机用SMOS图像传感器和汽车用半导体产品的大力发展，九州在日本半导体市场的占比依旧在30%以上，九州依旧是日本最大的半导体生产基地，并依然在全球半导体产业链中占有重要地位。

（二）主要半导体企业

根据九州半导体产业技术创新协会（SIIQ）的统计，2015年九州半导体产业总产值超过1.4万亿日元，集成电路生产数量约占日本全国的30%，共有892家半导体相关的制造、设备、材料等企业在此聚集。

NEC微型系统九州事业部是九州最大的设计企业，有约八成的封测业务在九州基地完成，还有索尼LSI设计公司等众多知名整合制造商坐落于此。17家晶圆制造商齐聚九州，且这些制造厂商的设备和技术等均处于全球领先地位。

东京电子（TEL）的子公司东电九州是日本半导体设备制造的龙头企业，主要生产涂胶/显影设备、热处理成膜设备、干法刻蚀设备、化学气相淀积设备、湿法清洗设备等。与半导体相关的设备制造企业还有樱井精技、上野精机公司、石井工作研究所、安川电机、第一施设工业等。

硅片制造商SUMCO在佐贺县建有最新的工厂，从事300毫米硅片的制造。全球15%以上的硅片是九州岛生产制造的。住友化学、三井化学、东丽等半导体材料相关企业都在九州设有工厂或事业部。北九州的大日本印刷株式会社（DNP）是全球最大的光掩膜、彩色滤光片制造商。

功率半导体方面，三菱电机、旭化成微电子在福冈设有工厂。在汽车电

子方面全球领先的瑞萨科技也在九州建厂。罗姆半导体（包括子公司 Lapis、OKI）在九州主要生产集成电路、分立器件、光学元器件、无源元件、模块、半导体应用产品、医疗器具等。

（三）发展经验

1. 积极承接发达地区的产业转移

九州的半导体产业起源于三菱电机、日本电气等知名企业的半导体工厂向九州的迁移。很多经济发达地区的企业出于降低成本的考虑在九州设立分公司或分厂。选择九州作为集成电路制造基地有以下几个原因：一是九州具有丰富的水资源；二是九州具有稳定的电力供应：佐贺县、鹿儿岛县分别建有玄海核电厂和川内核电厂；三是九州具备便捷的航空运输条件；四是九州具有廉价的高素质劳动力资源；五是得益于政府的优惠政策，政府在税收、土地等方面的扶持以及工业园区、科技城的统一规划吸引了大量的厂商投资建厂。

2. 构建完整产业链体系

九州半导体产业经过多年的发展，逐步形成了成熟的产业链体系。为了降低生产成本，大型半导体工厂将劳动密集型的工作外包给中小型企业，中小型企业通过承接外包工作能力得到迅速提高。同时，很多制造模具、设备的企业都纷纷加入九州半导体产业中，加速了九州半导体产业配套体系的形成。

3. 政府主导"产学官"一体化

为加快地区产业发展，增强地区产业核心竞争力，九州地区充分利用"产学官"一体化优势发展集成电路产业。为表示日本发展本国半导体产业的决心，日本政府于 1957 年颁发了《电子工业振兴临时措施法》。为进一步发展日本信息产业，日本政府又于 1971 年和 1978 年分别颁布了《特定电子工业及特定机械工业振兴临时措施法》和《特定机械情报产业振兴临时措施法》。为了实现半导体产业核心技术的突破，日本于 1976 年启动了超大规模集成电路的共同组合技术创新行动项目（VLSI），该项目投资金额高达 720 亿日元，申请专利 1000 多项。为促进科技成果转化，提升九州地区半导体产业能力，九州地区于2002年成立了"产学官交流中心"。同时，九州注重培养人才和科技创新，九州地区的工科大学数量高达22所，并设有半导体、电子器件、纳米材料等相关专业，这些高校每年为九州地区培养了大量高端人才。

4.重视行业协会的作用

为加强企业、政府、科研机构和高校之间的交流，促进技术创新和产业活力的互惠关系，九州半导体产业技术创新协会于2002年成立。多年来其发挥了充分的桥梁和纽带作用，加强了企业与高校之间的合作，促进了各方利益的协调和灵活配置。该协会由企业、地方政府、研究所和高校等元素构成。

三 台湾新竹科学工业园

（一）概况

新竹科学工业园区位于中国台湾地区新竹市区东南，是发展高科技工业的"苗圃"、产业发展的支柱。新竹科学工业园区所重点发展的产业分别为半导体业、计算机业、通信业、光电业、精密机械产业与生物技术产业等六大产业，是全球半导体制造业最密集的区域之一。新竹科学工业园的开发与建设成功推动了中国台湾地区的产业转型，培养了一批在国际高科技产业领域颇负盛名的中国台湾公司，使中国台湾在当今世界的高科技产业中占有一席之地。

新竹科学工业园距离台北市约70千米，纵横中国台湾南北的高速公路和铁路从旁穿过，北可上台北、基隆，南可下台中、台南和高雄，至桃园国际机场乘车也只需40分钟，交通十分便利。园区西侧邻近著名学府——台湾"清华大学"、交通大学、中央大学、中原大学等，附近还有重要的应用研究和科技开发中心——工业技术研究院、精密仪器发展中心、中山科学研究院、电讯研究所等，是中国台湾地区主要的科研和教育中心。

新竹科学工业园区GDP始终占岛内总量的10%左右，2017年营业额

10189亿新台币，其中集成电路产业营业额7402.45亿元，占比达到72.65%。新竹科学工业园区已经成为全球集成电路产业链最为完整的园区之一，芯片设计业排名全球第二，集成电路制造、封装与测试业均排名全球第一。

20世纪六七十年代以来，新竹的晶圆厂也越来越多，制造业和设计业也相应发展起来，产业链也更加完整。茂矽、旺宏、联发科、联咏、力晶、世界先进等厂商也相继在新竹设立厂商。截至2018年10月，新竹科学工业园区已有184家集成电路企业入驻。

（二）主要半导体企业

1. 台积电（TSMC）

台积电于1987年成立，是全球首家专业晶圆代工企业，总部位于中国台湾新竹科学工业园区。台积电提供业界卓越的工艺技术、元器件资料库、设计参考流程及其他先进的晶圆制造服务，系全球首家提供7纳米工艺技术、为客户生产晶片的专业积体电路制造服务公司。到2018年，台积电公司预计提供超过1200万片之12英寸约当晶圆的产能，其中包括坐落于中国台湾地区的3座先进的12英寸晶圆厂、4座8英寸晶圆厂、1座6英寸晶圆厂。2017年，台积电在全球晶圆代工领域占有率达到56%。

2. 联华电子（UMC）

联华电子公司成立于1980年，是中国台湾地区第一家半导体公司，于1985年在中国台湾地区上市。联华电子拥有数座营运中的先进12英寸晶圆厂。位于台南的Fab 12A于2002年进入量产，目前已运用先进14纳米及28纳米工艺为客户生产产品，产能目前超过75000片/月。最新的12英寸晶圆厂是位于中国厦门的Fab 12X，已于2016年第四季度开始量产，其总设计产能为50000片/月。除了12英寸厂外，加上联华电子拥有的7座8英寸厂与1座6英寸厂，每月总产能超过60万片8英寸约当晶圆。

3. 茂矽电子

茂矽电子公司成立于1987年，先后并购美国茂矽与美国华智公司，于

1995年上市。台湾茂矽晶圆制造长期聚焦于功率半导体元器件及电源管理集成电路领域，主要产品有沟槽式功率金属氧化物半导体场效应晶体管、沟槽式绝缘栅双极晶体管、模拟集成电路及各种二极管等，在沟槽技术领域已建立完善的工艺基础。

4. 旺宏电子

旺宏电子公司成立于1989年，是全球非挥发性存储整合元器件领导厂商，提供广泛规格及容量的ROM、NOR FLASH及NAND FLASH解决方案。旺宏电子目前拥有1座12英寸晶圆厂、1座8英寸晶圆厂及1座6英寸晶圆厂，12英寸和8英寸晶圆厂主要生产制造旺宏自有非挥发性存储器产品，6英寸晶圆厂则以逻辑产品的晶圆代工业务为主。

5. 台湾光罩

台湾光罩公司是台湾成立最早、规模最大的专业光罩厂，也是亚太地区最重要的光罩制造厂之一。目前已采用OPC及PSM技术大量生产0.18微米、0.15微米、0.11微米及0.09微米光罩。

6. 瑞昱半导体

瑞昱半导体公司成立于1987年，长期致力于集成电路产品研发、设计、测试与销售，其集成电路产品广泛应用于通信、计算机、多媒体、超宽频等技术领域。

7. 钰创科技

钰创科技公司成立于1991年，是世界级存储器无晶圆厂商，深耕多项应用导向利基型存储器产品，并以裸晶存储器及消费型存储器技术及服务领先全球，产品从8Mb、16Mb、32Mb、64Mb、128Mb、256Mb、512Mb到1Gb一应俱全，产品可广泛运用在多项4C（计算机、消费电子、通信和汽车）领域。

（三）发展经验

新竹科学工业园的成功经验可以总结为科学规划、人才引进、风险投资和政府支持四个方面。

1. 园区规划科学化是发展的前提

新竹科学工业园在成立之初就明确了自身的建园方针。首先，新竹科学工业园选取了计算机、精密仪器、集成电路、光电、通信等为发展领域，高科技是其发展的一大特点；其次，新竹科学工业园注重与周边的科研、生产相结合，充分利用自身的技术优势和人才优势，以培养尖端人才为主导，强化了园区发展的智力保障；再次，园区建设注重美观、清洁，使工作人员生活在一个生态良好的自然环境中是园区建设的一大要求；最后，园区规划过程中充分借鉴了国际优秀园区的发展经验，园区的运作也遵循了国际标准和国际惯例。

2. 人才是园区发展的核心

园区自建设以来引进了上万名海归人才，为吸引人才还出台了多项针对海外人才的优惠政策，并为其提供良好的创业和投资环境。同时园区也为吸引本土人才而煞费苦心，积极培养其创新意识，形成了园区特有的本土化创新理念。通过本地人才和海外人才在技术、创意上的思想碰撞和携手合作，加速了中国台湾地区半导体产业的高速度、高效益发展。

3. 风险投资是产业发展的驱动力

1983年，园区效仿硅谷发布了《风险资本条例》，鼓励本土投资者加入园区产业的投资当中，并提出对提供资金者提供税收上的优惠。1994年，园区又放开了银行与保险公司之间的资金流转，改变了风险资金的来源结构。目前，风险投资在高科技领域的投资比重已过八成。园区高新技术产业的发展离不开风险资金的大量投入。

4. 政府大力扶持

中国台湾地区当局重视新竹的发展，在园区建设初期就颁布了《科学工业园区设置管理条例》等30多个法规，实现了对园区运作和管理的规范化。同时园区实行二级管理体制，既有管理局又有指导中心，两部门协调合作，共同指引园区的发展方向；中国台湾地区当局每年给予园区充足的发展资金，而且还能提供比一般银行贷款利息低2%的优惠。

四 启示

（一）政府的有力支持是园区成功发展的基础

产业园区是科技创新型企业和相关产业落地的载体，具有很强的产业集聚作用。同时，产业园区的建设和发展离不开政府层面的支持。尤其集成电路属于典型的知识、资金、技术和人才密集型高科技产业，需要政府从顶层发力，集中力量，整合资源。我国应充分借鉴硅谷、九州硅岛和新竹科学工业园建设发展过程中政府起到关键作用的经验，包括提供宽松政策、有力资金支持，设立明确的管理机构以及实施科学的规划等，从区域规划、政策与资金等方面提供长期、稳定的支持。

（二）充足的资本是园区快速成长的助推剂

集成电路技术更新迭代快，研发成本高，英特尔2017年的研发投入就超过130亿美元。我国虽已成立超过千亿元规模的集成电路产业投资基金，但对于国内的集成电路产业而言仍显不足，且难以汇集中小型企业。因此，集成电路产业园区应建设完整的金融服务体系，配备充足的资本，为企业及园区成功度过成长缓冲期提供保障，助推产业园区的快速发展。

参考文献

中国台湾科技部网站，http：//was.most.gov.tw/WAS2/main/AsMain.aspx。
中华人民共和国驻旧金山总领事馆经济商务室网站，http：//sanfrancisco.mofcom.gov.cn。

专题研究篇

Featured Topics

B.15
全球200毫米晶圆制造产能分析及启示

冯园园　郎宇洁[*]

摘　要： 200毫米晶圆在功率电子、分立器件、微机电系统（MEMS）等芯片制造领域一直发挥着重要作用。随着物联网、5G、移动互联、汽车电子等领域的快速发展，200毫米晶圆由于更具成本优势显现巨大前景，需求超出现有供应能力，芯片制造厂商和设备商都在设法增加产能，并对下一步发展方向进行新的思考。

关键词： 200毫米晶圆　物联网　芯片制造

---

[*] 冯园园，国家工业信息安全发展研究中心（工业和信息化部电子第一研究所）高级工程师，研究方向为集成电路、半导体、军用电子元器件等；郎宇洁，国家工业信息安全发展研究中心（工业和信息化部电子第一研究所）工程师，研究方向为人工智能、信息服务等。

物联网、5G、移动互联、汽车电子等领域快速发展，芯片需求更加多样化，不再延续原来的"类少量多"，芯片的需求量常常不足百万片，远少于微处理器、存储器等数亿、数百亿片的需求量，也不需要最先进的生产工艺。在制造成本不断攀升的压力下，200毫米晶圆芯片制造再次成为发展热点。需要特别说明的是，本报告中200毫米晶圆制造产能指的是在200毫米晶圆上制造芯片的产能，而非制造200毫米晶圆的产能。

一 需求变化分析

在成本降低需求的推动下，晶圆尺寸从50毫米、100毫米发展到300毫米，已历经数次变迁。目前，受物联网时代背景下发展需求多样化的制约，晶圆尺寸暂时停滞向450毫米发展，300毫米和200毫米晶圆在各自领域发挥举足轻重的作用。

（一）晶圆尺寸不断增大

晶圆的大小决定了单个晶圆上所能产出的芯片数量，晶圆尺寸越大，可产出芯片的有效面积越大，成品率也越高，单个芯片的成本也相应越低。为此，半导体产业界以不断提高晶圆尺寸为目标，如硅晶圆尺寸已从1975年出现的100毫米晶圆，逐步跃迁至1980年出现的150毫米晶圆、1990年出现的200毫米晶圆和2001年出现的300毫米晶圆。典型的200毫米晶圆制造线可以生产从6微米到65纳米的多种节点的晶圆。

（二）物联网时代提出新需求

1. 无须最先进工艺制程

物联网所用的产品类型包括传感器、电源、人机接口、射频器件等，一方面，功能实现并不依赖最先进的制造工艺，如并不完全需要超大规模数字集成电路所需的超低功耗、超快计算速度和超低电流等。另一方面，先进工艺研发投入过高，难以得到大量客户的青睐。

2. 打破原有"类多量少"升级模式

半导体产业在多年发展中已形成通过"类多量少"的通用型器件的高额收益升级工艺能力以获得下一轮循环的更高额收益的发展模式,但随着物联网时代的到来,客户需求的多样化打破了原来的发展模式,半导体产业需求不再是"类少量多",单个产品的量级也许仅有几十万件,450毫米晶圆的发展也因此停滞。

(三)200毫米晶圆需求量上升

与450毫米晶圆发展停滞相反的是,随着汽车、医疗、工控、物联网等领域都对芯片产生了大量多种多样的需求,以及芯片的需求量常常不足百万片,远少于微处理器、存储器等数亿、数百亿片的需求量,也不需要最先进的生产工艺,如模拟、射频、分立、MEMS等器件在200毫米晶圆上制造的成本更优于300毫米晶圆,电子信息产业对200毫米晶圆制造产能显出巨大的需求。

美国从事化学机械抛光(CMP)等半导体制造工艺设备翻新的 Entrepix 公司表示,智能手机和平板电脑中芯片的60%~80%都是在200毫米甚至更小的晶圆上采用技术已非常成熟的设备制造完成的。美国著名半导体器件制造设备生产商应用材料(AMAT)公司表示,汽车、可穿戴和移动设备领域所用芯片超过70%是用200毫米及以下晶圆尺寸生产,这部分的比例还在增长,如BMW i3中芯片数达到了惊人的545块,而其中的484块均是采用200毫米及以下晶圆制造的,200毫米晶圆的使用率从"高端的80%到中低端的90%"到如今的100%。中国台湾联华电子(UMC)公司表示,大量采用180纳米、130纳米和110纳米制造工艺的芯片以满足特定应用为目标,降低功耗需求,以及射频应用尤其是射频绝缘体上硅(SOI),正强有力地驱动200毫米晶圆需求的增长。

二 全球200毫米晶圆产能供不应求

模拟器件、MEMS和射频芯片需求量的持续增长使对200毫米晶圆芯片制造产能和设备需求大增,且尚无缓解的迹象。

（一）需求旺盛造成产能紧张

首个 200 毫米晶圆制造厂出现在 1990 年，并在随后十年主导半导体产业晶圆制造标准。2000 年起，芯片制造厂开始迁移至更先进的 300 毫米晶圆，200 毫米晶圆产能建设力度减小。到 2007 年，200 毫米晶圆制造厂数量达到顶峰。随着 2008~2009 年全球经济衰退，集成电路产业持续削减旧产能（小于或等于 200 毫米晶圆），以便在更大的晶圆上更具成本效益地生产器件，200 毫米晶圆产能开始下降。

根据 IC Insights 的数据，2009~2017 年全球共有 92 座集成电路晶圆厂关闭或改变用途。在关闭的晶圆厂中，150 毫米晶圆厂占比 41%，200 毫米晶圆厂占比 26%，300 毫米晶圆厂占比 10%。

2015 年末开始，电子信息产业对 200 毫米晶圆制造产能表现了出乎意料的强劲需求，2016 年和 2017 年 200 毫米晶圆制造产能持续短缺。进入 2018 年后，200 毫米晶圆制造产能依然紧张，且尚未看到有结束的迹象。根据半导体产业研究咨询公司美国 Semico Research 的研究数据，200 毫米晶圆制造产能主要用于 MOS 逻辑器件（27%）、模拟器件（23%）、分立器件（16%）、光电器件（11%）等，具体比例如图 1 所示。

在未来几年，受物联网等领域需求带动，全球将继续新建多个 200 毫米晶圆制造厂，并增加现有 200 毫米晶圆制造厂的产能。根据 SEMI 的预测数据，全球 200 毫米晶圆制造厂的数量预计将从 2017 年的 194 个增长到 2022 年的 203 个［包括整合器件制造商（IDM）和代工厂］。

根据 Semico Research 的预测数据，2017 年 200 毫米晶圆需求增长了 9.2%。目前，200 毫米晶圆制造产能依然紧张。

法国悠乐（Yole）公司的研究表明，氮化镓、蓝宝石和碳化硅等外延衬底晶圆的比例也在增长。这些衬底提供了多个性能优势，如更低的功耗、更快的开关速度和更高的耐温能力，这些衬底尺寸并没有达到 300 毫米，在一些情况甚至不足 200 毫米。

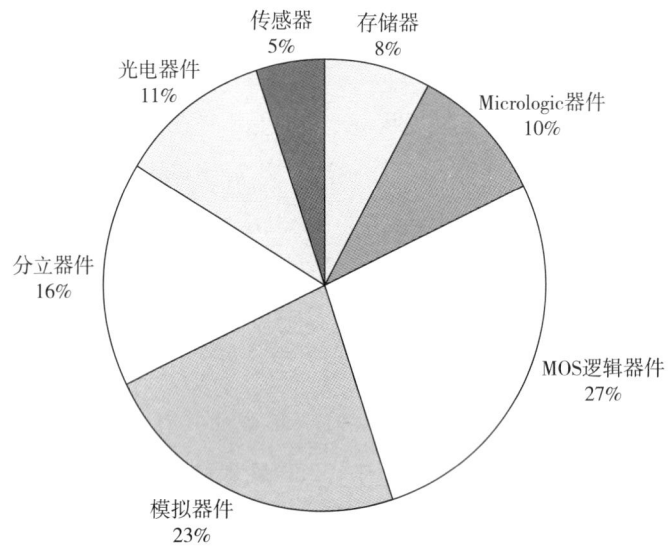

图1 2018年不同器件对200毫米晶圆产能的需求

（二）设备短缺影响产能提升

现阶段全球200毫米晶圆制造产能需求火热，但面临严峻的设备短缺形势。由于大部分200毫米晶圆制造厂建于20世纪末，已使用了近20年。按平均寿命约15年计算，许多设备已到报废的阶段，而这些设备的零配件难以购买，加剧了200毫米晶圆制造设备的维护困难，导致二手设备的短缺和价格的急剧上升。

位于韩国的全球最大二手设备供应商Surplus Global表示，2018年开始大约需要2000套新的或翻新的200毫米晶圆制造设备来满足制造需求，但当时市场上只有500套200毫米设备，200毫米晶圆制造需求一直未得到满足。AMAT公司也表示，根据公司调查发现，200毫米晶圆制造设备需求非常旺盛，市场上没有足够的二手200毫米晶圆制造设备，AMAT将迎来越来越旺盛的市场前景。东京电子（TEL）、美国科林（LAM）、荷兰阿斯麦（ASML）等公司也均表示200毫米晶圆生产能力的需求非常强劲，而对应的核心制造设备则非常难找到。

三 当前应对措施

对200毫米晶圆制造产能急速增加的需求驱动制造厂商和制造设备供应商高度重视,如制造厂增加带有新的和改进工艺的200毫米晶圆制造产能,制造设备供应商也开始生产新的200毫米晶圆制造设备。

(一)制造厂应对举措

为了应对产业界对200毫米晶圆制造产能的超量订购需求,格罗方德、三星、中芯国际(SMIC)、台积电、UMC等代工厂都在想办法增加相应产能。

1. 典型做法

制造厂商要增加200毫米晶圆产能,一方面必须持续投资和升级基于200毫米晶圆的各种工艺以满足先进芯片制造需求,另一方面,除了投资新的200毫米晶圆制造线,还必须找到增加现有制造线上产能的方法。制造厂商增加产能常用的途径包括以下几种。

(1)收购一个带有200毫米晶圆制造产能的企业。在过去多年中,代工厂已经收购了不少公司来获取技术和制造产能,但这个方法通常需付出巨额资金,正如UMC曾表示,任何有8寸代工厂并考虑出售的企业都要了高价。

(2)建造新的200毫米晶圆制造线或在原有厂房中增加200毫米晶圆制造产能。这种方式面临的挑战是购买设备及在长期运营中收回成本。制造厂商在打算投资更多产能时,首先会考虑其商业价值,成本是很重要的一部分。尽管有大量应用支持200毫米晶圆制造产能的增加,但如果达不到成本—收益点,那就可能失去商业上的吸引力。

(3)将客户从200毫米晶圆制造迁至300毫米晶圆。这仅对于部分产品有意义,并非所有。UMC曾表示,在尝试为200毫米晶圆的客户寻找到解决方案时,将有一部分客户转移至300毫米晶圆平台,其余大量基于200

毫米晶圆的应用对成本非常敏感，迁移即意味着挑战，如部分功率分立器件不会迁移至 300 毫米；尽管多种汽车芯片需求量快速增加，从低端到高端应用，但考虑成本风险，从 200 毫米转移到 300 毫米的速度已经放缓。

（4）建造一个 300 毫米晶圆厂作为替代，不再建造原 200 毫米晶圆厂。这种方法意味着投资巨大。AMAT 公司表示，如果建造一个 300 毫米晶圆制造厂，工厂成本会显著增加，而这还不涉及对所需技术可用性和成熟度的考虑。还要在多种工艺能力间做出选择，保证能够满足客户的多样化制造需求。

2. 购买二手设备

晶圆制造厂主要通过设备制造商、设备分销商、二手设备经销商、eBay 等网络渠道和欲关闭生产线的晶圆制造厂购买二手设备，筛选供应商时需考虑质量、声誉和服务等因素，但并非所有的供应商都能提供质量良好的设备，一些提供新的制造设备，另外一些则翻新现有的，也可能销售不达标甚至不能工作的设备。

（二）设备商应对举措

设备商应对举措包括研发和生产带有更强制造能力的生产设备，或翻新现有设备。AMAT 表示，通常有两大类制造设备需求，一是单纯通过增加设备数量来增加产量，这种可直接在市场上购买，二是需要通过新技术来增加产量，这种情况需要重新生产，无法在二手市场上直接获取。200 毫米晶圆制造设备需求繁荣会持续多长时间仍然是个问题。就目前而言，形势在 2018 年和 2019 年看起来良好。AMAT、ASML、LAM、TEL 和其他设备制造商也已开始制造新的 200 毫米晶圆制造设备。

四　经验启示与建议

随着全球半导体制造能力的更新换代和向亚洲地区的集中，中国将成为 200 毫米晶圆制造产能的主要供应地区，对 200 毫米晶圆制造产能的巨大需求对我国而言是重要利好，我国在该领域的话语权将继续增加。我国在大量新建300毫米晶圆制造能力和产能的同时,应充分升级和利用好现有200毫米晶圆制造产能,主要包括以下几个方面。

(一)充分抓住物联网带来的发展机遇

物联网、汽车、通信和移动市场对200毫米晶圆制造产能提出爆炸式增长的需求。根据SEMI的研究数据,2017~2021年,中国的200毫米产能会增加34%。物联网在中国具有巨大前景,我们应充分抓住该重大机遇,优化、升级现有200毫米晶圆生产线,既可提供先进的制造工艺,又可提供灵活多样的生产方式,既可满足大批量生产,也可通过多项目晶圆等方式提供小批量生产或试生产,既可满足国内芯片设计企业的制造需求,又可大量吸引国外企业制造。借此机会夯实制造能力,与300毫米晶圆制造能力一起占据芯片产品链的一个重要环节,增强中国芯片产业的实力和对全球技术的吸引力。

(二)加强200毫米晶圆制造设备的自主研发

制造设备是制造能力的基础和前提,也一直是国外限制我国半导体产业发展的重要砝码之一。随着投资建厂高峰的到来,我国将成为全球最大的制造设备采购地区,采购额预计将在2018年超过100亿美元。尽管我国政府一直高度重视半导体设备的发展,希望能建立本土设备产业,但目前大多数先进制造设备均来自AMAT、ASML、LAM、TEL和其他国外知名设备公司,最先进设备的进口比例超过95%。200毫米晶圆制造设备技术含量相对低一些,实现难度较小,中国半导体设备企业已具备研制和生产200毫米晶圆制造设备的能力,并且已生产出多个种类的设备产品。目前最大的问题是缺乏200毫米晶圆制造设备在生产线中稳定运行的数据及完善的维修与服务体系。建议加强国产设备在生产线中的实际应用,给予试错的机会,帮助企业建立产品运行状态监测体系,进一步完善生产线功能、提高可靠性,以200毫米晶圆的制造为契机,培养起强大的半导体制造设备研制能力。

（三）建造一条国产设备的200毫米生产线

全面增强包括设计、制造、封测各环节在内的半导体整体产业链实力是我国发展集成电路产业的当务之急。在急需 200 毫米晶圆制造产能的当下，我国可以 200 毫米晶圆的制造为试点和起点，以国家资金为主，建设一条优秀国产设备的 200 毫米生产线，进行成熟制程的产品量产，目的之一是全面审视国产设备在批量生产中的实战表现，积累国产设备的数据，并不断加以完善。尽管目前国产制造设备并不能完全组成一条生产线，但要重点攻克技术空白点和薄弱点，争取尽快突破关键设备的研制和使用，帮助国产半导体制造设备通过量产的考核，真正达到实用化，并把中国半导体设备制造生产水平提到一个新的高度。

B.16
美国军用集成电路制造能力建设研究

冯园园　郎宇洁　苏建南*

摘　要： 美国对国防关键系统所用的集成电路一直采取保护措施，其军用集成电路制造能力主要依托"可信代工"项目进行建设，在境内保留了其产业链的全部要素。美国国防部指定国防微电子中心每年开展可信认证活动，并对所有可信代工线分三类进行管理，建设效果十分显著，确保了先进工艺"可信"和老旧工艺"可获"。但由于军用集成电路先进制造能力来源唯一，美国国防部正不断开发新的方法来应对危机，因此"可信代工"项目处于不断发展变化中，并且会越来越受到国防部的重视。

关键词： 军用集成电路　可信代工　可信认证　先进制造

获取可信和可靠的集成电路一直是美国国防部的关注重点。美国军方通过建立"可信代工"项目解决两个不同的需求：一是提供经过认证的可信供应商网络，以防止伪冒来源和恶意入侵；二是确保可获取传统和前沿应用的制造能力。

---

* 冯园园，国家工业信息安全发展研究中心（工业和信息化部电子第一研究所）高级工程师，研究方向为集成电路、半导体、军用电子元器件等；郎宇洁，国家工业信息安全发展研究中心（工业和信息化部电子第一研究所）工程师，研究方向为人工智能、信息服务等；苏建南，国家工业信息安全发展研究中心（工业和信息化部电子第一研究所）工程师，研究方向为集成电路、半导体、电子元器件等。

一　发展背景

随着集成电路特征尺寸不断微缩，制造成本也在加速上涨，集成电路代工厂的建设和年运营费用均已达数十亿美元。迫于成本压力，大量集设计和制造于一体的整合器件制造商（IDM）转型为只从事研发设计的企业，而集成电路制造业则日益聚集到为数不多的几家大型代工厂中，形成了大者恒大的局面。加之新一代信息技术对商用集成电路需求巨大，集成电路企业更愿意投向获利更高和更快的商用市场，忽视甚至拒绝投向费时、费力、收益小的军用市场，从而导致商用集成电路技术加速迭代，而军用集成电路制造能力发展相对缓慢，也因此备受全球关注。以军事强国美国为例，其国防最先进的CMOS工艺节点目前为32纳米，与商用最先进的7纳米工艺节点相比，落后了三代。因此美国也正加速布局军用集成电路制造能力建设。

二　发展历程

美国国防部从2003年起开始在美国本土建立以集成电路为主的电子元器件可信制造能力，不仅发布了《国防可信集成电路战略》等顶层指导文件，还先后设立了"可信代工"和"可信供应商"等项目，使国防项目能够用到不断进步的先进商用工艺，并确保先进工艺"可信"和老旧工艺"可获"。可信制造能力建设的发展历程总结如下，重大政策措施演进如图1所示。

第一阶段（2003~2006年），建设可信代工线。国防部制定可信集成电路顶层战略，提出"可信"是国防系统的最基本要求，要求建立可信集成电路国防工业基础，并与国家安全局联合启动"可信代工"项目，扶持IBM公司建设可信代工线。

第二阶段（2007~2011年），拓展可信认证。对集成电路设计、掩模、生产、封装、测试等全产业链的供应商进行认证，增加可信代工线数量，以

美国军用集成电路制造能力建设研究

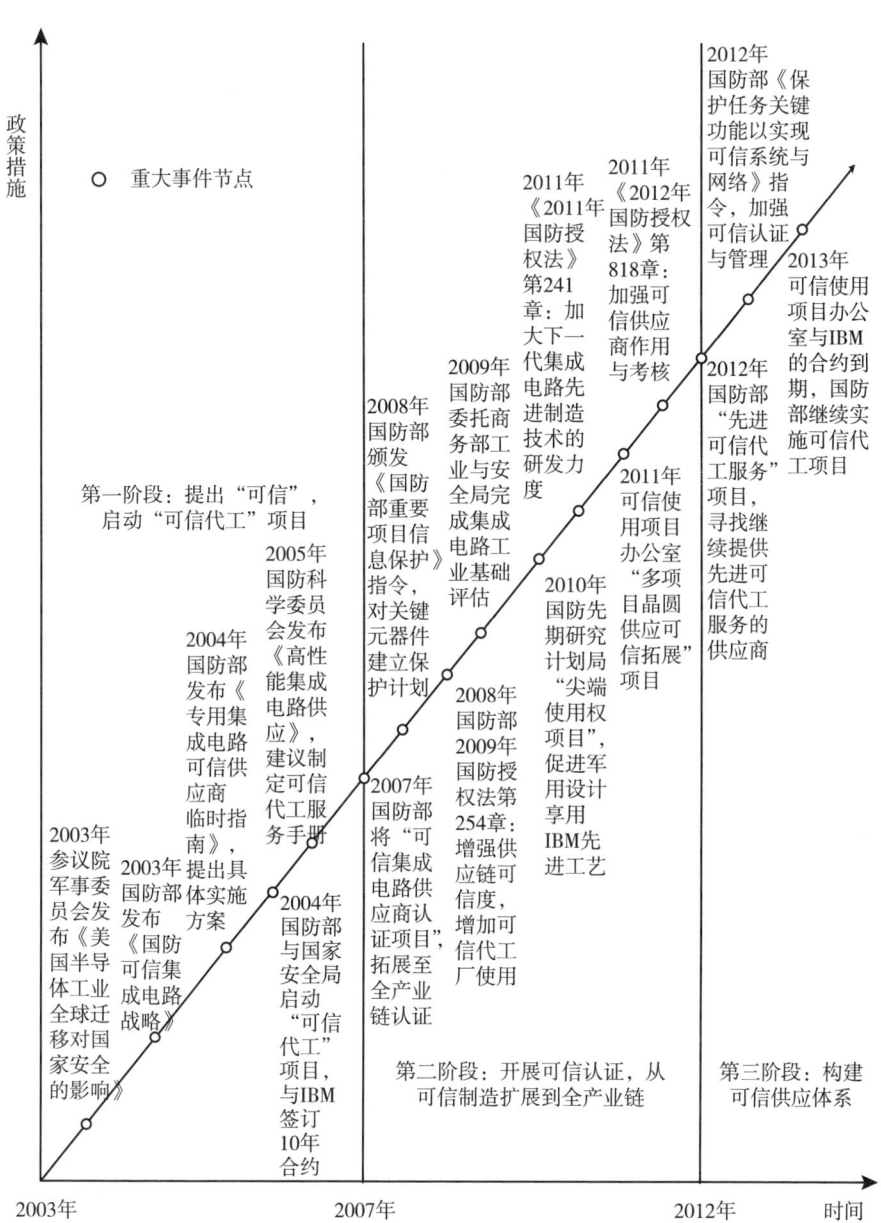

图1　美国军用集成电路制造重大政策措施演进

满足军方实际需求，并引入竞争。

第三阶段（2012年至今），构建可信供应体系。完善可信供应商认证标

准及考核制度，保障流程安全、供应链持续稳定，并计划将可信服务从集成电路拓展至更多元器件范畴。

三 建设管理

美国国防部以《国防可信集成电路战略》为顶层指导，与国家安全局（NSA）联合实施"可信代工"项目，每年投资约6000万美元（双方各投50%），开展军用集成电路可信代工线建设和可信供应商认证。整个管理体系如图2所示。

（一）认证管理

美国国防部与国家安全局依托可信使用项目办公室（TAPO）开展"可信代工"项目管理，并由其指定国防微电子中心（DMEA）开展可信供应商认证。可信使用项目办公室主要资助IBM可信代工线建设，并挑选必须使用可信服务的政府项目。2015年之前，国防微电子中心每年开展两次可信供应商认证，遴选优势可信代工线（包含自己运行的代工线），颁发资格证书，并对除IBM以外的可信代工线进行监管。2015年之后，国防微电子中心每年对可信供应商名单做数次修订，一改此前一年两次更新的常态，但对可信制造能力的认证更新频次基本未变，2015年仍保持两次，2016年更新了3次，2017年更新了4次，而2018年才更新过1次。

（二）分类管理

"可信代工"项目实施主体主要包括三类可信代工线，分别为格罗方德（GF）可信代工线（原IBM可信代工线）[①]、企业中认证的代工线和国防微

[①] 2014年10月，IBM与格罗方德公司签署协议，出售旗下微电子业务，已于2015年7月完成。从2015年10月国防微电子中心可信供应商认证结果来看，IBM位于伯灵顿和东费西基尔的两个代工厂已由格罗方德公司接管，但仍是可信代工厂，提供集成电路可信制造服务。目前，格罗方德公司成为唯一的能提供32纳米、45纳米和65纳米特征尺寸的美国集成电路制造服务的可信供应商。

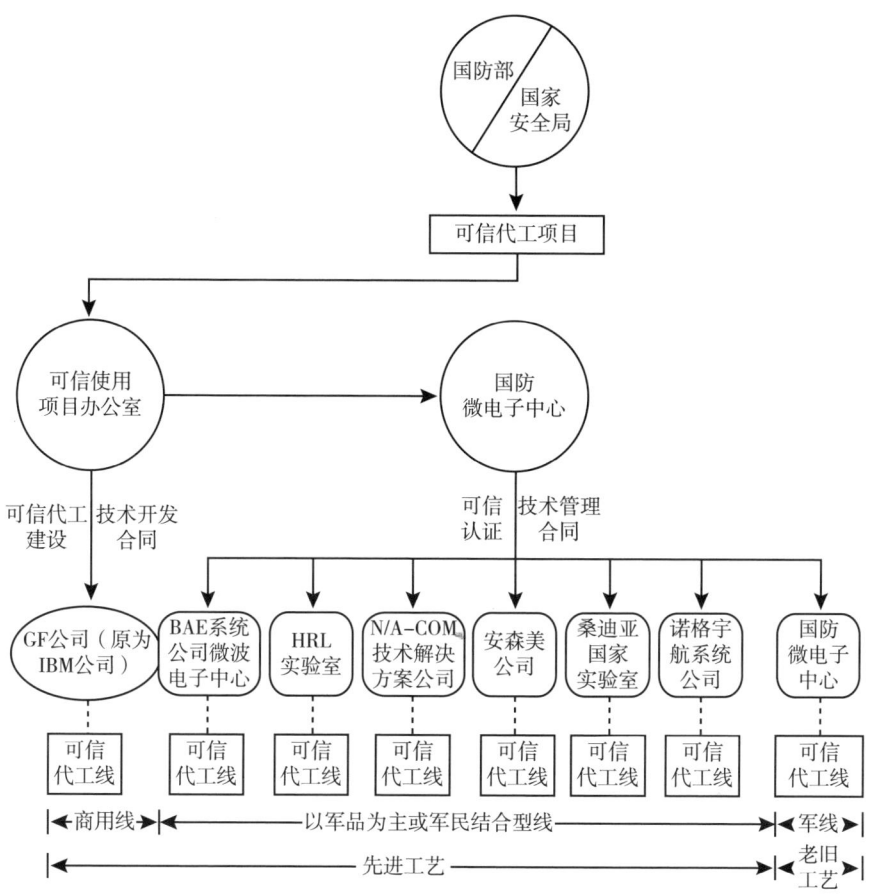

图2 美国军用集成电路可信代工线管理体系

电子中心柔性代工线。

格罗方德可信代工线是美军最先进和最重要的集成电路工艺线，"可信代工"项目资金绝大部分用于其升级改造和保密措施维护，使国防部能够使用到不断进步的商用工艺。2004年国防部与IBM签署了10年的合作协议，政府项目可以无偿使用IBM所有受政府资助开发的知识产权（IP）核和工具库，2016年格罗方德公司与国防部签署了与IBM类似的7年合约。

企业中认证的代工线主要是以军品为主或军民结合型的工艺线，不享受资金扶持。国防部要求认证工艺线必须位于美国、英国、加拿大、澳大利亚或新西兰境内，并确保所供服务不受篡改或逆向破解。

国防微电子中心柔性代工线是一条老旧工艺生产线，主要生产现役武器装备所需的大量老旧集成电路，尤其是已停产产品。国防微电子中心预算全部来自国防部国防后勤局，每年投入2600万美元用于柔性代工线建设，包括购买二手商用设备、工艺授权、停产芯片版图等，以及研究芯片逆向工程、原型试样和小批量生产方法等。为避免与产业界存在商业竞争，该工艺线由国防微电子中心直接运营。

在可信代工线使用上，国防部强制要求"任务保障类I"国防关键系统用的专用集成电路（ASIC）必须由可信代工线生产。从运行情况看，通常信号处理、加密、射频等硅基ASIC通过格罗方德可信代工线生产，化合物、抗辐照等芯片通过企业中认证的代工线生产，市场上不可获得的老旧或停产芯片则通过国防微电子中心柔性代工线生产。可信集成电路产品的最终用户主要是陆军、海军、空军及情报部门。

四 能力建设现状

（一）工业基础

从2010年起，美国军用集成电路可信代工线的规模达到稳定，维持在15家至21家。截至2018年8月，美国国防部军用集成电路制造基础主要由格罗方德公司两条代工线，以及可信供应商的认证工艺线构成，共19条制造工艺线。目前已覆盖全部军用集成电路先进生产工艺，包括互补金属氧化物半导体、绝缘体上硅（SOI）、硅锗（SiGe）、砷化镓（GaAs）、磷化铟（InP）、氮化镓（GaN）等。

（二）技术水平

统计2013~2018年美国军用集成电路可信代工线认证情况，生产工艺已覆盖通用CMOS（互补金属氧化物半导体）类、抗辐照CMOS类、微波大功率类和光电类，具体包括22种工艺，工艺水平及对应代工线规模（2013～2018年平均数）如表1所示。此外，国防微电子中心柔性代工线可依据产品需求快速转换工艺，工艺节点最高可到0.18微米。

表1　美国军用集成电路可信代工线工艺水平及对应代工线规模

序号	工艺类型	生产工艺	最新工艺水平	代工线规模（家）
1	通用CMOS类	CMOS	1.2微米～65纳米	10.1
2		非易失性随机存储器（NVRAM）CMOS	0.8微米～0.11微米	3.0
3		混合信号CMOS	0.8微米～0.15微米	6.9
4		混合信号CMOS+硅氧氮氧硅（SONOS）非易失性存储器（NVM）	1.2微米～0.13微米	2.0
5		射频CMOS	0.25微米～65纳米	4.2
6		绝缘体上硅（SOI）CMOS	2.0微米～32纳米	8.4
7		薄膜SOI CMOS	0.18微米～0.13微米	1.2
8		蓝宝石上硅（SOS）	1.2微米～0.25微米	2.0
9	抗辐照CMOS类	抗辐照（RH）CMOS	2.5微米～90纳米	3.1
10		RH SOI CMOS	0.7微米～90纳米	2.6
11		RH NVRAM CMOS*	0.25微米	0.1
12	微波大功率类	高压（HV）CMOS	2.5微米～0.13微米	8.9
13		双极型CMOS（BiCMOS）	3.0微米～0.13微米	4.0
14		双极型（BiPolar）	1.0微米～0.8微米	1.8
15		砷化镓（GaAs）	2.0微米～70纳米	5.9
16		氮化镓（GaN）	0.5微米～40纳米	5.7
17		磷化铟（InP）	1.0微米～0.1微米	2.1
18		锗硅（SiGe）SOI**	0.18微米	0.6
19		SiGe	0.5微米～90纳米	2.3
20	光电类	CMOS图像传感器	0.13微米	1.5
21		硅光电子*	0.11微米	0.1
22		CCD图像传感器***	0.7微米～90纳米	0.6

注：*表示2014年后未纳入认证，**表示2016年后未纳入认证，***表示2015年才开始纳入认证。

（三）先进制造能力

美国国防部可信军用集成电路制造能力建设一直存在一个重要缺陷，

即先进集成电路制造能力的唯一供应源问题。2014年10月，IBM公司宣布将微电子制造业务出售给隶属于阿布扎比酋长国的格罗方德公司，2015年7月，格罗方德公司成功完成收购。2015年10月，在DMEA新一版的可信供应商名单中，格罗方德公司已接替IBM公司成为美国国防部可信先进集成电路制造能力的唯一供应商。2016年3月，国防部与格罗方德签署了为期7年的合约，但具体内容未对外披露，业内估计每年价值高达6000万美元。目前格罗方德公司所能提供的可信制造能力如表2所示。

表2　格罗方德所提供的可信制造能力

单位：纳米

生产工艺	其他代工厂也能提供的工艺生产节点	专有工艺生产节点
CMOS	250、180、130、90	65
射频(RF)CMOS	180	250、130、90、65
高压(HV)CMOS	180	—
绝缘体上硅(SOI)CMOS	—	180、45、32
双极型CMOS(BiCMOS)	350、250	180、130
锗化硅(SiGe)	180	500、350、250、130、90

目前，国防部对先进制造能力的获取还存在很大担忧。一方面，由于格罗方德公司的外资身份引发美国政府的担心，希望能找到更稳妥的解决方案。2015年10月，政府问责署（GAO）发布了名为《可信的国防微电子——未来的可获得性和制造能力存疑》的报告表示，美国国防先进微电子制造能力前景不明。2017年2月，美国国防科学委员会（DSB）发布名为《网络空间供应链》的报告指出，国防部要与商业领域最先进的微电子制造能力建立联系，而不是投资一个国防部自己所有的最先进制造厂，这样才具备资金上的可行性，同时加强防篡改等技术的研发，并采取拆分制造和流程跟踪等策略，共同保证安全。另一方面，2018年8月格罗方德宣布搁置7纳米的研发计划，也导致美国国防部"可信代工"项目出现隐患。格

罗方德仅可继续提供低至 14 纳米的先进制造服务，国防部需要在 10 纳米/7 纳米及更小节点工艺上寻找其他解决方案。

五 发展方向

2017 年 7 月，DARPA 微系统办公室主任 Bill Chappell 表示，美国国防部正就多项制造技术与合作伙伴展开合作，使任何可作为可信源的制造厂（代工厂）都能参与研制军用加密专用集成电路。如果政府成功做到了，将能够在 2019 年前通过多个制造厂来获取最先进的制造工艺。而在目前经可信认证的代工厂中，格罗方德是唯一可为国防部提供先进制造工艺的代工厂，且仍限于 32 纳米及以上工艺。可信认证下一步将着重考虑如何将 32 纳米及以下工艺节点的制造纳入可信供应体系来满足军方需求，因为目前最先进的代工厂即使设在美国，也并不完全归美国企业所有，且未在可信代工厂之列，如三星位于奥斯丁的制造厂、英特尔大多数制造厂和格罗方德位于马耳他的制造厂等。

目前美国国防部正在为"可信代工"项目制定新的战略，提出的解决方案包括：①以技术保障安全，包括在芯片制造中加入可验证真伪的微型加密标签，只在可信代工厂内进行编程或布线的技术等；②与所有重要的制造厂建立各种层次的关系，如美国国防部已经在中国台湾地区台积电公司生产研究用器件，和美国英特尔公司合作从事芯片研发，韩国三星公司已经承担美国情报先期研究计划中心（IARPA）的部分工作等。

六 对中国的启示

美国将军用集成电路产业视为关系国防安全的重要命脉和推动经济增长的核心推动力，形成了较为完备的军用集成电路产业链和工业能力，在全球占有垄断地位，为其庞大的武器装备和情报系统建设提供了大量关键、先进、安全的集成电路产品。同时，美国联合其盟国共同对高端、先进的集成电路及军民两用集成电路技术和产品进行严格禁运保护，有针对性控制外国可获取的美国及其盟国技术和产品的范围，实现核心知识产权不外泄。美国军用集成电路制造能力建设体现的安全发展意识、前沿创新企业扶持等，值得我们借鉴。

1. 掌握核心技术和坚持走创新之路是提升军事能力的关键

随着对集成电路产业的重视和投资力度的不断加大，我国集成电路研发能力不断提升。但由于缺乏核心技术，制造业水平同国际先进水平还有2～3代的差距，加之近期愈演愈烈的贸易摩擦的影响，我们不能再走跟踪仿制的发展老路，应结合目前半导体产业转折期所带来的机遇，根据技术发展走向和集成电路产业发展规律，大胆设想，研制开发新一代军用集成电路，掌握核心技术，并制定合理的发展战略并配套相应项目进行研发落地，以此保障我国军用集成电路与世界先进水平的同步发展，为主要武器装备和"杀手锏"武器提供基础支撑。

2. 充分利用先进商用能力是解决军用集成电路发展矛盾的重要途径

美军充分利用先进商用代工厂制造高端集成电路产品，利用国防部专有代工厂制造老旧集成电路尤其是停产产品，且通过对国内以军品为主或军民结合型生产线进行可信认证引入适度竞争来获取相关的集成电路制造能力。这解决了军用集成电路投入大、产量少、品种多、质量高、工艺特殊以及长期保障等多重因素之间的矛盾问题，节约了大量国防开支。我国集成电路产业的发展也应多层次、多角度构建合理的集成电路制造体系，实现最简的军用集成电路产业链，最先进工艺可依托先进商用能力实现，老旧工艺依托柔性代工线共线生产实现。

3. 获取安全可信的集成电路产品是保障国家安全的根本

美国政府和国防部一方面通过"可信代工"项目获得大量安全可信的集成电路产品，另一方面面对"可信代工"项目不断发展变化的形势，正不断加大研发资金投入以加强集成电路安全相关技术的研发和新的供应链安全方法的开发。对于重要武器装备和情报系统所需集成电路，我国也必须建设独立的、完整的可信集成电路产业链，实现先进的集成电路工艺"可信"

和老旧集成电路工艺"可获",多层次保障军用集成电路产品的自主化,以确保我国军事装备和产业安全。

参考文献

胡开博、冯园园:《美国军用集成电路制造能力建设分析及启示》,《国防科技工业》2015年第8期。

胡开博、苏建南:《美国国防部军用集成电路制造能力建设情况》,《中国集成电路》2015年第6期。

张倩、冯园园:《GAO报告指出美国防可信先进微电子制造能力前景不明》,《防务视点》2016年第6期。

B.17 人工智能芯片发展现状和趋势

张洁雪 冯园园*

摘　要： 目前，人工智能（AI）成为电子信息产业最大的发展热点，2018年更被称为AI大爆发之年。AI芯片作为实现AI应用的重要基石，吸引全球各类芯片巨头和互联网企业积极进军AI芯片领域。当前AI正处于发展的初级阶段，未来将在材料、架构、设计理念和应用场景等各方面迎来巨大发展机遇，为AI芯片的发展带来巨大机遇和诸多挑战。

关键词： 人工智能芯片　图像处理器　FPGA　专用集成电路

基于深度学习算法、大数据和计算能力等领域的长足发展，AI在近年不断取得突破性进展，在图像和语音识别、自动驾驶等多个领域具备了超越人类的特殊能力。然而，AI应用数据计算量的指数级上涨、"摩尔定律"走向终结、传统通用中央处理器（CPU）不可能牺牲灵活性专门满足某类应用、巨大的电量消耗将超出电网的负载量等逐步凸显，迫切需要开发可满足AI应用需求的AI芯片。

一　AI芯片定义

AI芯片是实现AI应用的重要基础，具有极其重要的产业价值，受到整

---

* 张洁雪，国家工业信息安全发展研究中心（工业和信息化部电子第一研究所）工程师，研究方向为人工智能、信息服务等；冯园园，国家工业信息安全发展研究中心（工业和信息化部电子第一研究所）高级工程师，研究方向为集成电路、半导体、军用电子元器件等。

个电子信息产业的高度重视,从芯片厂商到互联网公司,从龙头企业到初创公司,均积极投身该领域。

AI芯片目前尚无准确定义,从广义上讲,能够满足AI应用需求的芯片都可称为AI芯片。一般AI芯片应具备以下三种能力:①并行计算,把不同的复杂数据分给数量众多、面积小、功耗低的计算芯片进行并行处理,提高计算能力和资源利用效率,满足图像分析、语音理解等模式识别研究需求;②深度学习,通过算法给器件设计一个神经网络,可模拟大脑神经元之间信息传递和处理模式,实现多角度和层次观察、学习、判断、决策等功能;③可重构,硬件架构和功能可动态、实时根据软件的变化而变化。

根据设计理念,AI芯片大致可分为:①针对具体应用的专用型AI芯片,包括在图像处理器(GPU)、现场可编程门阵列(FPGA)等可通过现有器件软硬件优化来实现的,以及针对某种应用而设计的专用集成电路(ASIC),代表厂商有美国英伟达、英特尔、谷歌、苹果等公司;②面向综合性应用、具有自适应能力的通用型AI芯片,代表厂商有IBM等公司,具体如表1所示。

表1 AI芯片主要分类

分类	含义	实现方式	代表公司
专用型AI芯片	确定性地加速某类特定的算法或任务,从而达到目标应用领域对速度、功耗、内存占用和部署成本等方面的要求	现有器件的软硬件优化	GPU:英伟达
			FPGA:英特尔、赛灵思、深鉴科技等
		ASIC	谷歌(TPU)、三星、苹果、ARM、地平线等
通用型AI芯片	可像人一样使用不同AI算法进行学习和推导,可执行包含感知、理解、分析、决策和行动的一系列任务,且可适应场景变化	模拟人脑计算的"神经形态芯片"	IBM(真北)等

根据应用场景不同,AI芯片分为云端(服务器端)和终端(移动设备端)。云端的AI芯片可利用海量数据训练出非常强大的模型,但实时性略差且功耗大。终端的AI芯片可降低功耗、保证系统性能、减小设备体积。

多数AI芯片研发公司侧重其中一种应用场景，如侧重研发云端AI芯片的公司包括美国英伟达、IBM、英特尔和谷歌等；侧重研发终端AI芯片的公司包括美国ARM以及中国的深鉴科技和地平线等。

二 全球重点AI芯片的发展现状

2018年大量公司投入AI领域，被称为AI界的寒武纪大爆发。美国英伟达、英特尔等公司致力于依托GPU和FPGA器件实现AI能力；对大数据处理有明确需求的美国谷歌、亚马逊、苹果以及韩国三星等公司已陆续开始研制满足自己需求的专用AI芯片，并逐步应用于虚拟现实、语音识别、自动驾驶等领域；美国IBM公司正努力推进神经形态芯片的发展，希望实现本质上更通用的AI芯片。

（一）AI用GPU

GPU通常用在PC、工作站、游戏机、智能手机等数码设备中，其强大的并行计算能力很好地满足了图像/视频处理时每个像素点都需被运算的巨大数据量处理需求，该特点也使其非常适用于AI的深度学习神经网络。

1. GPU做AI芯片的优缺点

在使用神经系统网络进行训练时，网络深度越深，需要训练时间就越长，若采用传统串行运算的CPU，可能要花费数月，甚至数年的时间。而GPU的控制相对简单，内部大部分的晶体管可以组成各类专用电路和多条流水线，计算速度远高于CPU，并且CPU拥有更加强大的浮点运算能力，可以提供数十倍乃至上百倍于CPU的性能，有效解决深度学习算法的训练难题，释放AI的潜能，是目前最流行的AI芯片。

但GPU方案也存在问题，首先是巨大的功耗，高端显卡的功耗常高于200瓦，一旦大量开启，便产生大量的散热需求，其次是GPU的价格过高，限制了其在AI领域的发展。

2. 英伟达的 GPU

美国英伟达公司作为 GPU 巨头，占据了全球 70%～80% 的 GPU 市场份额。从五年前开始，英伟达针对深度学习神经网络展开研究，随着 GPU 计算呈现爆发之势，目前已成为 AI 芯片领域的领军企业之一。

为了让 GPU 更好地满足 AI 的计算需求，英伟达 2017 年推出了一款专为 AI 和高性能计算打造的 GPU 架构——Volta。除了加强 GPU 架构，Volta 还增加了 640 个新的 Tensor 单元，与标准统一计算架构（CUDA）核心配合使用，峰值性能达到 120 TFLOPS/s。此外，英伟达还推出定义为 AI 云平台的 GPU 云平台以及开源 Xavier DLA，GPU 云平台是首个混合深度学习云平台。2017 年英伟达参与了超过 4 万家公司和 50 万名开发者对神经网络应用开展的研究，如英伟达设计的 Tegra 芯片（4 核 CPU + 256 核 GPU）已应用于谷歌的无人驾驶汽车中。英伟达表示，要在后摩尔定律时代找到出路，GPU 的快速崛起可以驱动 AI 的革命。

（二）AI 用 FPGA

GPU 能够并行处理海量的数据，内部架构具有非常高的通用性，即难以针对某个特定领域进行优化，但当前应用需求在不断地快速变化，对芯片提出可处理各类计算任务的需求，硬件体系可以重构的 FPGA 成为被考虑的对象。使用 FPGA 能以最快速度和最低成本的方式实践最新算法，可以更好地跟随正快速演进的 AI 算法，也因此成为诸多巨头企业的首选，IBM、微软、AWS 等超级云端计算数据中心大多采用的是 FPGA 服务器。

1. FPGA 做 AI 芯片的优缺点

FPGA 是一种可编程逻辑器件，芯片内部集成大量基本门电路，开发者可通过 Verilog、VHDL 等硬件描述语言按照自己的需求重新定义内部门电路的连接。FPGA 与 GPU 的运行原理不同，门电路直接进行运算，执行时硬件描述语言会被翻译成电路，所以在运算速度和功耗上，FPGA 具有很大的优势。

当前的 FPGA 既可实现大量的计算工作，又拥有各种不同的存储器、各

种不同类型的并行接口或计算机接口，如高达 40Gbps 的 Serdes 接口、HBM2 等超高速内存接口等。多数 AI 产品对内存带宽、互联互操作性有较高的需求，而在运算量较低时，采用 FPGA 做 AI 芯片的可用场景便可实现很大突破，众多快速迭代的小批量产品的最佳开发方式便是采用 FPGA，而非 ASIC 或者 GPU 等，可以迅速满足市场及客户对产品的需求，抢占市场先机的关键。微软、百度等公司已在其数据中心大量部署了 FPGA。

采用 FPGA 开发 AI 应用也有局限性。尽管 FPGA 的延迟和功耗优于 GPU，但 FPGA 的峰值性能却不如 GPU。FPGA 的编程难度很高，开发者不仅要有软件开发的能力，还要掌握数字电路的设计理论，而两者都需长时间的打磨和积累。

2. 英特尔的 FPGA

英特尔在 2015 年底斥资 167 亿美元收购了 FPGA 知名厂商之一——美国 Altera 公司，是英特尔历史上最大的一笔收购。2016 年，英特尔公司又先后收购了 Itseez、Nervana Systems 和 Movidius Technology 等多家图像和视频 AI 处理厂商，加速其在 FPGA AI 芯片领域的布局。2017 年，在现场可编程门阵列国际研讨会（ISFPGA）上，英特尔证实其两代 FPGA 产品——Arria10 和 Stratix 10 在深度卷积神经网络（DNN）等领域的应用性能出色，适用于需要分析大量数据的研究领域；使用经过精简或紧凑的数据类型对比标准的 32 位浮点数据（FP32）时，Stratix10 FPGA 性能胜过 GPU。此外，FPGA 还拥有强大的适应性，大大缩短开发时间。

（三）AI 用 ASIC

基于神经网络的系统可在很大程度上自主学习，进化速度比传统方法设计的系统快得多。但特别是在大数据应用中，神经网络需要花费很长时间进行训练，在这个过程中还需要不断优化训练数据和调整算法，可能需要尝试数百甚至数千个不同的算法，每个算法又需要运行上万次、上亿次。面对如此庞大的计算能力需求，用一般的通用芯片可能支持不了这样高的负载，即使能够支持，花费时间也将过长、耗电量太大。因此，针对自身特定需求，以谷歌、三星、亚马逊、苹果为代表的大数据、互联网企业着重开发可以深度定制、更高能效的 ASIC AI 芯片。

1. ASIC AI 芯片的优缺点

ASIC 和 FPGA 不一样的是，FPGA 写完代码后即可使用厂商提供的工具实现硬件加速，而设计 ASIC 需要做大量的验证和物理设计，需要花费更多的时间和资金，不仅风险大，还可能延误最佳上市时机。但 ASIC 做 AI 芯片的处理速度会比用同样工艺的 FPGA 快 5~10 倍，功耗远优于 GPU，一旦量产后，成本也远低于 FPGA 方案。

2. 谷歌的 TPU

2017 年 5 月，谷歌推出定制的 ASIC AI 芯片——TPU，专为机器学习设计，用于改善搜寻结果的相关性，提高 Google 街景服务地图和导航功能的准确度。虽然 TPU 专为特定用途而设计，只执行单一工作，速度更快，但成本相对较高。根据谷歌在 2017 年做的性能对比，谷歌的 TPU 在处理机器学习后半段数据的表现情况，比此前 CPU/GPU 的芯片组合快 15~30 倍。在功率方面，TPU 的能耗比也优于此前芯片组合的 30~80 倍。

2018 年 5 月，谷歌推出第三代 TPU。新款 TPU 可协助谷歌提高 AI 语音识别度、找出照片与影片当中的特定物体，并能理解文字背后所隐藏的情绪。德国新创公司 RiseML 测试也发现，谷歌最新 TPU 在训练影像辨识软件时的尖峰效能与英伟达最新 GPU 类似。美国斯坦福大学的 DAWNBench 测试也发现，利用 TPU 执行的软件，在一项影像辨识任务上比英伟达的 GPU 更快，且成本更低。

全球知名市场调查机构 Moor Insights & Strategy 预估谷歌在 TPU 计划上花费达 2 亿~3 亿美元。就目前情况看，谷歌可能不会将 TPU 用于谷歌云端业务以外的环境，意味着目前只有谷歌及与谷歌云端有业务合作的厂商们可以享受该高速处理能力。

3. 寒武纪科技的 AI 芯片

寒武纪科技公司成立于 2016 年，重点研发各类智能云服务器、智能终端以及智能机器人的核心处理器芯片，同时拥有云端 AI 芯片和终端 AI 处理

器 IP 两条产品生产线，打造了独特的"端云一体化"商业模式。

在云端 AI 芯片方面，公司发布了用于服务器端的高性能机器学习处理器芯片——寒武纪 MLU100 和寒武纪 MLU200，两款产品分别侧重推理和训练。

在终端 AI 芯片方面，公司发布的寒武纪 1A 处理器是全球首款商用深度学习专用处理器 IP，在语音识别、计算机视觉、自然语言处理等关键 AI 任务方面拥有优异的通用性和效能比。2018 年，寒武纪发布第三代机器学习专用芯片 Cambricon 1M，比寒武纪 1A 处理器性能高出 10 倍。

为了打造终端 AI 芯片与云端 AI 芯片一体化的生态模式，公司还为开发者打造了寒武纪人工智能软件平台——Cambricon NeuWare，包含开发、调试、优化三大部分，以全面实现"端云一体化"的智能处理。

（四）通用型 AI 芯片

为了更好地模拟人类大脑、实现与人类大脑近乎一致的通用处理能力、自主学习能力、计算能力和功耗水平，IBM 等公司采用全新材料、结构和原理研发通用型 AI 芯片。

1. 通用型 AI 芯片的优缺点

传统计算机芯片主要基于冯·诺依曼架构，处理单元和存储单元独立存在，并由数据传输总线相连，总线容量直接决定了信息处理能力；处理单元一直处于工作状态，具有耗能大的缺点；信息处理过程需要精确预编程，无法应对编程以外的情况和数据。而人类大脑结构则完全与上述不同：大脑由 1010 个神经元和 1014 个突触构成，神经元和突触分别相当于信息处理和存储单元，神经元和突触位于一体，无须高能耗总线相连；神经元只在工作时消耗能量，大脑功耗极低；虽然在信息处理速度方面，神经元远低于传统计算机，但神经元可大规模、并行、异步处理多个信号，从而形成强大的处理能力；大脑具备学习能力，可自主发现相关性并建立假设，在海量数据处理方面具有巨大优势。以图像处理为例，人脑可从宏观上观察并理解图像，抓住图像的特征进行记忆，而传统计算机只能将图像分解为数个像素，逐个存储，效率远低于人脑。

最早对人脑认知能力的模拟是通过软件在超级计算机上实现的，并已取得一定成果，如 IBM 公司研制的深蓝和沃森超级计算机分别于 1997 年和 2011 年在象棋和知识竞赛中战胜了人类。但这种模拟，不仅无法完全实现认知计算，还导致了更大的能耗。因此，迫切需要开发可与认知计算软件系统相匹配，在体积、处理速度和能耗方面都可与真实大脑相媲美的通用型 AI 芯片。

2. IBM 的"真北"神经形态芯片

IBM 公司在神经形态芯片领域进展最迅速，已开发出包含硬件、架构、仿真器和编程语言在内的完整应用体系，支持从设计到调试和部署的全过程。2011 年和 2014 年，IBM 公司先后发布两代神经形态芯片。第二代神经形态芯片每秒可执行 460 亿次突触运算，功耗仅为第一代类脑芯片的 1/100，尺寸仅为一张邮票大小。

实现神经形态芯片后，IBM 公司开发了配套的"真北"计算架构，可用于模拟大脑中神经元和突触活动，使神经形态芯片具备认知和学习能力。IBM 公司还为"真北"架构开发了"指南针"仿真器，以在超级计算机上进行大规模并行计算模拟仿真。

2016 年 3 月，IBM 公司表示将为美国劳伦斯·利弗莫尔国家实验室提供一台集成了 16 块 IBM 神经形态芯片的超级计算机，能够复制出相当于 16000 万个神经元和 40 亿个突触的神经系统。2018 年 7 月，IBM 公司和美国空军研究实验室（AFRL）联合展示全球最大神经形态数字突触超级计算机——Blue Raven，其端到端的 IBM "真北"生态系统目标是提供 6400 万神经元和 160 亿个突触的等效处理能力，而功耗仅有 40 瓦，相当于一个家用灯泡。

三 AI 芯片的发展趋势及影响

目前，AI 已在图像识别、数据处理、自动驾驶等越来越多的应用领域发挥作用，加速成为多个产业领域的性能驱动力，带来电子信息产业的新一轮变革。AI 芯片虽然在执行部分具体任务上具备超越人类的能力，但其通用性和适应性比人类智能相差甚远，大多数仍处于对特定算法的加速阶段。在 AI 时代下，AI 芯片应具有更加有效且庞大的计算能力，可以更高效率、更大灵活性承载更多 AI 算法，且容易开发和使用，从而应对 AI 应用所需处理的海量数据。

（一）发展趋势及挑战

现阶段 AI 芯片仍将以 GPU 满足大多数 AI 算法、FPGA 结合需求定制开发、ASIC 针对特定应用的多种方式并存发展，确定应用领域成为现阶段发展 AI 芯片的重要前提。在 AI 芯片的发展上，未来将呈现如下四个趋势，也是满足 AI 芯片发展必须面临的挑战。

1. 计算性能持续提升

在下一步发展中，通过在计算架构、器件材料、电路机构、制造工艺上不断改进和变革，AI 芯片的计算能力会持续上升，所用制造工艺也会越来越先进，更新速度越来越快；通用型 AI 运算平台会持续将 AI 运算能力开放给更多开发者，随着更多的用户选择 AI 运算平台，AI 的发展将获得正向推动力，形成正向循环。

2. AI 程度越来越高

短期来看，AI 芯片将以异构计算方式加速各类应用算法落地为主，并在性价比、能效比和可靠性之间折中；中期来看，AI 芯片着重在自重构、自学习、自适应方面发力，以支持算法的演进和类人的自然智能；长期展望，AI 芯片将朝着淡化人工干预的通用型芯片方向发展，具备可编程、高度动态可变架构、强大的自学习能力、高效计算能力等特点。

3. ASIC 发挥更大作用

GPU 和 FPGA 等是目前 AI 领域的主要芯片，针对特定应用需求的 ASIC AI 也正在被众多 AI 公司陆续推出。由于 ASIC AI 芯片能够更好地根据场景和行业进行性能和功耗的定向优化，以及 AI 碎片化应用需求的进一步提升，随着技术的不断成熟，ASIC AI 芯片有望在今后数年内取代 GPU 和 FPGA 等芯片不能完全覆盖的领域，成为 AI 芯片的重要分支力量。

4. 从云端向终端转移

随着 AI 芯片不断向高性能、小体积、低功耗和定制化方向发展，AI 芯片的应用将从云端向终端转移，带来以下好处：运算量和网络大小可减少 100 倍，减少对服务器的压力和对网络带宽的需求；终端响应速度大大提升，实时反馈体验度更好；数据处理本地化，保障信息安全和数据隐私，也减少数据上传的流量资费。

（二）对芯片产业链的影响

AI 芯片在不同场景中的应用，都需要针对场景在功耗、延迟、数据吞吐量、加速器方案的选择上做出调整和优化，会刺激从工具和 IP 供应商到包装和流程开发等环节的巨大发展，既对 AI 产业发展意义重大，也会对当前全球芯片产业的市场布局产生深刻影响。

1. 对芯片设计的影响

AI 的本质是算法驱动芯片，算法、计算能力、数据三个重点需求会重新定义设计，也会催生更多种类、更加灵活的 IP。随着 AI 从云端向终端的转移，各大半导体软硬件巨头纷纷将 AI 作为布局重点，角逐新一轮的芯片竞争。而 AI 行业芯片公司越来越多，会产生更多的设计服务公司，提供更多的工作岗位，促进相关人员的就业。

2. 对制造工艺的影响

与传统芯片类似，一方面，GPU 和 FPGA 等数字逻辑规模庞大的 AI 芯片将推动半导体制造工艺向更高节点迈进，以获得更佳的面积成本和功耗；另一方面，ASIC AI 芯片则会根据应用需求在性能和成本之间进行折中考虑，以选择合适的制造工艺。

3. 对设计工具公司的影响

AI 影响的不仅是芯片公司，还包括上游的 EDA 公司。Cadence 等 EDA 供货商早在 1990 年代初就开始研究机器学习，并于近年开始导入产品中。

借助 AI 可对 EDA 设计工具进行多项改进，如可利用分析和数据探勘提供寄生参数撷取等多种机器学习模型，加速长时间的计算；开发可学习人类设计师的设计工具，逐步实现自动化特定决策和优化整体设计流程，增加经验积累，减少芯片设计中重复的人工劳动。

四　中国 AI 芯片发展启示

由于 AI 应用将带来半导体产业下一波变革，英伟达、英特尔、高通、ARM、联发科等各类芯片巨头，以及三星、谷歌、亚马逊、百度等互联网企业都积极进军 AI 芯片领域。我国也应积极投身该领域，在现有基础上，充分抓住产业转型所带来的重大机遇，从点做起，向面延伸，以技术推动与应用带动相结合，共同推进 AI 芯片的发展。

（一）抓住产业转型的重大机遇

每次电子信息产业转型都是产业洗牌的重大机遇期，例如，在 PC 时代，微软和英特尔形成的 WINTEL 联盟牢不可破，但在移动互联网时代，却被 ARM 和高通迎头赶上。而 AI 时代快速发展的这几年，英伟达顺势登上浪潮之巅。

目前，"摩尔定律"的终结和冯·诺依曼架构不能满足需求，使当前芯片产业发展面临一个远比产业转型更重要和难得的转折点，各国都在奋力抓住这个机遇期。美国国防部于 2017 年 6 月提出启动"电子复兴"计划，拟通过对新器件材料、超越冯·诺依曼的计算架构、高度自动化的设计软硬件工具等多个内容同时展开研究，寻求不再依赖传统"等比例微缩"的技术发展突破口。

AI 产业刚刚开始发展，市场空间巨大，机会也开始显露，国内 AI 风头正盛，我国也应充分重视和抓住该重大历史机遇，产生像英特尔和英伟达这样世界级企业。

（二）从 FPGA 入手向 ASIC 发展

AI 芯片领域的创新涉及算法、编程语言、计算机体系架构、器件设计、制造工艺、辅助设计工具等多方面，绝不是一蹴而就的事情。虽然目前就 AI 芯片产业总体而言，美国处于领先地位，我国在 GPU 领域几乎处于空白，但我国仍有弯道超车的机会。我国可以选择从 FPGA 入手，通过采用 FPGA 快速实践多种 AI 算法，降低用户切换芯片的成本，充分优化和迭代，在客户中获得先发优势，待市场成长起来后，再根据需要迅速以更具成本优势且适合大批量出货的 ASIC 来实现。

（三）强化产业链合作和生态系统建设

与以往器件的开发相比，AI 芯片设计将更强调软硬协同，因为 AI 芯片的设计实质上是一个如何设计合理的并行结构计算加速核心硬件以达到实时全面完成算法要求的问题，只有在充分理解软硬件的基础上才能实现；AI 芯片设计将更强调目标应用，只有充分了解目标应用的真实使用场景和功能需求才能在满足性能指标要求的前提下将面积、功耗减至最小，所以，加强 AI 芯片产业链各环节的密切合作，才能研制出最优的 AI 芯片。

由于 AI 芯片的发展强烈依赖于整个产业链的发展，因此与发展任何一个处理器件一样，要发展 AI 芯片，必须建立起完善的生态系统，包括材料、设计工具、制造、应用等方面的力量，这也是 GPU 能够在 AI 时代首先胜出的重要基础。

B.18
三维硅通孔堆叠封装技术发展现状及趋势

贾丹 张洁雪[*]

摘 要： 在"摩尔定律"即将失效的当下，芯片的功能密度已达到二维封装技术的极限，三维堆叠封装已成为保持半导体产业高速发展的重要途径之一。三维封装能够进一步提升晶体管密度、缩小尺寸、缩短连线、降低功耗、提升高频性能等，而基于硅通孔（TSV）互连技术的三维堆叠封装是堆叠封装的未来发展方向。首先实现三维堆叠应用的器件是存储器，未来将在高中低端应用同步推进发展，整合器件制造商、封测代工厂、制造代工厂将纷纷涉足，产业体系将逐步完善。

关键词： 三维封装 堆叠封装 硅通孔 晶圆级封装

2005年，国际半导体技术路线图（ITRS）协会对摩尔定律做出了扩展，除传统发展道路——"延续摩尔定律（More Moore）"外，又提出了"超越摩尔定律（More than Moore）"的发展道路，即通过封装的方式实现晶体管单位密度的继续提升和多种半导体器件的高密度集成。在过去五十多年的发展中，尽管二维封装技术已实现了数次重大突破，如球栅阵列（BGA）、晶

---

[*] 贾丹，国家工业信息安全发展研究中心（工业和信息化部电子第一研究所）工程师，研究方向为集成电路、半导体、电子信息等；张洁雪，国家工业信息安全发展研究中心（工业和信息化部电子第一研究所）工程师，研究方向为人工智能、信息服务等。

圆级芯片尺寸封装（WLCSP）、多芯片模块（MCM）等，但芯片的功能密度已达到二维封装技术的极限。因此，将芯片的排布或互连结构进行垂直堆叠，由传统的二维封装变为三维（3D）封装成为电子元器件小型、低功耗和高性能发展的必经之路。

一 3D 堆叠封装技术及其发展历程

封装技术起源于 20 世纪 50 年代。为不断缩小芯片与封装体的面积差，封装的外部形式先后经历了通孔插装、表面贴装、基板封装、晶圆级封装和堆叠封装五个阶段，芯片与封装体面积的比值也从最初的 10%～15% 提升到堆叠封装中的超过 100%。伴随着封装形式的交迭，为了缩短芯片与封装体互连线的长度，以及提高互连密度和信号传输带宽，芯片与封装体的连接也先后出现了引线键合（WB）、载带自动焊接（TAB）、倒装芯片（FC）和硅通孔（TSV）四种形式，从 WB 到 TSV，密度和信号传输带宽分别提升了 1000 倍和 10000 倍。

堆叠封装指在垂直方向实现两个或两个以上芯片堆叠或互连的技术。与二维封装相比，堆叠封装可极大缩小封装体的平面面积，缩小芯片与封装体的面积差；可有效缩短芯片间的互连线，使信号传输带宽更宽、损耗更小，器件性能更高，是目前封装技术发展的重点。

早期的堆叠封装是将封装好的芯片进行垂直堆叠，称之为封装上封装（PoP），但仍存在封装整体高度较高、互连线较长等问题。于是，进一步发展出在同一封装体内进行芯片堆叠的封装形式，如封装内封装（PiP）、面对面堆叠（F2F）封装。而为进一步缩短互连线、提高信号传输带宽和增加芯片堆叠层数，又提出基于 TSV 技术的 3D 封装。但在不同芯片间实现真正 3D 封装的难度过大、成本过高，又出现了作为折中方案的 2.5D 封装形式，以及进一步衍生出的 2.1D 封装。堆叠封装的分类如图 1 所示。目前，这几种堆叠封装形式在各自应用领域都保持快速发展态势。

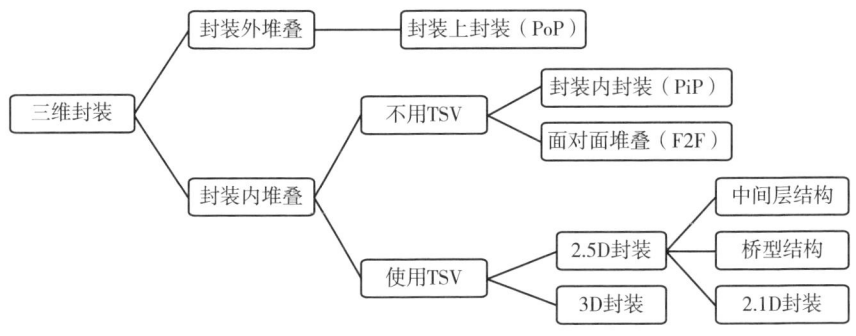

图1 堆叠封装的分类

二 基于TSV的3D封装技术发展现状

（一）TSV技术

TSV指在电路（芯片、晶圆或者中间层）上制作的用于互连的通孔，孔中填充铜、钼、钨等导体材料，形成模块或子系统中的垂直电互连，如图2所示。

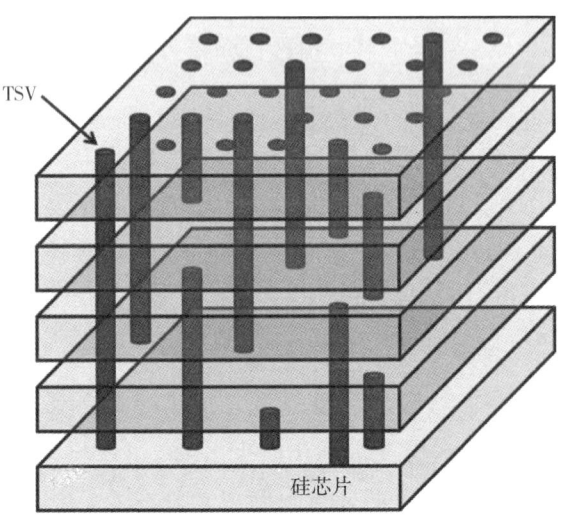

图2 TSV示意

TSV 在 1962 年获得美国专利。TSV 可使芯片在三维方向堆叠的密度最大、外形尺寸最小、互连线最短,可有效减小传输延时、降低噪声、缩小封装尺寸、降低功耗、提升高频性能。TSV 能够实现一种广泛的 I/O 存储接口,因为其互连与 I/O 电路的负载电容较小,较其他方案的功率降低多达 75%,用于连接的表面可以降低至少 30%。根据韩国三星公司提供的数据,以宽 I/O DRAM(512bits@200MHz SDR)传统的 PoP 封装与通过 TSV 微凸球相连的方式相比,封装尺寸下降 35%、功耗降低 50%,而带宽提升 8 倍。根据通孔制作顺序的不同,硅通孔可以分为前通孔、后通孔和中间通孔三种。

(二)基于 TSV 的 2.5D 堆叠封装

由于 3D 完全封装实现难度过大,出现了采用中间层做折中的 2.5D 方案。2.5D 封装指功能电路二维分布,与带有通孔的硅中间层垂直堆叠,如图 3 所示。将芯片以平面放置的方式摆放在中间层上,不会显著增加工艺难度和成本,还可以带来通信接口数量的大幅提升。

最早实现 2.5D 封装技术的是美国赛灵思公司于 2010 年 10 月推出的基于堆叠硅互连技术(SSIT)的现场可编程门阵列(FPGA)Virtex-7 2000T。

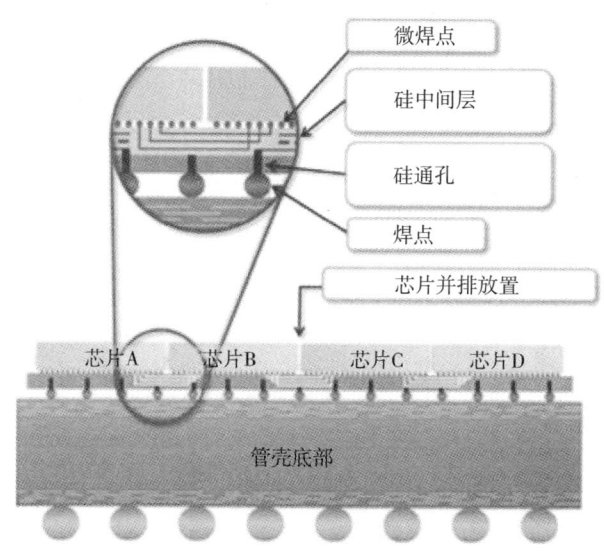

图 3　2.5D TSV 封装示意

赛灵思公司在一个无源硅中间层上集成了4个FPGA芯片，包含68亿个晶体管，超过200万个逻辑单元，等效于2000万个门电路，采用28纳米制造，相邻两个FPGA之间的连接数达到1万多个，使逻辑单元数量达到200万个，功耗降低50%，还有效避免了超大尺寸芯片常出现的延迟和次品率显著上升的问题。该无源硅中间层采用65纳米互补金属氧化物半导体（CMOS）工艺制造，厚度为100微米，包含4层水平金属层和垂直的TSV，TSV的直径为10~12微米，完全覆铜。

因2.5D封装工艺相对简单，已开发出现场可编程门阵列、微处理器、图像传感器等多种同/异类集成产品，其设计工具、制造、封装和测试等配套能力都已基本就绪。

目前，做中间层的材料有硅、有机物和玻璃。其中，硅是最常用的中间层材料，有机物是目前的发展重点，玻璃还不是十分成熟。用有机中间层不光有成本优势，还有性能优势。有机中间层上的细线条目前可达到5~6微米。尽管制造线条还较硅粗，但成本比硅低，制造流程也更简单，未来前景可期。主要研发和生产有机中间层的企业有日本Ibiden公司（Intel的第一供应商）、中国台湾Kinsus公司、日本Kyocera公司、韩国三星电机公司（Samsung Electro-mechanics）、日本Shinko Electric公司（Intel的第二供应商）、中国台湾Unimicron公司（iPhone7手机版制造商）等。目前日本日立公司已在其产品中使用有机物做中间层。

在2.5D封装中，芯片与中间层通过微凸球连接，中间层与BGA通过C4 Bump（C4凸块工艺）连接，BGA与PCB板通过焊球连接。在整个封装过程中，微凸球间的连接是最大的技术挑战，原因包括：①体积小，与C4 Bump和BGA焊球的体积比分别达到1∶100和1∶10000；②数量远远多于C4 Bump和BGA焊球；③对表面平滑程度要求高；④对中间层的平直程度要求高。在解决上述技术挑战问题的过程中，根据芯片、中间层和衬底连接顺序的不同，2.5D封装的工艺流程分为CoC–oS、Co–CoS和CoW–oS三种，如图4所示。每种工艺流程的含义和优缺点如表1所列。中国台湾台积电公司（TSMC）的CoW–oS是2.5D集成电路封装的先驱技术，该技术于

2013 年开发,定位于以低成本占领 20 纳米支撑的封装市场,主攻高复杂度的存储器堆栈,为美国赛灵思和 Altera 公司制造 FPGA 产品。

图 4　2.5D 封装不同工艺流程示意

表 1　2.5D 封装不同工艺流程优劣对比

项目	CoC – oS	Co – CoS	CoW – oS
含义	先做好中间层,芯片首先连到中间层,再连到衬底上	先做好中间层,中间层先连到衬底上,再将芯片连到中间层上	芯片先连到中间层半成品晶圆上,然后对中间层进行减薄、布线处理,最后再连到衬底上
优点	可以使用已知好芯片(Known Good Die),工艺流程对芯片性能影响小		芯片与中间层的互连可靠性最高,适用于高密度连接和 TSV 堆叠
缺点	在 CoC – oS 和 Co – CoS 先制作中间层,由于中间层很薄,易发生卷曲,直接影响与芯片和衬底互连时的可靠性,尤其是 Co – CoS 与芯片互连的可靠性最低		芯片在连接到中间层后还要经过减薄、布线等一系列操作,可能对芯片造成损害
合格率	中等	最差	最优
企业	中国台湾 SPIL	无	中国台湾 TSMC

2014 年 9 月,美国英特尔公司宣布在 14 纳米节点上推出嵌入式多芯片互连桥(EMIB)技术。EMIB 是 2.5D 封装的简化版本,在封装管壳衬底中两个需要互连的芯片间嵌入连接桥,如图 5 所示。与传统 2.5D 封装相比,只需在需要互连的芯片间进行 EMIB,不需要硅中介层和 TSV,避免了制造大的硅中介层来满足多个芯片间的互连,降低了工艺难度和制造成本。常规的 TSV 为 100 微米,EMIB 只需 30 微米,有效地改善了温度失配的问题。2015 年 7 月,美国 Alter 公司推出第 10 代 Stratix 系列 FPGA 产品,采用的是具有高速收发器的 FPGA 架构,单个 FPGA 管芯上有 550 万个逻辑单元,144 个收发器的串行带宽是前一代的 4 倍。其中,FPGA 和收发器间的连接采用的就是 Intel 公司 EMIB 技术。

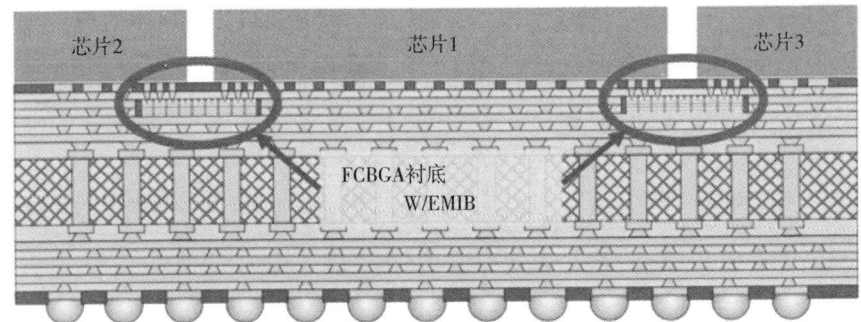

图5 EMIB 结构示意

（三）基于 TSV 的 3D 堆叠封装

2.5D 封装技术的不断发展，有力地推动着能进一步缩短信号互连线长度、提升器件性能的 3D 封装技术发展。

3D 封装指不再使用中介层、真正实现芯片垂直互连的封装技术。完全 3D 封装中堆叠结构的上一层芯片中制出的硅通孔将连接在下层芯片顶部的焊盘上。这种技术将减小芯片互连需用的电路面积和互连线长度，大幅提高芯片的晶体管密度并改善层间电气互连性能，提升芯片运行速度，降低芯片功耗。同时，堆叠结构中的每一层芯片都采用独立的设计，仍为传统的二维结构，因此可在设计阶段将一个完整复杂的芯片，拆分成若干子芯片，在不同层分别实现，既增强了芯片功能，又极大地节约了成本，避免了设计复杂等问题。

2.5D 是进化型突破，而 3D 是革命性突破，因此面临设计复杂、EDA 工具欠缺、异质硅电路整合、系统的设计流程、TSV 电气特性、系统验证、热功率与静电防护等一系列挑战。由于器件结构统一、存储单元数量众多、需要数据传输带宽大等，存储器是首先实现三维堆叠的器件，包括基于 TSV 的动态随机存储器（DRAM）、最新出现的高带宽存储器（HBM）和混合存储立方体（HMC）等器件。

1. HBM 器件

HBM 是一种新型低功耗存储芯片，具有超宽通信数据通路和革命性创新堆叠方案。HBM 是将 4 层 DRAM 进行堆叠，每一层 DRAM 有 2 个 128 比特信道，总共有 8 个通道和 1024 比特。这样 4 个 HBM 堆叠在一起，就有 4096 个比特位存储总线。HBM 采用垂直堆叠方式和高速信息传输，突破存储瓶颈。HBM 目前用于显存，通过中间层连接至中央处理器（CPU）或图形处理器（GPU）旁边，然后经整体封装后连接至电路板。2013 年，HBM 由固态技术协会（JEDEC）采纳为行业标准 JESD235。

首个采用 HBM 作为显存的显卡是在 2015 年 6 月发布的美国 AMD 公司的新一代旗舰显卡 AMD Radeon R9 Fury X。HBM 在电压只有 1.2V 的情况下将显存带宽提升到 512Gb/s，性能更强，功耗更低，占用面积更小。与 GDDR5 相比，HBM 每瓦带宽提高 3 倍，并节省了 94% 的表面积。

2016 年，HBM 显存进化到第二代，并正式成为 JEDEC 标准。与前代产品相比，HBM 2 显存核心容量从 2Gb 提升到 8Gb，数据频率从 1Gb/s 提升到 2Gb/s，带来的好处就是在同样 4-hi 堆栈下，HBM 2 单颗显存容量可达 4Gb，带宽 1024Gb/s。

2018 年 1 月，三星宣布开始量产第二代 8Gb HBM 2——Aquabolt，这也是业内首款可提供每引脚 2.4Gb/s 数据传输速度的 HBM 2，并把工作电压降低至 1.2V，比第一代 8Gb HBM 2 封装的性能提升近 50%。单个 8Gb HBM 2 封装可提供 307Gb/s 的带宽，系统中 4 个新 HBM 2 封装将实现 1.2Tb/s 的带宽。Aquabolt 采用了与 TSV 设计和热控制有关的新技术，8 个 8Gb HBM 2 芯片组成一个 8Gb HBM 2 封装，每个芯片使用 5000 多个 TSV 进行垂直互连，显著增强了芯片性能。

目前，JEDEC 已在讨论制定 HBM 3 显存的标准，预计在 2019～2020 年问世。三星表示，HBM 3 会进一步提高堆栈层数、核心容量及带宽，但在核心频率、内存库、DQ 位宽方面保持 HBM 2 的水平，预计将实现 64Gb HBM 3。此外，HBM 3 功耗也会大幅降低，但目前阻碍 HBM 普及应用的最大问题是高成本。

2. HMC 器件

HMC 由美国镁光（Micron）公司于 2011 年提出，参与研究的公司包括

工业和信息化蓝皮书·集成电路产业

韩国三星、Hynix 公司和美国镁光、Open-Silicon、ARM、IBM、Altera（已被英特尔收购）、赛灵思公司。HMC 使用 TSV 和微凸球来连接多层芯片，存储器控制芯片作为一个独立的芯片集成在一起。HMC 包括 4~8 个 DRAM，每个 DRAM 有超过 2000 个 TSV，每个 DRAM 都划分为 16 个核，然后进行堆叠，逻辑控制电路在最下面，也划分为 16 个部分，每一部分对其上垂直堆叠的每一层 DRAM 的核进行控制。这种结构支持更多的 DRAM I/O 管脚，因此可提供更高的带宽（高达 400Gb/s）。性能比 DDR3 提升 15 倍，每比特功耗比 DDR4 减少 70%，所占空间比 DDR4 减少 90%，通道复杂性比 DDR4 减少 88%，缺点是其成本也是最高的。目标应用包括高性能计算、能源、无线通信、运输、安全和高端服务器。

HMC 的实现需要开发一个支持性的生态系统，德国海德堡大学等学术界创建了 openHMC IP，使基于 FPGA 的设计成为现实。通过开放的 HMC 联盟（HMCC），行业领导者共同开发了 HMC 的多种规范。目前镁光公司的 HMC 批量项目开始逐步走向成熟，2018 年 8 月镁光宣布从 HMC 转向下一代高性能计算和网络解决方案，推出高性能内存路线图战略。

HMC 和 HBM 都是 TSV 工艺的堆栈内存，但结构上并不完全相同。HBM 中使用硅中间层连接处理器与 HBM 芯片，而 HMC 与处理器连接是靠 4 条高速 Link，每条 Link 有 16 个通道，速度最高可达 30Gb/s，典型速度有 10Gb/s、15Gb/s 和 25Gb/s。HBM 的高带宽需要离处理器很近，显卡和 HBM 是封装在一起的，所以存在制造工艺复杂、成本太高的问题；而 HMC 能够实现更灵活的部署，通过 Link 与处理器相连，既可以做近场内存（near memory），也可以距离远点（far memory）。但是，与 HBM 的应用推广相比，HMC 推广力度明显不足，HBM 在显卡和 FPGA 中已经运用，而 HMC 阵营虽然也包括三星、SK Hynix 等公司，但真正在推广的只有镁光和英特尔公司。

2018 年 3 月，美国知名市场研究公司 Research and Markets 的报告称，HMC 和 HMB 的市场在 2018 年预计达 9.227 亿美元，到 2023 年预计为 38.425 亿美元，2018~2023 年的复合年增长率可达 33.02%。推动 HMC 和

HMB 市场增长的因素包括对高带宽、低功耗和高度可扩展存储器不断增长的需求、人工智能不断增长的使用率，以及电子器件不断小型化的趋势，但同时高集成度引起的散热问题也限制了 HMC 和 HBM 市场的增长。

三　发展趋势

3D TSV 的大批量生产已开始，尤其是在存储器产业。未来，随着技术的成熟，越来越多包含非 CMOS 器件的小型系统将进入三维集成时代。

1. 产业规模持续上涨

2018 年 5 月，Research and Markets 公司表示，全球 3D TSV 和 2.5D 市场预计将在 2018～2023 年实现 35.2% 的增长。2018 年 10 月，法国行业研究公司悠乐（Yole）表示，从 2017 年到 2023 年，整个封装市场的收入将以 5.2% 的复合年增长率增长，同时，在这一时期，先进的封装市场将以 7% 的复合年增长率增长。在不同的先进封装平台中，3D TSV 以 29% 的速度增长。3D TSV 和 2.5D 市场的驱动力主要为人工智能和机器学习，具体包括高带宽、高性能计算、边缘计算、深度学习或深度神经网络等。

2. 高中低端应用同步推进

3D TSV 技术正在成为异质集成、高端存储器和高性能应用的重要解决方案平台。高端应用包括 3D 堆叠存储器、3D 片上系统（SoC）、硅光子、中介层等，中低端应用包括 CMOS 图像传感器（CIS）、飞时测距（ToF）、射频（RF）滤波器、MEMS 器件、发光二极管等。2016～2022 年 TSV 不同终端应用领域发展趋势如图 6 所示，预计 2016～2022 年高端市场 12 英寸等效晶圆年消耗量的复合年增长率（CAGR）将达到 36%，2022 年高端产品预计将消耗超过 60 万片的 12 英寸等效晶圆，中端和低端应用市场 12 英寸等效晶圆年消耗量在 2016～2022 年的复合年增长率将分别达到 20% 和 29%。3D TSV 在高性能市场的应用如图 7 所示。

3. 产业体系进一步完善

整合器件制造商（IDM）包括韩国三星公司、美国镁光和飞思卡尔公

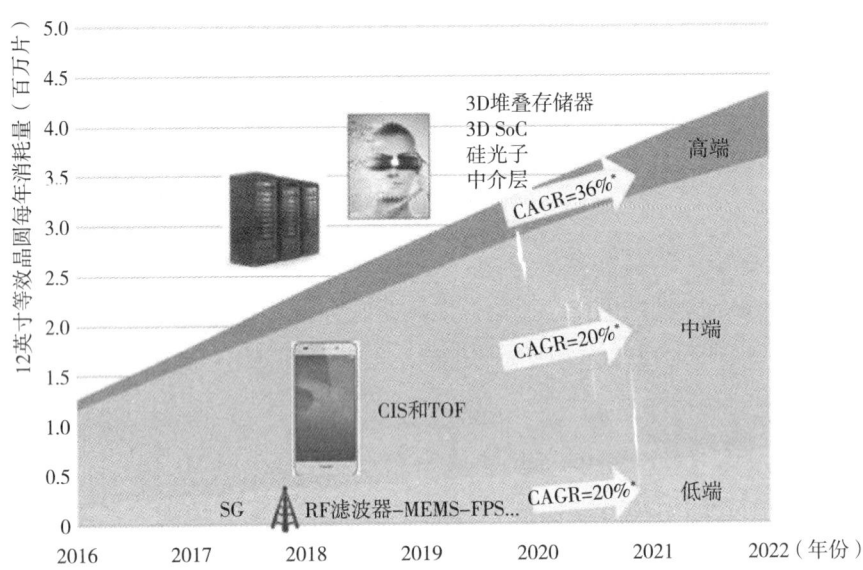

图6 2016～2022年TSV不同终端应用领域发展趋势

注：＊表示为预测数据

资料来源：Yole，2017年5月。

项目	ICT和网络 	用于数据分析的高性能计算	消费者计算、游戏、AR/VR 	航空航天和国防	汽车计算 	医疗计算
存储立方体	×	×	×	×		
	×	×	×	×	×	×
3D片上系统	×		×			
硅光子	×	×		×		×

图7 3D TSV在高性能市场的应用

注：3D片上系统包括逻辑组件和逻辑组件堆叠以及存储器和逻辑组件堆叠3D IC，存储立方体包括HBM、HMC、MCDRAM、3DS和DiRAM。

资料来源：Yole，2017年5月。

司、日本索尼和东芝公司以及意法半导体公司等。封测代工厂（OSAT）包括中国台湾的 SPIL、ASE、Powertech 公司和美国的 Amkor 公司等。CMOS 代工厂包括中国台湾台积电和中芯国际等。其他企业包括硅中介层、3D 封装代工厂和研发服务提供商。除了提供制造、封测服务外，上述企业在 3D TSV 相关产品链条中正发挥更大作用。例如，Amkor 和 SPIL 公司正有力地进入存储器、MEMS 和传感器市场；三星公司在 CIS、硅中介层和 LED 市场所占份额不断提升。

四　结语

传统的三维器件互连技术，通过引线键合或倒装芯片技术实现硅晶圆或裸片的三维集成，但均受限于集成裸片和异构芯片的数量。TSV 互连技术的快速发展，实现了在硅晶圆或裸片上合适位置采用垂直通孔进行晶圆或裸片之间的连接，从而突破了引线键合或倒装芯片技术两种传统工艺的制约。采用 TSV 技术不仅可以大大提高器件的集成度，还可减小互连延时，提高器件运行速度，并降低功耗。由于制造工序的减少，基于 TSV 的封装器件批产后还可降低器件生产成本。实现垂直堆叠，可以有效降低研发和工艺难度，缩短研发时间，提高生产效率。三维集成的发展方向是真正实现多种技术、不同类型元器件和多种集成电路的集成，且能够实现相对简单、灵活方便的器件设计。异质异类器件三维封装技术的成熟，将有力推动微电子、微机电系统和光电子等多器件的系统化集成。

B.19 空间用抗辐射集成电路发展现状

苏建南*

摘　要： 空间飞行系统用集成电路不仅要应对极端苛刻的温度、振动等环境，还要应对无处不在的宇宙辐射，对抗辐射性能具有很高要求。抗辐射集成电路是空间飞行系统的关键核心电子元器件，国外将其视为重要的战略资源，严格控制出口。当前，中国抗辐射集成电路水平远落后于美欧等国家和地区，需加大力度突破这一瓶颈。

关键词： 抗辐射　FPGA　CPU　DSP　存储器

空间飞行系统用（空间用）电子元器件和系统正在向小尺寸、轻质和低功耗方向发展，尤其在发射阶段，对尺寸、质量的要求更为严格，在轨运行、空间试验、飞行等阶段对低功耗性能需求更为迫切。空间飞行系统使用大量抗辐射电子元器件，其中以抗辐射集成电路技术水平最高、设计制造难度最大、最为关键。由于空间用抗辐射元器件要求技术成熟且可靠性达到18～20年，因此当前的抗辐射集成电路制造工艺仅达到45纳米，比商用器件至少落后约三代。但通过设计加固方法，已可采用16纳米商用工艺线制造最先进的抗辐射现场可编程门阵列（FPGA）产品。

---

* 苏建南，国家工业信息安全发展研究中心（工业和信息化部电子第一研究所）工程师，研究方向为集成电路、半导体、电子元器件等。

一 抗辐射集成电路简介

（一）基本概念

空间辐射环境指地球外层空间存在的自然辐射环境，辐射粒子主要来自地球辐射带、太阳宇宙射线和银河宇宙射线，具体包括不同能量和数量的电子、质子、重离子和中子等。空间辐射环境的范围主要包括临近空间环境（涉及飞艇、无人机、战略导弹等装备）、近地轨道环境（涉及高分、载人、北斗、尖兵、风云等航天器）、深空探测环境（涉及探月、探火等航天器）。

辐射效应指辐射对物质产生的物理和生物等现象。空间或核辐射环境会对电子元器件尤其是集成电路造成多种形式的辐射效应，包括电离效应、位移效应、单粒子效应、充放电效应及核电磁脉冲效应等，致使电子元器件故障或失效。

而抗辐射集成电路专指经加固后可在空间或核辐射环境下稳定工作的集成电路。电子元器件中，抗辐射集成电路的技术水平最高、质量最好、工艺最复杂、服役风险最大、成本最高，与常规军用集成电路相比存在诸多特殊性：①抗辐射集成电路需要耐受空间辐射环境和人为辐射环境，以及极端恶劣的温度、振动等环境；②产品种类多、需求量少、工序特殊、验证难度大；③技术复杂程度高、研制生产成本高；④通常用于空间系统或核武器装备，服役期间一旦损坏无法替换且后果严重；⑤国外将抗辐射集成电路视为重要的战略资源，严格控制出口，我国难以获得。

（二）抗辐射加固技术

基于工艺、结构和设计的改进，提高集成电路的抗辐射能力，是当前国际上采取的主要抗辐射技术手段。目前的抗辐射技术主要包括设计加固、工艺加固和屏蔽加固，但屏蔽加固不仅增加体积、重量，且没有解决集成电路抗辐射能力的本质问题，所以设计加固和工艺加固是提升集成电路抗辐射能力的主要手段。

1. 主要的工艺加固技术

（1）采用绝缘体上硅（SOI）或金刚石上硅（SOS）晶圆替代传统半导体晶圆制造辐射加固芯片，抗辐射能力是常规商用芯片的几个数量级。

（2）双极性集成电路抗辐射性能高于CMOS电路，在低功耗系统中能够承受1000krad的辐射剂量，对于发射极耦合（ECL）逻辑器件，能够承受1000krad。

（3）磁阻随机存储器（MRAM）具有优异的抗辐射、可重写和非易失性能，有望替代DRAM、SRAM、EEPROM和flash。物理原理和早期测试表明，MRAM不易因电离辐射引发数据丢失。

（4）SRAM有望替代电容式DRAM，但尺寸更大、更昂贵。

（5）采用碳化硅、氮化镓等宽禁带材料做衬底，使器件耐受深能级缺陷能力更强。

（6）采用硼磷硅玻璃钝化层保护芯片不受辐射损伤。

2. 主要的设计加固技术

（1）使用奇偶校验位检验并纠正错误数据。因为在内存未被访问时也会因辐射效应而损坏存储数据，所以需要设置"擦除"电路连续扫描RAM、读出数据、检查数据奇偶校验位，发现错误后将校正后的正确数据写回RAM。

（2）采用多个单独的冗余微处理器进行独立计算，然后比较计算结果，发现并纠正错误。

（3）采用三位电路级冗余替代一个位，每个位具有独立的投票逻辑，能够避免单个位错误，该法称为三模冗余法。

（4）采用看门狗进行硬系统复位。系统正常工作期间，软件会定期对看门狗进行写入操作，如果辐射效应导致处理器或系统错误，就无法向看门狗写入，此时看门狗将强制重新启动系统。该方法是应对辐射效应的最后手段。

当前主要抗辐射集成电路产品均采用以上某种或多种手段实现抗辐射性能。

二 抗辐射现场可编程门阵列发展现状

当前主流抗辐射现场可编程门阵列（FPGA）产品主要来自美国美高森美（Microsemi）、赛灵思（Xilinx）、英特尔/阿尔特拉（Altera）、爱特梅尔（Atmel）和英国Cobham公司。经统计，目前主要抗辐射FPGA产品的系统频率最大可达450MHz，总电离剂量（TID）可达1M rad（Si），单粒子闩锁（SEL）可达120 MeV/（mg·cm^2），单粒子翻转（SEU）低至10^{-10}错误/（位·天）。

由美国航空航天局（NASA）电子元器件封装项目（NEPP）制定的抗辐射和FPGA路线图可知，NASA重点针对8款商用和抗辐射FPGA开展抗辐射能力测试，其中包括Altera公司3款、Microsemi公司1款和Xilinx公司4款。Altera公司的Stratix 5采用TSMC的28纳米商用工艺制造，NASA于2014年下半年开始对其进行辐照测试；Altera公司的Max 10采用55纳米商用工艺制造，用于小型任务，于2014年进行辐照测试，原计划于2015～2017年对其进行可靠性测试，但并未实施，原因不明；Altera公司的Stratix 10采用Intel 14纳米商用工艺制造，于2015年中开始进行辐照测试；Microsemi公司的RTG4采用65纳米工艺制造，采用设计加固方法，已于2015年完成封装可靠性测试。Xilinx公司的7系产品采用28纳米商用工艺制造，于2015年下半年完成辐照测试；Xilinx公司的Ultrascale产品采用20纳米平面商用工艺制造，于2016年开始进行辐照测试；Xilinx公司的Ultrascale+产品采用16纳米垂直商用工艺制造，计划于2017年开始进行辐照测试；Xilinx公司的Virtex 5QV采用65纳米工艺制造，采用设计加固方法，已于2016年初完成封装可靠性测试。

当前最先进的抗辐射FPGA产品主要有Microsemi公司的RTG4和Xilinx公司的Virtex 5QV，二者均采用65纳米CMOS工艺制造，性能相当，但仍远低于抗辐射ASIC。Altera的FPGA产品属商用产品，产品数据手册中未见抗辐射指标，所以以下将详细阐述Microsemi和Xilinx公司的抗辐射FPGA产品发展现状。

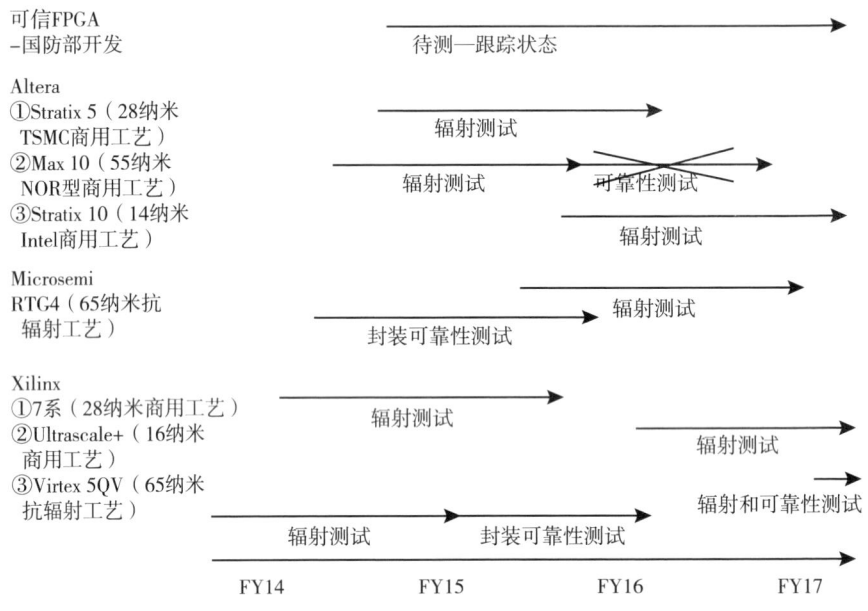

图1 NASA NEPP 制定的抗辐射 FPGA 路线

（一）Microsemi 产品现状

美国 Microsemi 公司是致力于在功耗、安全、可靠性和性能方面提供差异化解决方案的半导体器件领导者，是首家针对 RISC－V 设计提供全面软件工具链和知识产权（IP）内核的 FPGA 供应商，其抗辐射 FPGA 产品有 4 个系列——RTSX－SU FPGA、RT ProASIC 3 FPGA、RTAX-SIDSP FPGA 和 RTG4 FPGA，性能对比如图 2 所示。

RTG4 是 Microsemi 公司的第四代抗辐射 FPGA 产品，具有高速、高性能、高密度等特点，主要面向空间辐射环境高速信号处理应用，采用设计加固方法和 65 纳米 Flash 工艺制造，在极端辐射环境下能够完全抗单粒子翻转（SEU），具备抗总剂量效应（TID）和抗单粒子效应（SEE）能力。为满足日益增长的板级数据处理需求，RTG4 提供丰富的逻辑资源、高速乘法累加模块、嵌入式存储和高吞吐率串联收发模块，满足空间环境对高可靠、抗辐射要求。与 SRAM 型 FPGA 相比，Flash 型 FPGA 无须外部器件存储配

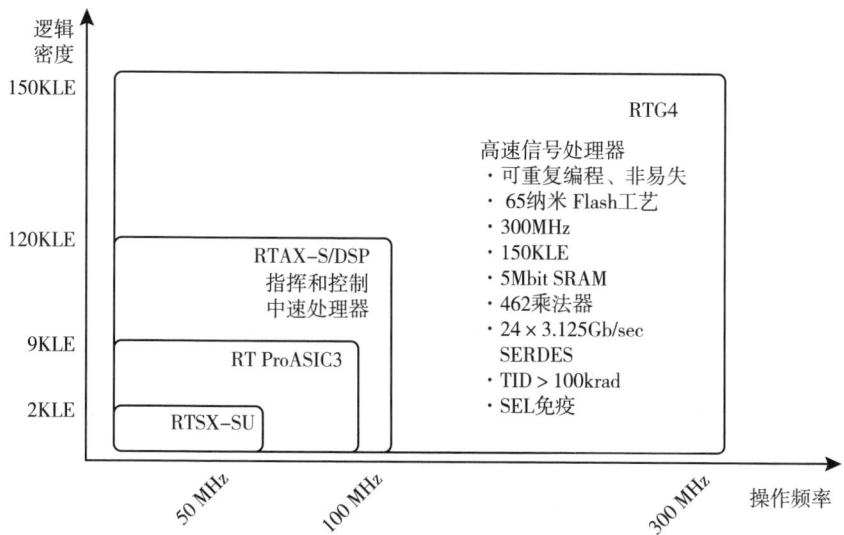

图 2 Microsemi 公司抗辐射 FPGA 产品性能对比

置信息，节约了成本。

RTG4 的典型应用是太空载荷的遥感，如雷达、民用成像和光谱技术、科学和商业应用等。这些应用涵盖天气预报、气候研究、土地利用、天文学和天体物理学、行星探索以及地球科学等。其他应用包括移动卫星服务（MSS）通信卫星，以及高空飞行、医疗电子和民用核电控制。这些应用领域曾经使用的抗辐射 ASIC 器件过于昂贵，迫使开发项目承担巨大的成本和进度风险，而 RTG4 可提供 FPGA 特有的易用性和灵活性，且无须牺牲可靠性或性能。

1. RTG4指标参数

①151842 个逻辑单元，每个单元由一个四输入查找表（LUT4）和一个三模冗余寄存器（TRM）组成，该寄存器具有内置的防止 SEU 和单粒子瞬态（SET）功能。②时钟频率 300 MHz。③24 个高速串行收发器，速度可达 24×3.125 Gb/s。④16 个带有 SEU 和 SET 保护的 SpaceWire 时钟和数据恢复电路。⑤462 个带有 SEU 和 SET 保护的乘法累加数学模块。⑥5 Mbits 带有 SEU 保护的 SRAM。⑦SEL 和配置存储器翻转免疫。⑧TID 超过 100 Krad

（Si）。⑨FPGA flip – flop 的 SEU 小于 1×10^{-11} 错误／（位·天）。⑩non – EDAC LSRAM 的 SEU 小于 1×10^{-8} 错误／（位·天）。

2. 总剂量加固技术

Microsemi 的商用 Flash FPGA 采用直接耦合方式连接两条线路，原理如图 3（a）所示，即采用单一的 Flash 单元连接水平和垂直线路，或者直接将互连线连接至逻辑单元的输入或输出端口。但在辐射环境下，晶体管的浮栅会累积辐射粒子，影响晶体管阈值，增大信号传输延迟。对于 130 纳米 ProASIC3 和 65 纳米 SmartFusion2 Flash FPGA，在 25 krad 至 30 krad 辐射条件下，信号传输速度降低约 10%。为改善这一现象，RTG4 采用间接耦合互连原理实现总剂量加固，TID 达到 100 krad，原理图如图 3（b）所示。

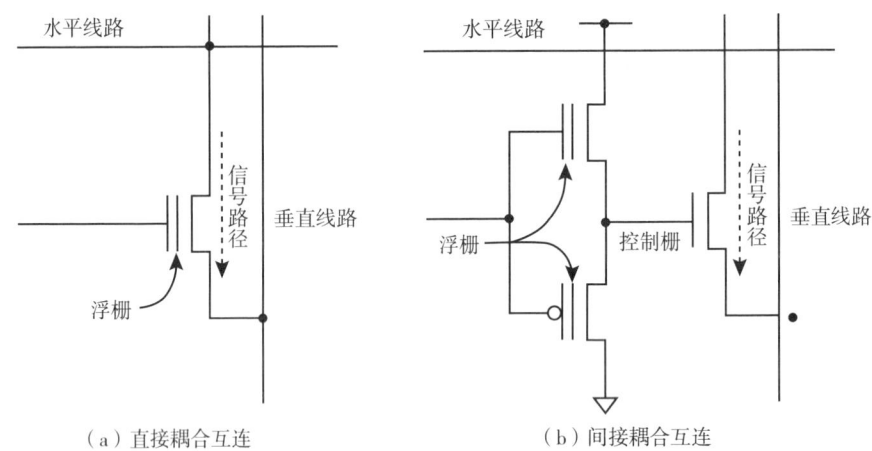

（a）直接耦合互连　　　　　　（b）间接耦合互连

图 3　直接耦合互连和间接耦合互连原理

间接耦合互连方案中，信号并不直接通过 Flash 浮栅晶体管，而是通过普通非浮栅晶体管。该晶体管的开关受浮栅推拉晶体管对控制，晶体管浮栅累积的辐射粒子并不能轻易改变 Flash 浮栅晶体管对的输出状态，从而实现总剂量加固。

3. 单粒子加固技术

（1）单粒子闩锁加固

RTG4 采用 65 纳米体硅 CMOS 工艺制造。设计过程中仔细确定设计规则，通过对待测芯片以及 IGLOO2 和 SmartFusion2 两款 65 纳米 Flash FPGA 进行重离子束试验，并进行 TCAD 模型仿真，来降低通路电阻，减小寄生二极管效应，尽量消除重离子辐射导致 SEL 的可能性。

（2）单粒子配置翻转加固

与抗总剂量加固设计一样，RTG4 采用一个 Flash 晶体管构成推拉式结构，控制普通晶体管的栅极，避免因晶体管浮栅处重离子累积而影响晶体管阈值、造成电路错误。

（3）触发器单粒子数据翻转加固

采用三模冗余容错技术进行加固，即每个受保护的触发器均由三个锁存器表决控制，以多数相同的输出作为表决系统的正确输出，实现对每一位触发器的数据保护。在同步太阳能最低情况下，RTG4 的 SEU 小于 1×10^{-10}。

（4）SRAM 模块单粒子数据翻转加固

RTG4 具有一大一微两个 SRAM，大 SRAM（LSRAM）具有 24576 位，微 SRAM（μSRAM）具有 1536 位，这些内存均具有可选的错误检测和校正（EDAC）电路，防止单个粒子辐射造成单点数据错误。EDAC 采用标准缩短汉明码（Hamming code）实现单个错误和双错误检测的能力，但仅对数据宽度不小于 18 位的数据有效。

（5）单粒子时钟翻转加固

通过提高时钟缓冲晶体管的驱动能力，以及加宽金属互联线的宽度降低电阻，来抑制时钟网络中的单粒子翻转和瞬态效应，防止触发器产生错误时钟。

（6）组合逻辑和数学模块单粒子瞬态加固

RTG4 的可编程逻辑单元和数学模块中的每个触发器均具有 SET 滤波器，用于增加被保护门电路 D 输入端的延迟，对于持续时间小于该延迟的瞬态均可消除。该结构的原理是，输入信号（S）被分成两个路径，一个路径直接到达保护栅极的输入端，另一个路径在到达保护栅极（S'）的输入端之前经过延迟 ΔT。如果 S 和 S'具有相同的值，则被保护的门将输出该值。

如果 S 和 S′ 具有不同的值，则被保护的门输出其先前状态，直到 S 和 S′ 再次一致。

RTG4 设计的延迟为 600ps，且随工艺、电压和温度而变化。设计者可选择是否使用 SET 滤波器，也可选用于单个触发器、功能模块、特定时钟区域或者整个 FPGA。

（7）锁相环单粒子效应加固

RTG4 的时钟调节电路模块中设计有三个冗余锁相环（PLL）来避免单粒子翻转。图 4 为 RTG4 PLL 设计框。当 PLL 工作在内部反馈模式时，PLL 的输出通过一个内部表决电路反馈至所有三个 PLL。在外部反馈模式时，外部反馈信号被送到一个 PLL，这种情况下只有一个 PLL 可用。输入分频器（÷R）采用三模冗余设计，反馈分频器（÷F）则没有采用三模冗余，因为反馈路径中的辐射瞬态效应将被压控振荡器滤掉。

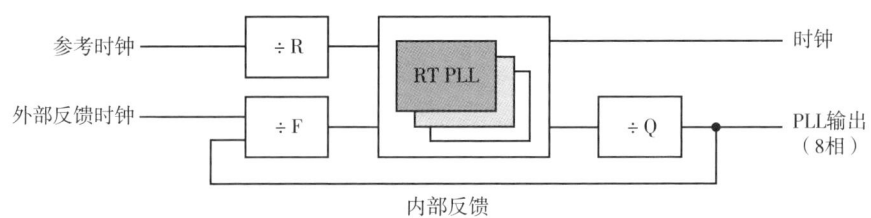

图 4　RTG4 PLL 设计框

（二）Xilinx 产品现状

美国 Xilinx 公司是可编程逻辑产品的完全供应商，可提供包括半导体集成电路、软件开发工具、定制系统和技术支持等一整套的产品和服务。Xilinx 公司当前最先进的宇航级抗辐射 FPGA 为 Virtex 5QV。

Virtex 5QV 是一款 SRAM 型 FPGA，是当前集成密度最高、最成熟的抗辐射 FPGA，于 2011 年开始量产，产品生命周期可到 2020 年。2011 年，美国桑迪亚国家实验室在国际空间站实验（MISSE－8 SEUXSE－Ⅱ）中搭载验证了 Virtex 5QV XQR5VFX130 产品；2013 年，NASA 喷气推进实验室

（JPL）在立方体卫星任务（Mcubed/COVE-2）中搭载了 Virtex 5QV，用于验证板级多角度光谱偏振成像仪。

Virtex 5QV 的典型应用包括遥感和太空望远镜的 ADC 数据转换、图像数据处理与压缩，合成孔径雷达（SAR）的高速数字化仪、定时发生器模块、基带数据处理与压缩、大容量存储，GPS 的数字波形产生器，载人船舱的视频处理器和显示、指挥以及数据处理等。

1. Virtex 5QV 指标参数

（1）13 万个逻辑单元，采用 6 输入 LUT 技术

（2）65 纳米铜 CMOS 工艺，QML V 级制造和工艺流程

（3）高信号完整性陶瓷倒装芯片阵列封装

（4）时钟频率为 450MHz

（5）温度范围为 -55°C 到 +125°C

（6）总电离剂量（TID）超过 1Mrad

（7）SEE 闩锁 LET 大于 100 MeV/（mg·cm^2）

（8）设计加固，配置存储单元和控制逻辑具有 SEU 加固。配置存储单元在地球同步轨道（GEO）SEU 为 3.8×10^{-10} 错误/（位·天）；配置控制逻辑在 GEO 发生单粒子功能中断（SEFI）的频率小于 10^{-4} 次/年

（9）可配置逻辑块（CLB）flip-flop 具有 SEU 和 SET 加固

（10）输入/输出块（IOB）flip-flop 和 DCI 控制具有 SEU 加固

（11）采用 EDAC 和自动回写方法实施块存储 SEU 加固

（12）第二代 25×18 DSP

（13）18 通道，4.25Gbit/s 收发机

2. 设计加固技术

（1）配置存储器加固。采用设计加固（RHBD）节点锁存器加固，SEU 指标比标准商用单元高近 1000 倍。

（2）配置和联合测试工作组（JTAG）控制逻辑加固。采用嵌入式三模冗余技术进行 SEU 和 SET 加固，每个控制寄存器都设计有独立且冗余的错误检测和校正电路，用于自动状态校正。可有效消除 SEFI，实现典型 GEO

环境下 SEFI 发生概率低于 10^{-4} 次/年。

（3）用户寄存器配置逻辑模块加固。Virtex – 5QV 中包含 8 个用户寄存器，每个寄存器的目标发起配置都设计有 RHBD 双节点锁存器，为其提供与配置锁存器相同的静态 SEU 保护。在动态操作期间，采用瞬态滤波器对每个寄存器的写入提供 SET 保护。SET 滤波器可对每个寄存器的数据、时钟、时钟使能、设置/复位输入提供高达 800ps 宽的毛刺滤波。

（4）用户寄存器输入/输出模块加固。所有的输入串行器/解串器（ISERDES）、输出串行器/解串器（OSERDES）、输入逻辑块（ILOGIC）和输出逻辑块（OLOGIC）均设计有 RHBD 双节点闩锁寄存器，但没有 SET 滤波器。瞬态滤波器仅 CLB 寄存器才有。

（5）数字控制阻抗加固。通过嵌入式三模冗余进行 SEU 和 SET 加固，每个控制寄存器都设计有独立且冗余的错误检测和校正电路，用于自动状态校正。

3. Xilinx 宇航级可编程器件发展路线图

2016 年，赛灵思推出首款真正的全可编程异构多处理 SoC——Zynq UltraScale + MPSoC。采用台积电公司（TSMC）新一代 16 纳米 FinFET 工艺，包含一个可扩展的 32 位或 64 位处理器 CPU、用于实时处理图形和视频的专用硬化引擎、先进的高速外设，以及可编程逻辑，可用于汽车驾驶员辅助与安全、无线和有线通信、数据中心以及连接与控制等多种应用领域。与基于 ASSP 的固定 SoC 解决方案不同，Zynq UltraScale + MPSoC 能通过灵活的 32 位或 64 位数据宽度的处理系统提供最大的可扩展性。

在 Zynq UltraScale + MPSoC 基础上，Xilinx 公司开发了下一代空间用抗辐射 FPGA，旨在为未来 15 年宽带宽通信数据处理和高清晰度成像数据压缩提供解决方案。空间用抗辐射 FPGA 和 ASIC 发展路径如图 5 所示。

Xilinx 公司于 2018 年推出首款基于 Zynq UltraScale + MPSoC 的抗辐射可编程逻辑（PLD）产品——RT – ZU19EG，采用 TSMC 新一代 16 纳米 FinFET 工艺、45 毫米 CCGA 封装（管脚间距 1 毫米），陆地和空间用的产品采用相同的设计工具、IP 和 FPGA 架构，性能较 Virtex 5QV 高 10 倍。该

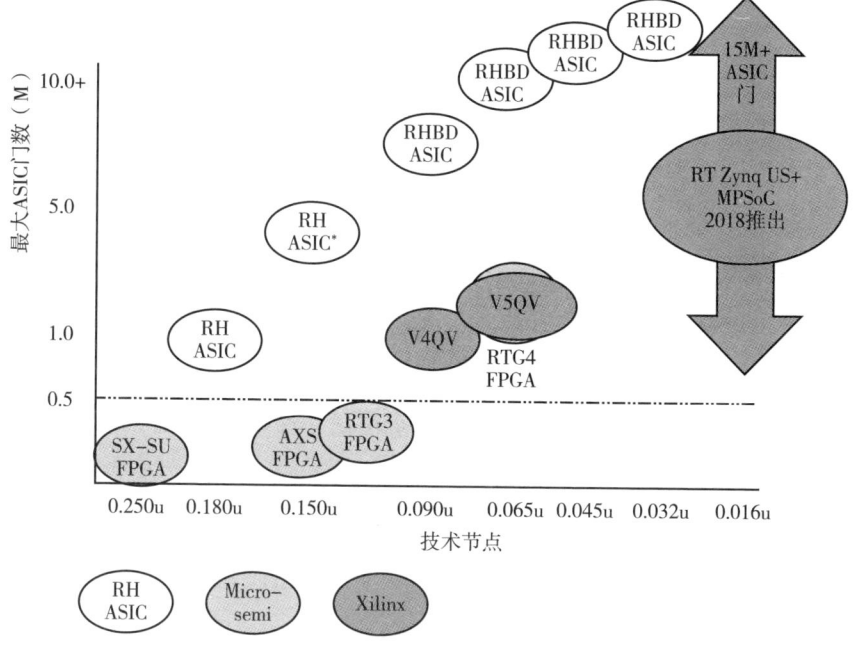

图 5 空间用 FPGA 和 ASIC 发展路线

产品将是功能最强大的空间用 PLD/SoC。Zynq UltraScale + MPSoC RT – ZU19EG 与 Virtex 5QV XQR5VFX130 性能指标对比如表 1 所示。

表 1 RT – ZU19EG 与 XQR5VFX130 性能指标对比

性能指标	XQR5VFX130	RT – ZU19EG
工艺节点	65 纳米	16 纳米
面市时间	2011 年	2018 年
工艺	平面 CMOS	3D FinFET
加固技术	设计加固	耐辐射
逻辑单元	131K	1143K
容量	12.3Mb	80.4Mb
DSP 单元	320	1968
SERDES 线/速度	18/4.5Gbps	52 6/16/33Gbps
处理器	软 IP 核	四核 A53、双核 R5、Mali GPU、软 IP 核

287

三 抗辐射微处理器产品发展现状

许多空间飞行器、空间站、探测器都运用了微处理器（CPU），且大多数飞行器都是用很多个 CPU。对于抗辐射空间系统，设计人员通常不采用最新、最先进的微处理器，而是选择成熟的、经过测试的产品。空间用 CPU 必须满足美军标 MIL - STD - 883（通常是 M 级或 S 级）要求，保证器件的可靠性。测试内容包括：热学、机械、直流和交流测试，以及对单个晶圆的抽样检测等。大多数通过测试的 CPU 都位于晶圆的中心位置，因为这些芯片没有边缘缺陷，抗辐射性能更好。当前主流抗辐射 CPU 产品主要基于 IBM POWER 架构、SPARC V8 架构和欧洲空间局（ESA）的 LEON 架构，主要厂商有 BAE 系统公司、Atmel、Cobham 等。经统计，目前最先进的抗辐射 CPU 产品是 BAE 公司的 RAD 5545，所采用的工艺最为先进，为 IBM 45 纳米 SOI 工艺，TID 可达 1M rad（Si）；Cobham 公司的 GR712RC 产品 SEL 最高，可达 118MeV/（mg·cm^2）。

BAE 系统公司拥有系列抗辐射处理器，为空间应用提供了可靠、先进的技术，掌控着 NASA 全部三代火星探测器和火星观测卫星的计算机系统。至今，已为 300 多颗卫星提供了 900 多个计算机，总计飞行时间超过 9000 年。其明星产品为 RAD750© 和 RAD5500© 多核处理器。

Atmel 公司于 2012 年发布了最先进的 SPARC V8 架构微处理器——ATF697FF。该处理器是一款抗辐射、高性能的可配置处理器，发射后仍允许用户修改设计以升级卫星系统。ATF697FF 集成了 ATMEL 的辐射加固 AT697F 处理器和可配置 ATF280F SRAM 型 FPGA 单元。该处理器对于需要灵活配置外设和接口的系统非常理想，能够满足不同的标准，应用于不同的任务，如 SpaceWire、CAN、IEEE1553 标准等。ATF697FF 的灵活性也有利于后期应用的修改设计，如将原本应用于地球的设计修改调整用于卫星或空间实验等。

ESA 从 1989 年开始自主研发处理器，最初采用 2.5 微米 CMOS/SOS 工艺制造了 MDC281（1750）处理器，随后开发了 MA31750（1.5 微米）、ERC32（0.8 微米、0.6 微米）处理器，被美国 NASA、中国、印度、以色列等广泛应用。ESA 于 2000 年开发了首款 LEON1 - FT 容错型处理器，采用 0.35 微米工艺制造；于 2002 年开发了 LEON2 - FT 处理器，采用 0.18 微米工艺制造；于 2004 年开发了 LEON3 - FT 处理器，采用 0.20 微米工艺制造；于 2007 年开发了 LEON3 - FT 四核处理器，采用 90 纳米工艺制造，目前已有 LEON4 商业版本。LEON 是 ESA 为关键宇航应用开发的 32 位 SPARC 处理器，目的是摆脱欧空局对美国宇航级处理器的依赖。

Cobham 公司（原爱法斯微电子部）是全球领先的国防电子供应商，拥有 LEON 3FT/4FT 处理器内核的系列抗辐射处理器，包括 UT699/699E/700/GR740 和 712RC 等多款产品，广泛用于空间飞行器机载计算机和载荷处理、核电站控制、关键运输系统、高海拔航空电子设备、医疗电子、X 射线扫描等领域。Cobham 为用户提供了低成本 UT700 处理器开发平台，并允许用户根据应用需求进行自定义扩展。目前，Cobham 正在开发 GR740 版本抗辐射四核 LEON4 SPARC V8 处理器，该处理器被认为是 ESA 的下一代微处理器，且是 ESA 标准微处理器路线图的一部分，计划于 2019 年研发出飞行模型。

四　抗辐射数字信号处理器发展现状

下行链路带宽匮乏且下一代传感器等空间设备会生成大量数据，无论在数据处理速率还是容量方面，都使未来空间科学任务对机载数据处理能力提出很高要求。因此，需要研究新架构用于机载数据处理。经统计，目前最先进的抗辐射数字信号处理器（DSP）产品是 BAE 系统公司的 RADSP EED™，所采用的工艺最为先进——90 纳米 CMOS 工艺，TID 可达 1M rad（Si）；美国 TI 公司的 SMJ320C6701 - SP 产品 SEL 最高，可达 89MeV/（mg·cm^2）。

ESA 于 2007 年针对"下一代机载载荷数据处理器"展开了圆桌讨论，此后一直奉行几种发展路线并行的原则。DSP ASIC 有以下三个并行发展路线：①基于 ADI 21469 商用 DSP 开发下一代 DSP，此路线后因缺少资金而放

弃；②可扩展传感器数据处理器 ASIC，正在研发；③高性能数据处理器和阵列处理器 ASIC，主要针对通信应用，正在开展原型研发。

除 DSP ASIC 之外，ESA 也在寻求可配置 FPGA 用于高性能数据处理，并重点开发了动态可配置处理模块（DRPM），旨在评估可配置 FPGA 技术是否适用于数据处理。自此，可配置 FPGA 成为空间应用的一种可行方案，可在许多领域替代 DSP ASIC。欧洲已投入大量资金研究可配置 FPGA 技术，首款原型产品已进入测试阶段。ESA 认为，未来空间数字信号处理应用对 DSP ASIC 和 FPGA 都有需求，将支持两条线并行发展。在 FPGA 方面，ESA、法国空间研究中心（CNES）及欧洲宇航工业界正在共同研发高性能、抗辐射、可重复编程的 FPGA 系列——用于多种环境的可重复编程阵列（BRAVE）。在 DSP 方面，ESA 将继续研发，支持针对空间应用的新型 DSP ASIC 开展最优技术路线的选择和架构设计；优先支持研发 FPGA/嵌入式 FPGA（eFPGA）与 DSP 和通用处理器（GPP）的集成。

目前，ESA 正在研发可扩展传感器数据处理器（SSDP），并将其视为满足未来任务需求的下一代混合信号 ASIC。该单片处理器采用异质多核架构，包含两个 DSP 内核和一个 GPP，以及输入输出接口、数据采集模块等。该 DSP 为荷兰 Recore 系统公司的 Xentium DSP，GPP 采用 LEON3FT 内核。

五 抗辐射存储器产品发展现状

卫星或探测器等空间型号对存储器通常有轻质、小体积、低功耗、高可靠、低错误率、长寿命（15~20 年）、宽温度范围、抗辐射等特殊要求。常用抗辐射存储器按功能主要分为四类：①编程/配置存储（BIOS、FPGA 等），主要有 PROM/EEPROM、MRAM、NAND/NOR Flash；②数据缓存（指令数据等），主要有 SRAM（同步、异步、FIFO、DPRAM）、SDRAM；③MPU/MCU 存储，主要有 SRAM（同步、异步）、SDRAM；④大容量存储，主要有 SDRAM、NAND Flash。各种存储器性能对比如表 2 所示。

空间用抗辐射集成电路发展现状

表2 各类存储器技术性能对比

功能	MRAM	EEPROM	Flash	PRAM
读速度	快	快	中等—快	快
写速度	快	慢	中等—快	中等
读/写周期	非常高	低	中等	中等
数据寿命	高	中等	中等	高温下寿命短
容量/密度	中等/高	低	高	低
温度范围	军用范围	军用范围	受限	受限

随着未来空间任务采集的数据越来越多、数据处理速度越来越快，空间型号对数据存储的容量和速率也提出更高要求。据 ESA 统计的一些空间任务数据，当前的空间型号存储需求已达到 10Tbit，数据读取速率达到 10Gbps，具体型号需求如图 6 所示。

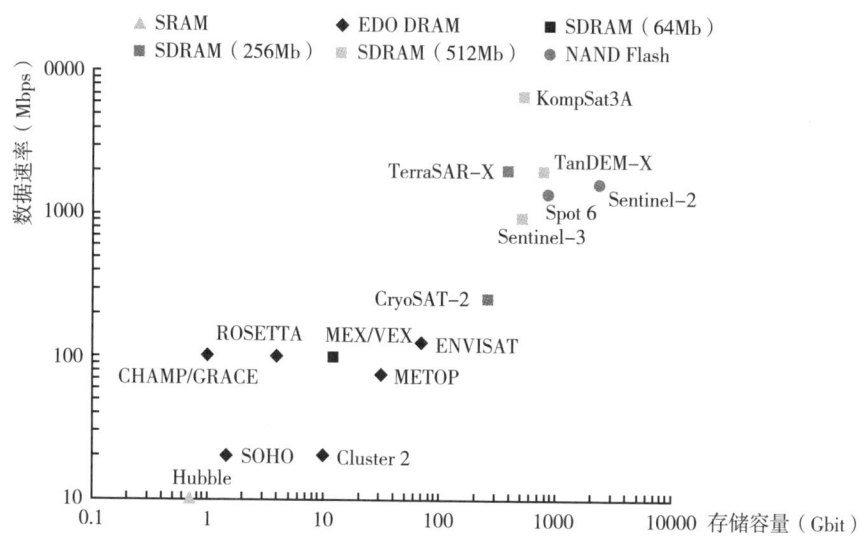

图 6 ESA 统计的部分空间型号存储需求

（一）NASA 抗辐射存储器发展路线

NASA 认为存储器是电子设计的基础器件，将很大程度影响飞行器的尺寸和能力。NASA 元器件保证计划（NEPP）曾制作了各类商用存储技术抗辐射和可靠性测试路线图（2014~2016 年），涉及产品包括以下几种。

（1）磁阻存储器：Adesto 公司的 CBRAM、松下和 Tezzaron 公司的 ReRAM、惠普实验室等的相应产品。

（2）DDR 3/4：智能存储器、美光公司的 16 纳米 DDR3 等。

（3）Flash：三星公司的 VNAND、镁光公司的 16 纳米平面 Flash 和混合存储立方体。

（4）MRAM、FeRAM 等其他存储器。

（二）ESA 抗辐射存储器的选择

ESA 专门为其 2015~2025 年愿景计划中的 EJSM Laplace 和 JUICE 任务设置项目选择抗辐射 DRAM 和非易失性存储器，重点关注总剂量效应和一些单粒子效应，具体的抗辐射要求为：TID 大于 400krad，最低值需远大于 50krad；SEL LET 大于 60Mev/（mg·cm^2）；具有良好的单粒子功能中断（SEFI）性能。

最终选择的 DRAM 为 DDR3 SDRAM，单片密度达到 4Gb，备选产品包括：尔必达公司的 EDJ4208BASE-DJ-F（过时）、SK 海力士公司的 H5TQ4G83MFR－H9C、美光公司的 MT41J512M8RH－093：E、三星公司的 K4B4G0846B－HCH9 和南亚公司的 NT5CB512M8CN－EK。SK 海力士的产品 TID 最高，达到 400krad，所有产品都闩锁免疫。

最终选择的非易失性存储器为 NAND Flash，满足数据存储寿命、读取速率等要求，备选产品包括：美光公司的 MT29F16G08ABACAWP－IT：C（16Gb、25 纳米）和 qMT29F32G08ABAAAWP－IT：A（32Gb、25 纳米）。TID 最高达到 30krad。所有产品都闩锁免疫。

（三）抗辐射存储器产品现状

当前全球主要的抗辐射存储器厂商包括英国 Cobham、意大利 RedCat、法国 3D PLUS、美国 CYPRESS 等公司，涉及的主要产品包括 SRAM、

MRAM、PROM、Flash 等。经统计，目前主要抗辐射存储器产品所采用的最先进工艺是 130 纳米 CMOS 工艺，SRAM 的 TID 可达 1M rad（Si），SEL 可达 110MeV/（mg·cm^2）；NAND Flash 的 TID 可达 60Krad（Si），SEL 可达 62.5MeV/（mg·cm^2）；MRAM 的 TID 可达 1M rad（Si）；EEPROM 的 TID 可达 80Krad（Si）（读模式）和 25Krad（Si）（写模式），SEL 可达 80MeV/（mg·cm^2）。

六　总结

随着特征尺寸进入纳米尺度，集成电路对总剂量效应和单粒子效应以及位移效应和剂量率效应的敏感性问题日益凸显。国外一方面继续加强绝缘体上硅（SOI）等传统抗辐射技术的研究，另一方面积极开展抗辐射加固设计技术、商用抗辐射产品筛选与加固、新材料和新结构等研究。目前，国外在抗辐射 FPGA、CPU、DSP、存储器等核心集成电路产品领域能力远高于我国，且产品型号更多、性能更好。除以上专门的抗辐射产品外，NASA 和 ESA 也在积极测试、筛选商用产品，以期寻找既具有抗辐射能力又具有高性能的空间应用产品。

近年来，我国一直重视核心电子元器件的发展，但抗辐射性能仍是我国元器件尤其是集成电路领域的最大瓶颈，与国外差距最大。我国应保持对该领域的持续关注，尽快实现抗辐射集成电路的跨越式发展。

B.20
氮化镓器件技术应用现状及趋势

冯园园 张洁雪*

摘　要： 氮化镓（GaN）材料是宽禁带材料的一种，适于制造高频大功率、耐高温、抗辐射半导体微电子器件等，在军民两用领域均有巨大的应用前景。经过自21世纪以来美国等国家的持续推动，GaN器件和工艺技术快速成熟，产品大量上市，并已用于多个在研武器中。GaN器件已在性能、尺寸、可靠性和成本间取得平衡，并开始逐步替代市场上成熟的砷化镓（GaAs）和硅横向扩散金属氧化物半导体（LDMOS）器件，市场前景极其广阔。

关键词： 氮化镓　功率器件　抗辐射

2018年，氮化镓（GaN）器件技术继续高速发展，性能指标不断提高、产品种类大大丰富，应用范围和深度有力延伸。如在国防领域，氮化镓已成为下一代武器装备的标配，有力拓展了武器装备的探测精度和范围等；在宇航领域，氮化镓正被探索在太空中的潜在应用；在无线通信、电源适配器、电动汽车等民用领域，氮化镓器件发展迅速，部分领域已形成对LDMOS的替代之势。随着氮化镓技术的成熟，尤其是硅基氮

---

* 冯园园，国家工业信息安全发展研究中心（工业和信息化部电子第一研究所）高级工程师，研究方向为集成电路、半导体、军用电子元器件等；张洁雪，国家工业信息安全发展研究中心（工业和信息化部电子第一研究所）工程师，研究方向为人工智能、信息服务等。

化镓器件的发展，氮化镓器件的性价比将继续提升，促进更大范围的应用。

一 概述

GaN 材料是宽禁带材料的一种，具有禁带宽度大、电子饱和漂移速度快、热导率大、介电常数小、抗辐射能力强、化学性质稳定和功率密度高等优点，适于制造高频大功率、耐高温、抗辐射半导体微电子器件，以及蓝绿光和紫外光光源器件和光探测器件，在军民两用领域均有巨大的应用前景。

宽禁带材料的基础研究始于 20 世纪 80 年代，并在 90 年代末实现系列重大突破。21 世纪初，美国国防部选定 GaN 和碳化硅（SiC）作为宽禁带材料的研究重点，并于 2002 年启动了历时 9 年、总投资超过 2 亿美元的"宽禁带半导体科技倡议"（WBGSTI）项目，成为宽禁带半导体材料发展的重要催化剂。待该项目结束时，SiC 在电力电子等领域的应用已崭露头角，国防部将发展重点进一步聚焦于 GaN，陆续启动了以研究可工作于 500GHz 的 GaN 微波毫米波单片集成电路（MMIC）为目标的"下一代氮化物电子"（NEXT）和以研究先进射频超快大功率直流 GaN 开关器件为目标的"微功率转换器"（MPC）项目，两个项目年均投入均超过 1000 万美元。此外，"类目 III"（Title III）项目也在持续推进 GaN 制造工艺的成熟。

欧盟也在第 7 框架和"地平线 2020"计划下开展了多个 GaN 项目，分别从器件、结构和衬底材料等方面展开研究。比利时、法国和英国等欧盟成员国的知名研究机构也将 GaN 作为研究重点之一。日本则通过日立、三菱等日本本土企业与美国 Transphorm 等企业的合作共同发展 GaN 技术。

GaN 器件技术自 2010 年实现高可靠量产后，进入高速发展期。目前已有多个 GaN 器件生产商推出产品，并正加速进入电子战、雷达、无线通信等领域。

二 技术发展现状

GaN 器件技术的发展主要集中在提高器件性能、降低功耗和成本等方面。

（一）性能提升

GaN 器件性能发展的两个方向分别是提高电压、电流等性能指标，以及实现更高程度的集成，以在更紧凑和更高效功率器件中发挥更大作用。

1. 提高性能方面

2018 年 3 月，美国 HRL 实验室获得美国国防先期研究计划局（DARPA）授予的研究合同，该合同属于 DARPA "动态范围增强型电子和材料"（DREaM）项目的一部分，合同的主要任务是研发下一代先进的超线性 GaN 晶体管，旨在极大改善线性和噪声系数，同时降低功耗。新的晶体管将在整个频谱范围内实现无失真的传输和接收，实现具有更高数据速率的安全超宽带通信，以满足 5G 等现代通信对更宽带宽和更高数据速率的需求。

2018 年 6 月，日本村田下属公司 pSemi 公司（原 Peregrine 半导体公司）推出 PE29101 GaN 场效应晶体管（FET）驱动器，用于固态光探测和测距（LiDAR）系统。由于从 GaN 晶体管中获得了全面的性能和开关速度优势，PE29101 具有业内最快的上升时间和最小的脉冲宽度，从而为 LiDAR 图像提供更高的分辨率和准确性。

2018 年 11 月，美国空军研究实验室（AFRL）授予美国 Qorvo 公司一份 GaN 器件研究合同，将在 4 年时间内开发业内最可靠和性能最高的 GaN 工艺，创建一个统一的物理建模和器件建模工具，加速 GaN 器件设计的同时降低成本。

2. 提高集成度方面

2018 年 6 月，欧洲 Exagan 公司推出新型的智能 GaN 功率器件产品，包括 G-FET 功率晶体管和 G-DRIVE 智能快速开关，新的 GaN 基产品可提供出色的功率性能和集成度，为符合 USB 3.0 功率输出 3.0 C 类标准的快速充电器铺平了道路。

2018年6月，美国Qorvo公司推出了两款用于下一代有源电子扫描阵列（AESA）雷达的高性能紧凑型X波段GaN前端模块（FEM）。该GaN FEM不仅增强了单个封装中RF开关、功率放大器、低噪声放大器和限幅器等四个部件的最高集成度能力，还具有高可靠性、高效率等优点，且成本和尺寸都大大降低。

（二）工艺能力提升

增加晶圆尺寸、提高工艺成熟度、降低工艺成本是降低GaN成本的核心，也是奠定GaN走向广泛应用的基础。

2018年4月，比利时微电子研究中心（IMEC）与美国无晶圆厂Qromis公司合作，在IMEC的硅晶圆先导工艺线上开发出性能增强型p-GaN功率器件。IMEC和Qromis在8英寸专有衬底上开发了p-GaN器件特定的GaN外延层，德国Aixtrons公司提供了G5+C8英寸大批量制造金属有机化学气相沉积（MOCVD）系统，用于缓冲层的生长。

2018年6月，中国台湾WIN半导体公司增强了GaN工艺能力，包括支持5G应用的0.45微米栅极技术——NP45-11技术。NP45-11技术是在4英寸SiC衬底上制造的，工作的漏极偏压为50V，在2.7GHz频段可提供7W/mm的饱和输出功率，18dB的线性增益和65%以上的功率附加效率（PAE），无须谐波调谐。新的工艺使客户能够设计5G用低成本混合功率放大器。

2018年9月，AFRL授予BAE系统美国公司一份合同，BAE将转移并进一步增强空军开发的GaN半导体技术，并将其扩展到6英寸晶圆，以降低每芯片成本。双方合作建立一条140纳米的GaN MMIC工艺线，将于2020年投入生产。

三 产品发展现状

为进一步降低成本和提高功率密度，GaN器件衬底在原有SiC的基础上发展出硅和金刚石两种新材料：硅基主要面向低功率和对成本敏感的应用领域，金刚石基则以继续提升 GaN 器件功率性能为目标。SiC 基 GaN 器件目前已有大量产品问世，硅基 GaN 占比仍较小，金刚石基 GaN 器件仍处于研发阶段，军用领域目前主要是 SiC 基 GaN。

（一）GaN 功率器件

在 2018 年 6 月 10~15 日召开的 2018 年国际微波会议（IMS）上，包括美国 Qorvo、Wolfspeed、Custom MMIC、StratEdge、Macom、Integra 技术公司，日本住友（Sumitomo）公司，中国台湾 WIN 半导体公司，比利时 EpiGaN 公司，荷兰恩智浦半导体（NXP）公司等在内的多家 GaN 生产商均推出了新的 GaN 产品。

美国 Integra 技术公司推出了几款基于用于脉冲雷达应用的新型 GaN 射频功率晶体管和集成射频功率模块产品，如表 1 所示。荷兰恩智浦半导体（NXP）公司推出几款 5G 用射频 GaN 宽带功率晶体管，如表 2 所示。日本住友（Sumitomo）展示了雷达用 S 波段和 X 波段 GaN HEMT，新产品性能如表 3 所示。

表 1 Integra 技术公司新推出 GaN 产品性能

产品代号	IGNP0912L1KW	IGT5259L50	IGN1214L500B
频率范围	0.96~1.215GHz	5.2~5.9GHz	1.2~1.4GHz
输出功率	1000W	50W	500W
增益	14dB	14dB	16dB
效率	55%	43%	65%
脉冲宽度和占空比	2.5ms,20%	1ms,15%	2ms,20%
电压	50V	50V	50V
应用	L 波段航空电子设备	C 波段雷达	L 波段雷达

美国 Macom 技术公司推出硅基 GaN 产品系列，以及业界首款射频硅基 GaN 工具包，用于下一代无线基站。

表2 NXP公司新推出GaN产品性能

产品代号	A3G22H400-04S	A3G35H100-04S
频率范围	1.8~2.2GHz	3.4~3.6GHz
输出功率	79W	14W
增益	15.4dB	14dB
效率	56.5%	43.8%
电压	48V	48V
应用	无线基础设施	无线基础设施

表3 住友公司新推出GaN产品性能

产品代号	SGN3135-500H-R	SGC0910-300A-R
频率范围	3.1~3.5GHz	9~10GHz
输出功率	570W	340W
增益	11.6dB	9.3dB
效率	58%	35%
应用	S波段雷达	X波段雷达

比利时EpiGaN公司展示其用于射频功率的GaN外延片解决方案的最新增强功能。对于5G应用，EpiGaN公司开发了200毫米高压射频硅基GaN以及150毫米SiC基GaN外延片解决方案，这些射频功率产品具有出色的动态特性，在毫米波范围内提供高功率密度和低射频损耗（在频率高达110GHz时射频损耗小于0.8dB/mm）。

美国StratEdge公司展示满足GaN器件极端需求的系列新型封装，包括工作频率范围为DC至63+GHz的后烧制和模压陶瓷半导体封装的完整系列，这些封装可确保极低的电气损耗，即使在最高频率下也能高效运行。

美国Wolfspeed公司发布新1200W封装的GaN高电子迁移率晶体管（HEMT）产品，该产品是目前市场上为GaN L波段雷达提供最高输出功率的GaN HEMT。该器件的高输出功率使使用器件数量更少，从而简化了系统架构，降低了材料成本和能耗，并增加了系统响应时间，这在国防和航空航天领域至关重要。

（二）GaN 功率放大器

在卫星、海事等领域的通信中，来自地面的接收信号会经过滤波和10亿倍的放大后再次播发，其中的信号放大功能由固态功率放大器（SSPA）实现。此前 SSPA 以 GaAs 为主，随着 GaN 技术的成熟，现已出现 GaN SSPA 投入应用。

法国空客国防和宇航公司是欧洲最大国防和宇航企业——空客集团下属子公司，是宇航领域 SSPA 的重要供应商，从1996年起已向英国内外的客户提供了超过900个 UHF、L、S 和 C 波段的 SSPA，在轨运行总时长已超过5000年，主要有 GaAs 和 GaN 两种类型 SSPA。GaN SSPA 的研发主要来源于欧空局（ESA）和欧盟项目，如目前正在参与和进行的项目——"ka 波段 GaN SSPA，用于5G 卫星概念的柔性有效载荷和多载波操作"是由欧盟"地平线2020"计划资助，项目时间为2018年11月至2021年10月，目标是在具有代表性的空间环境（TRL 5）中设计、开发和测试具有射频输出功率变化能力的低成本、高功率和高效的 Ka 波段 GaN SSPA，能够在多载波工作模式下工作，用于机载5G 卫星应用；工作频段为 17.3~20.2GHz，目标输出功率为 125W。该项目为了获得欧洲100%自主的 SSPA，将加强和证实 GaN 技术在空间中的应用。

加拿大研华无线公司是海事应用 GaN SSPA 的主要供应商之一，其产品覆盖 C 波段、Ku 波段、X 波段和 Ka 波段，应用领域包括快艇、游轮和军用舰船等，这些应用场景对高功率放大器和频率转换器的耐高温和可靠性等都提出了较高的要求，而研华无线开发的 GaN SSPA 具有最高的功率密度、超高线性度和最小尺寸，适用于高温天线罩环境，能够完美集成于舰船的固定天线系统。

（三）抗辐射 GaN 器件

2018年3月，日本宇航研究开发机构（JAXA）评估了日本松下公司生产的下一代 X 波段 GaN 功率晶体管，通过采用氙离子对这些 GaN 功率晶体管进行辐射性能测试，证明了这些器件具有很强的抗辐射性能。被测试器件是松下公司2016年开始批量生产的功率器件，除了高抗辐射性能外，还可以实现更快的开关速度，可以帮助减少卫星有效载荷的质量，在下一代空间应用中潜力巨大。

2018年8月，NASA戈达德太空飞行中心表示其两个研究团队正在研究如何利用GaN加强空间探索：一是正在研究GaN HEMT如何应用到地球磁球层与电离层间耦合，这是太阳物理学领域的一个关键问题；二是正在研究GaN材料如何应用到固态中微子探测器，该探测器与科学和国土安全息息相关。两项研究均涉及GaN器件的抗辐射性能考验和评估，这些工作将促进GaN器件抗辐射性能相关标准的制定。

四 应用发展现状

GaN功率器件可提供其他器件不具备的功率、功率附加效率和增益，可采用更小的外形尺寸以及更低的成本以实现更高效的电力管理，并能在恶劣的环境下工作，可显著改进航天航空和军用武器装备等领域所用射频高功率系统性能，并减小尺寸、降低成本，已展现出巨大应用前景。

（一）应用场景分类

GaN功率器件性价比的不断提升，已对市场上成熟的GaAs和LDMOS形成一定替代之势，射频高功率应用主要情况有如下几方面。

第一，对于需在4~5GHz以上频段、高效纯饱和射频输出功率达到5~7W以上的应用，GaN是首选，挑战LDMOS在基站功率放大器领域数十年的霸主地位。

第二，对于线性是很重要指标的通信应用，由于GaN的线性特性比GaAs差，需要在多个GaAs组合放大器和GaN器件之间作出折中。

第三，在低噪声放大器（LNA）和射频开关领域，GaN所取得性能已非常接近GaAs的增益/损失和噪声指数，同时能提供更高等级的功率处理

工业和信息化蓝皮书·集成电路产业

能力。随着GaN数量的上涨和成本的下降，可以预期GaN将在未来很多应用中替代GaAs。

第四，LDMOS将在低于4~5GHz的功率放大器领域保持竞争力，因其功率等级能和GaN相当，而价格只是GaN的几分之一。

（二）主要应用领域

GaN的开发起初是为政府军用和航空项目，但目前已得到商业市场的完全认可和大量应用，在无线基础设施领域的应用已超越国防应用，市场占比超过GaN市场总量的50%以上。GaN功率器件应用领域包括：开关式电源（SMPS）、电动汽车/混合动力汽车、清洁能源（太阳能、风能、智能电网）、不间断电源（UPS）、服务器和数据中心、激光雷达、无线功率传输、电机控制、大型家用电器、小型电子移动设备（自行车、滑板车等类似系统）、音频放大等。

军事领域仍将是GaN的重要应用市场，并保持稳定增长的态势。GaN在军事领域的应用主要包括通信、雷达、电子对抗、IED干扰器等。2018年10月，美国雷神公司宣布将在新生产的增强型制导导弹 – TBM（GEM – T）拦截器中使用GaN计算机芯片，取代目前在导弹发射器中使用的行波管（TWT）。雷神表示GEM – T是美国陆军爱国者空中和导弹防御系统的支柱，是首个装有GaN发射器的导弹，GaN芯片的使用旨在提高拦截器的可靠性和效率。

五　产业发展现状

经过近几年的发展，GaN器件在高频、高功率密度和高温等环境的运行能力获得快速发展，推动了GaN器件的广泛应用，带动了市场的整体高速增长。

（一）市场

随着高频GaN功率器件对低频硅功率器件的替代，功率器件市场可能再次被颠覆，密度、效率和成本都将再次得到显著提升；在应用市场方面，GaN 器件将越来越多地用于重要军事和宇航电子系统。

2018 年 1 月，法国咨询公司 Yole 发布名为《2018~2023 年 GaN 射频市场：应用、企业、技术和衬底》的报告指出，5G 的到来有力刺激了 GaN 射频市场快速发展。到 2017 年底，GaN 射频市场总量接近 3.8 亿美元。Yole 公司分析师表示，过去两年中各个市场，特别是电信和国防应用的渗透率都有突破：这两个市场的复合年增长率超过 20%。受 5G 网络实施的带动，另一个强劲发展时期将是 2019~2020 年，到 2023 年底，GaN 射频市场总规模将增加 3.4 倍，2017~2023 年复合年增长率为 22.9%。

2018 年 4 月，美国 IHS Markit 市场咨询公司的一份新报告指出，到 2020 年，受混合动力和电动汽车、电源和光伏（PV）逆变器的需求推动，SiC 和 GaN 功率半导体的新兴市场预计将达到近 10 亿美元。2017 年后的复合年增长率将达到 35% 以上，到 2027 年达到 100 亿美元。

2018 年 4 月，印度行业研究公司 Mordor Intelligence 预测，GaN 器件市场规模将从 2017 年的 7.1144 亿美元上涨到 2023 年的 18.428 亿美元，复合年增长率为 17.1%。该数据限于提供晶体管、二极管、整流器和功率集成电路的主要供应商。尽管消费电子在近年占据了最大比重，但智能手机和平板电脑市场预计将减缓增长速度，宇航和国防领域市场将较快扩张。

（二）企业

在 GaN 企业方面，除了老牌的化合物半导体企业美国科瑞（Cree）、Qorvo、雷声、诺格、Macom，及荷兰恩智浦等，也出现了大量的新企业，如高效电源转换公司（EPC）、GaN 系统等公司。此外，还有部分初创公司将目标定位在要求较低的消费类领域，如美国的 FinSix 和 Avogy 及加拿大的 Appulse 功率公司等。

据法国著名咨询公司 Yole 在 2018 年 11 月 13 日至 16 日举办的欧洲国际半导体设备材料及微电子产业展（SEMICON EUROPA）上发表的名为

《GaN 和 SiC 功率器件：市场概览》的报告，GaN 领域知名企业和典型产品发展时间轴如图 1 所示。

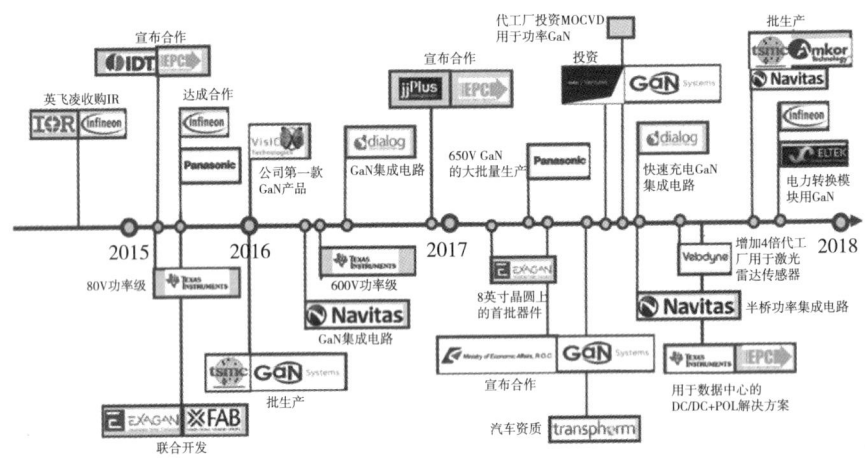

图 1　GaN 领域知名企业和典型产品发展时间轴

六　发展趋势

GaN 供应链和 GaN 技术领域的发展将不断推进 GaN 器件在性能、能效、尺寸、可靠性、成本间的平衡，并达到一个可促进主流商业接纳的价格点，推动 GaN 进入无线基站和射频能量应用等商用领域。

要实现更大规模的采用，未来 GaN 技术发展将着眼于提高性能、降低成本、提高可靠性，金刚石基 GaN 器件也将迎来快速发展。目前，SiC 基 GaN 技术充分成熟，SiC 基 GaN 占 GaN 商用器件总量的 95% 以上，在继续实现更多、更大电压和更大电流功率器件的同时，将走向更多应用。金刚石基 GaN 将挖掘 GaN 的技术潜力，成为研究领域的热点。与成本高昂的 SiC 基 GaN 相比，硅基 GaN 不仅具有可比拟的性能，且成本低，极大地改变了 GaN 性价比。例如，Macom 的 Gen4 硅基 GaN 器件具有 GaN 的功率密度优势，晶圆尺寸达到 8 寸，每瓦半导体的成本只有 LDMOS 产品的一半。硅基

GaN 将在 LTE、卫星通信终端和射频能量收集等成本敏感的应用领域具有较强竞争力，并对 SiC 基 GaN 市场形成挑战。此外，提高散热能力及可靠性也将会成为未来发展的重点领域。

GaN 器件市场毋庸置疑将保持超高速发展态势，除了传统国防领域的持续推动，消费类电子所占份额也将快速上涨。2019~2020 年，5G 网络的实施将接棒推动 GaN 市场增长。国防领域 GaN 功率器件使用量的不断增加仍然是全球 GaN 半导体器件市场的关键驱动因素。发达国家和发展中国家国防预算的不断增加，以及将技术最先进产品纳入下一代武器装备的研制需求将在未来推动全球 GaN 半导体器件市场的发展。

GaN 器件已展现巨大应用前景，已成为下一代武器装备重要的使能技术之一，是各国发展的重点和热点。我国依托中电 13 所、中电 55 所及中科院微电子所等科研院所，在 GaN 技术领域已有良好的基础，并居国际前列，更应该以此为基础，在持续密切关注国外最新进展的基础上，获取更大发展。

附 录

Appendices

B.21 全球重要集成电路企业排名

贾 丹[*]

一 全球前十大集成电路设计企业排名

（一）企业排名

根据企业的综合实力，2018年全球前十大集成电路设计企业排名如表1所示。

（二）企业简介

以下企业排列顺序根据2017年排名先后而定。

---

[*] 贾丹，国家工业信息安全发展研究中心（工业和信息化部电子第一研究所）工程师，研究方向为集成电路、半导体、电子信息等。

表1　2017年全球前十大集成电路设计企业排名

单位：百万美元，%

2017年排名	2018年Q3排名	公司名称	总部所在地	2017年销售额	2016年销售额	同比增速
1	2	高通	美国	17078	15414	10.80
2	1	博通	新加坡	16065	13846	16.03
3	3	英伟达	美国	9228	6389	44.44
4	4	联发科	中国台湾	7875	8809	-10.60
5	—	苹果公司	美国	6660	6493	2.57
6	5	AMD	美国	5249	4272	22.87
7	—	华为海思	中国大陆	4715	3910	20.59
8	7	赛灵思	美国	2475	2311	7.10
9	6	美满电子	美国	2390	2407	-0.71
10	—	紫光展锐	中国大陆	2050	1880	9.04

资料来源：IC Insight，Trendforce。

1. 高通

高通（Qualcomm）公司是一家美国无线电通信技术研发公司，成立于1985年7月，因CDMA技术闻名，为全球发展最快的无线技术公司。高通公司业务涵盖技术领先的3G、4G芯片组、系统软件以及开发工具和产品等，公司拥有3000多项CDMA及其他技术的专利及专利申请，已向全球125家以上电信设备制造商发放了CDMA专利许可。

2. 博通

博通（Broadcom）公司是全球领先的有线和无线通信半导体公司。其产品实现向家庭、办公室和移动环境以及在这些环境中传递语音、数据和多媒体。Broadcom为计算和网络设备、数字娱乐和宽带接入产品以及移动设备的制造商提供业界最广泛的、一流的片上系统和软件解决方案。

3. 英伟达

英伟达（NVIDIA）公司是一家以设计显示芯片和主板芯片组为主的半导体公司。创立于1993年1月，总部位于美国加利福尼亚州。英伟达产品包括：为游戏而设的GeForce显示卡系列，为专业工作站而设的Quadro显卡系列，以及为服务器和高效运算而设计的 Tesla 系列等，也设计游戏机内核，例如 Xbox 和 PlayStation 3。

4. 联发科

联发科技股份有限公司（MediaTek. Inc）是总部设于中国台湾地区的全球著名集成电路设计厂商，成立于 1997 年 5 月 28 日。联发科技股份有限公司专注于无线通信及数字多媒体等技术领域，其提供的芯片整合系统解决方案包含无线通信、高清数字电视、光储存、DVD 及蓝光等相关产品。

5. 苹果公司

苹果（Apple）公司是美国高科技公司，由史蒂夫·乔布斯、斯蒂夫·沃兹尼亚克和罗·韦恩等人于 1976 年 4 月 1 日创立，并命名为美国苹果电脑公司（Apple Computer），2007 年 1 月 9 日更名为苹果公司。苹果公司 1980 年 12 月 12 日公开招股上市，2012 年创下 6235 亿美元的市值纪录。2017 年 2 月，Brand Finance 发布 2017 年度全球 500 强品牌榜单，苹果公司排名第二；同年 6 月 7 日，2017 年《财富》美国 500 强排行榜发布，苹果公司排名第三位。

6. AMD

美国超威半导体公司（AMD）专门为计算机、通信和消费电子行业设计和制造各种创新的微处理器（CPU、GPU、APU、主板芯片组、电视卡芯片等）、闪存和低功率处理器解决方案。AMD 致力为技术用户——从企业、政府机构到个人消费者——提供基于标准的、以客户为中心的解决方案。AMD 是目前业内唯一可以提供高性能 CPU、高性能独立显卡 GPU、主板芯片组三大组件的半导体公司。

7. 华为海思

海思半导体是一家半导体公司，成立于 2004 年 10 月，前身是创建于 1991 年的华为集成电路设计中心。公司总部位于深圳，在北京、上海、美国硅谷和瑞典设有设计分部。海思的产品覆盖无线网络、固定网络、数字媒体等领域的芯片及解决方案，成功应用在全球 100 多个国家和地区；在数字媒体领域，已推出 SoC 网络监控芯片及解决方案、可视电话芯片及解决方案、DVB 芯片及解决方案和 IPTV 芯片及解决方案。

8. 赛灵思

赛灵思公司（XLNX）是全球完整可编程逻辑解决方案的领导厂商，占有该市场一半以上的份额。赛灵思屡获殊荣的各种产品包括硅片、软件、IP、开发板、入门套件，可使设计者为多种终端市场提供应用并大大缩短上市时间，包括航天/国防、汽车、消费类、工业和有线/无线通信等。2018年7月18日，赛灵思收购北京深鉴科技有限公司。

9. 美满电子

美满电子（Marvell）公司成立于1995年，总部在硅谷，在中国上海设有研发中心，是一家提供全套宽带通信和存储解决方案的全球领先半导体厂商；针对高速、高密度、数字资料存贮和宽频数字数据网络市场，从事混合信号和数字信号处理集成电路设计、开发和销售；是全球顶尖的无晶圆厂半导体公司之一，也是全球发展最快的半导体公司之一。

10. 紫光展锐

紫光展锐成立于2016年2月，由紫光集团旗下的展讯通信和锐迪科整合而成，展讯和锐迪科隶属于紫光展锐旗下，但是两家公司仍独立运营，有各自的体系架构和人员配置。截至2016年底，紫光展锐已成为中国最大的芯片设计企业，实现年出货超过10亿颗芯片，其中手机芯片出货6.5亿套片。2017年紫光展锐手机基带芯片市场份额稳居全球前三，并已成为全球前十的集成电路设计企业。

二 全球前十大集成电路制造企业排名

（一）企业排名

根据企业的综合实力，2018年全球前十大集成电路制造企业排名见表2。

表2　2017年全球前十大集成电路制造企业排名

单位：百万美元，%

2017年排名	2018年上半年排名	公司名称	总部所在地	2017年销售额	同比增速
1	1	台积电	中国台湾	32040	8.80
2	2	格罗方德	美国	5407	8.20
3	3	联华电子	中国台湾	4898	6.80
4	4	三星	韩国	4398	2.70
5	5	中芯国际	中国大陆	3101	6.40
6	6	高塔半导体	以色列	1388	11.10
7	7	力晶	中国台湾	1035	19.00
8	8	世界先进	中国台湾	817	2.00
9	9	华虹宏力	中国大陆	808	12.10
10	—	东部高科	韩国	676	1.50

资料来源：Trendforce。

（二）企业简介

以下企业排列顺序根据2017年排名先后而定。

1. 台积电

台湾积体电路制造股份有限公司，简称台积电、TSMC，是中国台湾地区一家半导体制造公司，成立于1987年，是全球第一家以及最大的专业集成电路制造服务（晶圆代工）企业，总部与主要工厂位于新竹科学园区。

2. 格罗方德

格罗方德（GlobalFoundries）是一家总部位于美国加州圣克拉拉的半导体代工公司。格罗方德在2009年3月2日从AMD剥离出来成立，并于2010年1月23日通过收购特许半导体来扩展业务。公司在2015年7月1日收购IBM微电子。格罗方德生产大容量集成电路，客户包括AMD、博通、高通、意法半导体。

3. 联华电子

联华电子（简称联电）总部设在台湾新竹科学园区，是半导体晶圆专工业界的领导者，提供先进制程与晶圆制造服务，为集成电路产业各项主要应用产品生产芯片。联电现共有 11 座晶圆厂，遍及亚洲各地，每月可生产超过 50 万片芯片。联电在全球有超过 20000 名员工，在中国台湾地区、日本、韩国、中国、新加坡、欧洲及美国均设有服务据点，以满足全球客户的需求。

4. 三星

三星集团是韩国最大的跨国企业集团，成立于 1938 年，由李秉喆创办。同时也是上市企业全球 500 强，三星集团包括众多的国际下属企业，旗下子公司有三星电子、三星物产、三星航空、三星人寿保险、雷诺三星汽车等，业务涉及电子、金融、机械、化学等众多领域。

5. 中芯国际

中芯国际集成电路制造有限公司（中芯国际）是全球领先的集成电路芯片代工企业之一，也是中国内地规模最大、技术最先进的集成电路芯片制造企业。主要业务是根据客户本身或第三者的集成电路设计为客户制造集成电路芯片。中芯国际是纯商业性集成电路代工厂，提供 0.35 微米到 28 纳米制程工艺设计和制造服务。

6. 高塔半导体

高塔半导体有限公司（Tower Semiconductor）是一家独立的专门的圆晶铸造厂，主要服务于半导体制造商。圆晶铸造厂不提供自己的产品，但是会根据客户的特殊设计要求集中生产集成电路。公司主要在第三方设计的基础上为客户制造半导体。高塔半导体有限公司成立于 1993 年，在收购了位于以色列米格达乐埃美柯的国家半导体的 150 毫米规格晶片制造厂后成立，公司作为独立的圆晶铸造厂进行商业运作。

7. 力晶

力晶科技股份有限公司业务范围涵盖动态随机存储器（DRAM）、非易失性存储器（Flash）制造及晶圆代工两大类别。总公司位于台湾新竹市新竹科学工业园区，创办人为黄崇仁。力晶现有 12 寸晶圆厂 3 座，是目前中国台湾地区 12 寸晶圆厂产能最大的存储器芯片制造公司。

8. 世界先进

世界先进积体电路股份有限公司（简称世界先进）是一家专业的集成电路代工服务提供商，于1994年12月在台湾新竹科学园成立。1998年3月，世界先进成为中国台湾地区场外交易所上市公司，主要股东为台积电、国家发展基金和其他机构投资者。

9. 华虹宏力

上海华虹宏力半导体制造有限公司于2013年1月24日在上海市工商局登记成立，公司经营范围包括集成电路产品有关的设计、开发、制造、测试等。华虹宏力公司是全球领先的纯晶圆代工厂，专注于研发及制造专业应用的200毫米（或8英寸）晶圆半导体。公司生产的半导体可被植入不同市场（包括电子消费品、通信、计算及工业及汽车）的各种产品中。

10. 东部高科

韩国东部高科（DB HiTek）是韩国规模最大的半导体代工厂，在生产高增值化的特殊产品的基础上继续向世界级非储存半导体企业迈进。DB HiTek 成立于1997年，主力产品包括 CMOS 影像感测器（CMOS Image Sensor）、电源管理 IC、数位音讯放大晶片等。

三 全球前十大集成电路封测企业排名

（一）企业排名

根据企业的综合实力，2018年全球前十大集成电路封测企业排名见表3。

（二）企业简介

以下企业排列顺序根据2017年排名先后而定。

1. 日月光

日月光集团于1984年在中国台湾地区成立，为全球第一大半导体制造

表3 2017年全球前十大集成电路封测企业排名

单位：百万美元，%

2017年排名	2018年上半年排名	公司名称	总部所在地	2017年销售额	同比增速
1	1	日月光	中国台湾	5207	6.4
2	2	安靠	美国	4063	4.3
3	3	长电科技	中国大陆	3233	12.5
4	4	矽品	中国台湾	2684	2.2
5	5	力成科技	中国台湾	1893	26.3
6	6	华天科技	中国大陆	1056	28.3
7	7	通富微电	中国大陆	910	32.0
8	9	京元电子	中国台湾	675	8.3
9	8	联合科技	新加坡	674	-2.2
10	10	南茂科技	中国台湾	596	4.9

资料来源：拓墣产业研究院。

服务公司之一，长期为全球客户提供最佳的服务与最先进的技术，专注于为半导体客户提供完整的封装及测试服务，包括晶片前段测试及晶圆针测至后段封装、材料及成品测试的一元化服务。

2. 安靠

安靠技术有限公司成立于1968年，是全球最大的半导体封装和测试服务供货商，总部位于美国。该公司提供一系列封装和测试技术和服务，包括半导体晶圆凸块、晶圆针测、晶圆研磨、包装设计、装配、测试和货运服务。它提供完整的产品特性射频混合信号。

3. 长电科技

江苏长电科技股份有限公司成立于1972年，历经四十余年发展，长电科技已成为全球知名的集成电路封装测试企业。长电科技面向全球提供封装设计、产品开发及认证，以及从芯片中测、封装到成品测试及出货的全套专业生产服务。长电科技生产、研发和销售网络已覆盖全球主要半导体市场。

4. 矽品

台湾矽品精密工业股份有限公司成立于1984年，主要提供各项积体电路封装及测试服务。公司致力于积体电路封装及测试解决方案，从晶圆凸块、晶圆测试、IC 封装、IC 测试到直接配送等服务，发展至今已成为世界级封装测试大厂。

5. 力成科技

力成科技成立于 1997 年，坐落于中国台湾地区新竹市，在全球集成电路的封装测试服务厂商中位居全球领导地位。服务范围涵盖晶圆针测、封装、测试、预烧至成品的全球出货。力成科技全球各地已经拥有超过 12000 名的员工，数座世界级的厂房各自分布在中国台湾地区的新竹、竹南，中国大陆地区的苏州，新加坡。

6. 华天科技

天水华天科技股份有限公司主要从事半导体集成电路、MEMS 传感器、半导体元器件的封装测试业务。目前公司集成电路封装产品主要有 DIP/SDIP、SOT、SOP、SSOP、TSSOP/ETSSOP、MEMS 等多个系列，产品主要应用于计算机、网络通信、消费电子及智能移动终端、物联网、工业自动化控制、汽车电子等电子整机和智能化领域。公司集成电路年封装规模和销售收入均位列我国同行业上市公司第二位。

7. 通富微电

南通富士通微电子股份有限公司于 1994 年 2 月 4 日成立于江苏南通，是中国前三大集成电路封测企业。公司目前的封装技术包括 Bumping、WLCSP、FC、BGA、SiP 等先进封测技术，QFN、QFP、SO 等传统封装技术以及汽车电子产品、MEMS 等封装技术；测试技术包括圆片测试、系统测试等。

8. 京元电子

京元电子股份有限公司成立于 1987 年 5 月，坐落在中国台湾地区新竹市，目前已成为最大的专业集成电路测试公司。京元电子的工厂占地约 20000 坪，厂房楼地板面积约 92000 坪，无尘室面积则达 56000 余坪。晶圆针测量每月产能 40 万片，IC 成品测试量每月产能可达 4 亿颗。京元电子在北美、日本、欧洲、中国、新加坡设有业务据点。2010 年底，资产总额约为新台币 347 亿元。如此庞大的专业测试规模，已经跃上国际半导体产业的舞台。

9. 联合科技

联合科技公司成立于1997年，并于1999年开始全面运营，总部位于新加坡，是为各种半导体器件提供测试和封装服务的最大供应商之一，产品包括存储器、混合信号/RF和逻辑集成电路。收购了富士通微电子亚洲有限公司的半导体测试业务。公司在新加坡、上海、中国大陆和台湾地区均设有制造工厂，在全球设有销售办事处，包括美国、意大利和日本。

10. 南茂科技

南茂科技坐落于中国台湾地区，在半导体封测领域具有领先地位，其中液晶显示器驱动IC封装测试产能排名位居全球第二位。其服务对象包括半导体设计公司、整合器件制造公司及半导体晶圆厂。它是中国台湾地区LCD和其他平板显示驱动器半导体以及先进的内存和逻辑/混合信号产品的测试和组装服务的领先独立提供商之一。

四　全球前十大集成电路设备企业排名

（一）企业排名

根据企业的综合实力，2017年全球前十大集成电路设备企业排名见表4。

表4　2017年全球前十大集成电路设备企业排名

单位：百万美元，%

2017年排名	公司英文名称	公司中文名称	总部所在地	2017年销售额	同比增速
1	Applied Materials	应用材料	美国	107	38
2	Lam Research	泛林	美国	84.4	62
3	Tokyo Electron	东京电子	日本	72.03	48
4	ASML	阿斯麦	荷兰	71.86	41

续表

2017年排名	公司英文名称	公司中文名称	总部所在地	2017年销售额	同比增速
5	KLA-Tencor	科磊	美国	28.2	17
6	Screen Semiconductor Solutions	迪恩士	日本	13.9	1
7	SEMES	细美事	韩国	10.5	142
8	Hitachi High-Technologies	日立高新		10.3	5
9	Hitachi Kokusai Electric	日立国际电气		9.7	84
10	Daifuku	大福		6.9	46

资料来源：SEMI。

（二）企业简介

以下企业排列顺序根据2017年排名先后而定。

1. 应用材料

Applied Materials（应用材料）公司成立于1967年，是一家老牌的美国半导体设备商，也是全球最大的半导体设备公司，产品横跨CVD、PVD、刻蚀、CMP、RTP等除光刻机外的几乎所有半导体设备。在全球晶圆处理设备供应商中排名第一，应用材料市场占有率19%左右，其中，PVD领域应用材料占据了近85%的市场份额，CVD占30%。

2. Lam Research

Lam Research（泛林）是刻蚀机设备领域龙头，是向全球半导体产业提供晶圆制造设备和服务的主要供应商之一。主要从事半导体生产设备、开发、制造、销售及售后服务。公司的产品有等离子刻蚀机、化学机械抛光及设备清洗等。总部设在美国加州硅谷，在全球各地设立了40多个分公司和客户服务中心。镁光科技、三星电子、SK海力士等都是其主要客户。

3. 东京电子

东京电子（Tokyo Electron）成立于1963年，是全球领先的半导体制造设备和液晶显示器设备制造商。东京电子是日本集成电路和工艺流程图设备最大制造商，也是全球第三大集成电路和工艺流程图设备制造商。东京电子在半导体及液晶显示器的制造设备方面,对全球电子产业的发展做出了巨大贡献。东晶电子遍布全球,在日本、美国、欧洲、中国大陆和台湾地区、韩国等地都建立了自己的网点。

4. ASML

ASML(阿斯麦)公司是总部设在荷兰的全球最大的半导体设备制造商之一。ASML 为半导体生产商提供光刻机及相关服务。目前全球绝大多数半导体生产厂商,都向 ASML 采购 TWINSCAN 机型,例如英特尔(Intel)、三星(Samsung)、海力士(Hynix)、台积电(TSMC)、中芯国际(SMIC)等。目前,荷兰 ASML 几乎垄断了高端领域的光刻机,市场份额高达 80%。

5. 科磊

KLA-Tencor(科磊)公司于 1997 年 4 月成立,总部位于美国,是全球领先的设备供应商,为半导体、数据存储、LED 及其他相关纳米电子产业提供工艺控制与良率管理的解决方案。公司在中国、以色列、新加坡和德国设有制造与研发(R&D)中心,其技术支持与销售中心亦遍布欧洲、美国、日本和亚太地区。

6. 迪恩士

SCREEN(迪恩士)公司总部位于日本。成立于 1868 年,专注于半导体制造设备尤其是清洗设备的研发与推广,开发出了适应于多种环境的各类清洗设备,并在半导体清洗的三个主要领域均获得第一的市场占有率,同时,迪恩士也在图像情报处理机器和液晶制造设备行业拥有龙头地位。

7. SEMES

SEMES(细美事)成立于 1993 年,是以半导体和平板显示两个事业为主的综合设备厂商,是韩国最大的预处理半导体设备与显示器制造设备生产商,可称其为韩国半导体设备厂第一大厂,主要生产清洗、光刻和封装设备。

8. 日立高新

Hitachi-High Technologies(日立高新)成立于 2001 年,在半导体设备方面,其主要生产沉积、刻蚀、检测设备,以及封装贴片设备等。

生产的设备包括半导体制造设备,如芯片贴片机和蚀刻和检测系统;分

析和临床仪器,如电子显微镜和DNA测序仪;平板显示器(FPD)、液晶显示器(LCD)和硬盘的制造设备;计量和检查设备。该公司还销售钢铁、塑料、硅芯片、精细化学品、光学元件以及汽车相关设备和材料。日立高科技在日本的销售额占42%,日立高新拥有该公司近52%的股份。

9. 日立国际电气

Hitachi Kokusai Electric(日立国际电气)是源自日本的跨国电机与电子公司,为日本八大电机制造商之一,总部位于东京,主要生产制造家用电器、电脑产品、半导体、产业机械等产品。2018年7月19日,《财富》世界500强排行榜发布,日立国际电气位列79位,是日本规模最大的综合电机制造商。

10. Daifuku

Daifuku(大福)自1937年成立以来,始终致力于物料搬运技术与设备的开发、研究。大福(集团)有六项主要业务:制造业及流通产业;半导体、液晶制造业;汽车制造业;机场专用系统;洗车机及相关产品;电子产品。其中在半导体、液晶制造业中,面向半导体、液晶制造业提供自动化洁净室输送、存储系统。该系统在生产智能手机和平板电脑所需的半导体和液晶显示器的过程中起着至关重要的作用,目前已在北美、韩国、中国大陆及台湾地区等地获得了可观的销售业绩。

五 全球前五大集成电路材料企业排名

据国家一级科技核心媒体EEPW统计,世界半导体原材料使用量占比中硅晶圆、掩模板和电子气体排名前三,占比分别为32%、14%和14%。本专题中统计的全球前五大集成电路材料企业是生产硅晶圆材料的集成电路企业。

(一)企业排名

根据企业的综合实力,全球前五大生产硅晶圆的集成电路设计企业排名见表5。

表5　全球前五大生产硅晶圆的集成电路设计企业排名

单位：%

公司名称	总部所在地	占比
信越	日　本	27
胜高	日　本	26
环球晶圆	中国台湾	17
世创 Siltronic	德　国	13
SK Silitron	韩　国	9
其他	—	8

（二）企业简介

1. 信越

日本信越公司主要从事化工业务，公司经营六个业务分部，以营业、开发、制造的三位一体独创性研究开发体制来密切配合客户需求，并进行各项开发研究。该公司主要从事聚氯乙烯·高分子材料、有机硅电子材料、精密功能材料、新功能材料和磁性材料的生产与研究。2017年公司总营业收入为135.398亿美元。

2. 胜高

日本胜高是一家高纯硅制造商，主要生产并销售用于半导体的各种硅晶片，包括用于制造存储器产品和微处理单元的抛光晶片、外延晶片和其他半导体材料。2017年公司营业收入为23.09亿美元。

3. 环球晶圆

环球晶圆股份有限公司于1981年成立于新竹科学工业园区，为中国台湾地区半导体产业最大的3寸至12寸专业晶圆材料供应商，拥有完整的晶圆生产线，由长晶、切磨、浸蚀、扩散、抛光、磊晶等制程，生产高附加价值的磊晶晶圆、抛光晶圆、浸蚀晶圆、超薄晶圆、深扩散晶圆等利基产品。在技术资讯提供、产品共同开发及售后服务品质方面，均深获客户之肯定。产品应用已跨越电源管理元件、车用功率元件、资讯通信元件、MEMS元件等领域。

4. 世创

德国世创电子材料是一家生产超纯硅晶片的生产商,其生产的晶片广泛应用于计算机、移动电话、数字视盘播放器和薄膜晶体管等领域,也可用于导航系统、安全气囊、计算机断层摄影系统、飞机控制系统和其他应用程序的组件。公司在欧洲、美国、亚洲和日本的均设有生产基地。

5. SK Silitron

SK Silitron 是韩国 SK 集团全资子公司,其制造和销售的半导体晶片广泛售往韩国乃至全球。该公司提供用于制造半导体器件的抛光晶圆,应用领域如 DRAM、闪存和 LCD 驱动器;生产的外延晶圆广泛应用于微处理器、图像传感器和电源设备;以及用于 LED 的蓝宝石晶圆。

B.22
2018年集成电路产业大事记

贾 丹*

1月

3日 大基金共向华虹注资18亿美元，以助力华虹无锡12英寸晶圆厂的建设。

16日 北京北方华创微电子装备有限公司收购美国Akrion系统公司。Akrion系统公司从事半导体湿法清洗技术领域，产品主要服务于集成电路芯片制造、硅晶圆材料制造等领域，产品服务于欧、美、亚等全球客户。

18日 矽品电子（福建）项目在福建省集成电路产业园举行开工仪式，该项目是晋江打造集成电路千亿产业集群的重点项目。

19日 紫光展锐旗下两家公司展讯通信和锐迪科微电子正式合并，以实现资源整合，人才激励，有效推动紫光集团实现"从芯到云"的战略实施。

22日 国家发展改革委举行了2018年首场定时定主题新闻发布会，宣布将在集成电路等领域组建若干国家产业创新中心。

25日 紫光成功发行18.5亿美元境外中资国有企业最大规模美元债券。

26日 台积电位于台南科学园区的5纳米晶圆厂奠基动工，预计2020年量产。

---

* 贾丹，国家工业信息安全发展研究中心（工业和信息化部电子第一研究所）工程师，研究方向为集成电路、半导体、电子信息等。

2月

6日 无锡市出台《关于进一步支持以物联网为龙头的新一代信息技术产业发展的若干意见》和《关于进一步支持集成电路产业发展的政策意见》,助力打造产业强市。

8日 韩国三星电子将举办华城新工厂动工典礼,正式开始建设厂房。新工厂被称为EUV产线或E产线,计划在2019年下半之后正式启用。

24日 美国分析公司Bernstein估计,比特大陆2017年利润超30亿美元,比肩英伟达。

27日 大基金增持通富微电,富士通中国持股由18.03%降至2%,大基金持股由15.70%升至21.72%。

3月

5日 国务院总理李克强在政府工作报告论述我国实体经济发展中,强调将推动集成电路产业发展放在实体经济发展的首位。

12日 中环股份与中科院微电子所等合作投建高端半导体产业园区,共同布局面向高端通信领域的5G通信、毫米波通信、太赫兹等方面的新兴化合物半导体产业。

13日 上市房地产公司中国金茂与芯恩集成公司签约,依托"中国芯片/科技产业新城"概念,将在高新技术领域密切合作,宣布进军芯片产业。

18日 宁夏银和半导体科技有限公司大尺寸半导体硅片项目在银川经济技术开发区开工。

21日 韩国三星晶圆代工产品种类新增物联网无线通信(RF)芯片及指纹辨识芯片,旨在扩大8英寸晶圆代工业务。

4月

7日 美国美光将在新加坡新建 NAND Flash 工厂，计划 2019 年年中完工，2019 年第四季度开始投产。

9日 由青岛市崂山区政府、中科院微电子所、曙光信息产业股份有限公司（简称中科曙光）三方共同合作的中科院青岛 EDA 中心正式落户崂山区。

9日 恒大集团与中国科学院在北京签署全面合作协议，将在未来十年投入 1000 亿元与中科院共同打造三大科研基地，标志恒大正式进军集成电路产业。

16日 厦门半导体投资集团与芯舟科技举行签约仪式，旨在共建高端封装载板研发、设计和制造基地。

20日 湖南国科微电子有限公司投资 100 亿元建常州集成电路生态产业园。

20日 阿里巴巴集团全资收购中国大陆唯一的自主嵌入式 CPU IP 核公司中天微系统有限公司。

25日 中国电科 38 所发布国产数字信号处理器"魂芯二号 A"，单核性能超过当前国际市场上同类芯片性能 4 倍。

27日 中国"大基金"二期完成募资约 190 亿美元。

30日 中国台湾地区封测厂商日月光完成并购矽品精密，进一步巩固日月光全球封测霸主地位。

5月

1日 ARM 中国合资公司已于 4 月底投入运营，并接管 ARM 在中国市场的业务。

2日 台积电南京厂正式量产 16 纳米芯片产品，首批出货给比特大陆。

3日 我国寒武纪公司发布首款 AI 云芯片,采用 7 纳米工艺。

3日 中芯国际与国家集成电路基金等成立基金,投资与半导体及半导体相关产业的公司,基金总额 16.16 亿元。

7日 昆山出台《昆山市半导体产业发展扶持政策意见(试行)》。

17日 紫光展锐发布首款支持人工智能应用的移动芯片平台——紫光展锐 SC9863。

18日 中芯集成电路制造(绍兴)项目举行开工奠基仪式,计划于 2019 年 3 月完成厂房结构封顶,2020 年 1 月正式投产。

18日 总投资额约 150 亿元的国内首个协同式集成电路制造(CIDM)项目——芯恩(青岛)集成电路项目正式开工。

19日 格力电器董事长董明珠表示格力将布局芯片领域,必须掌握核心技术。

21日 康佳宣布进军半导体领域,将重点在半导体设计、半导体制造、半导体设备、半导体材料等方面布局,重点产品方向是存储芯片、物联网器件、光电器件。

6月

1日 日本东芝存储器芯片业务正式出售给美国贝恩资本为首的企业联合体。

1日 日本汽车电子巨头瑞萨电子宣布将在未来 2~3 年内关闭旗下 100% 持股子公司 RSMC 所属的山口工厂以及滋贺工厂部分产线(硅产线)。

12日 国家发改委与中国建设银行共同发起设立国家级战略性新兴产业发展基金,基金目标规模约 3000 亿元。

23日 总投资 60 亿元的英诺赛科宽禁带半导体项目落户苏州吴江。2017 年底,英诺赛科在珠海成功建设完成了我国首条 8 英寸硅基氮化镓量产线,实现了历史性的突破,填补了我国在这一领域的空白。

26 日 合肥出台《合肥市加快推进软件产业和集成电路产业发展的若干政策》以支持集成电路产业发展。

29 日 中国台湾地区联华电子收购三重富士通，进军日本晶圆代工产业。

7月

14 日 南京将出台《关于打造集成电路产业地标的实施方案》，明确集成电路产业发展目标，到 2025 年，全市集成电路产业综合销售收入力争达到 1500 亿元，进入国内第一方阵。

17 日 杭州出台《杭州市进一步鼓励集成电路产业加快发展的专项政策》，打造集成电路设计创新之都。

18 日 华为麒麟 710 处理器首发，仍采用台积电 12 纳米工艺生产，而非原先传出的三星 10 纳米工艺。

18 日 全球最大的 FPGA 厂商美国赛灵思（Xilinx）宣布收购中国 AI 芯片领域的明星创业公司深鉴科技。

20 日 韩国政府称正在考虑支持设计及生产下一代存储芯片的大型项目，并计划在 2018 年下半年进行初步可行性研究。

23 日 高通宣布推出全球首款面向智能手机和其他移动终端的全集成 5G 新空口（5G NR）毫米波及 6GHz 以下射频模组。

26 日 紫光集团签署协议将以约 22 亿欧元（约合 26 亿美元）收购总部位于法国的智能芯片元件制造商 Linxens。

27 日 全球第二大内存芯片制造商韩国 SK 海力士计划在韩投资 31 亿美元建设新的半导体工厂。新工厂将于 2018 年底破土动工，计划于 2020 年 10 月完工。

28 日 北京双仪微电子科技有限公司拟投资 10 亿元在北京市亦庄经济技术开发区建造目前全国唯一具备规模化量产能力的首条砷化镓微波芯片产线，计划 2019 年初投产。

8月

2日 美国特斯拉公司自主研发的自动驾驶汽车 AI 芯片准备就绪，性能超过美国英伟达（Nvidia）等芯片厂商提供的产品。

3日 深圳坪山将推第三代半导体新政——《深圳市坪山区人民政府关于促进集成电路第三代半导体产业发展若干措施（征求意见稿）》。

6日 山东国惠投资有限公司与世界 500 强正威国际集团有限公司签署协议，将投资 150 亿元，重点发展半导体封装、深海装备制造等新兴产业。

7日 长江存储公开发布全球首创 Xtacking 三维闪存研发技术。该技术将为三维闪存提供更高的读写性能和更高的存储密度，同时缩短产品研发周期。

7日 浙江出台《关于推进 5G 网络规模试验和应用示范的指导意见》。

7日 芜湖市人民政府办公室印发了《芜湖市加快微电子产业发展政策规定（试行）》的通知。

8日 杭州嘉楠耘智正式发布全球首个 7 纳米区块链计算芯片量产芯片，由台积电代工，目前首批生产的 7 纳米芯片已完成交货。

9日 上海富瀚微电子股份有限公司推出国内首款百万像素以上的汽车级图像信号处理芯片 FH8310，已用于比亚迪新能源汽车。

23日 德国英飞凌科技推出新一代 1200V IGBT 产品 TRENCHSTOP IGBT6，为业界首款采用 12 寸晶圆生产的分立器件。

24日 中国工程院研发的全球首款商用级超宽带可见光通信专用芯片在首届中国国际智能产业博览会上正式发布。

28日 全球第二大晶圆代工厂格罗方德（GlobalFoundries）宣布，将无限期搁置 7 纳米投资计划并转移到更加专业的 14 纳米和 12 纳米 FinFET 节点的持续开发上。

9月

1日 华为推出新一代人工智能手机芯片——麒麟980，成为全球首款采用7纳米工艺的手机芯片，成功在指甲盖大小的尺寸上塞进69亿个晶体管，实现了性能与能效的全面提升。

3日 杭州中天微系统有限公司（已被阿里巴巴全资收购）发布全球首款支持物联网安全的RISC-V处理器。

13日 美国苹果公司发布最新款手机处理器芯片A12 Bionic，宣称是迄今业内最智能的7纳米手机芯片。

18日 武汉虹识技术有限公司推出全球首款虹膜生物识别ASIC芯片，对中国乃至全球虹膜生物识别行业和信息安全产业的发展具有里程碑式的重大意义。

19日 阿里巴巴宣布成立平头哥半导体有限公司，并将在2019年4月推出首款神经网络芯片。

28日 比亚迪在新车秦Pro上采用了BYD绝缘栅双极型晶体管（IGBT），这标志着比亚迪正式将自主研发IGBT技术列入核心竞争力。

29日 广州市黄埔区发布《黄埔区新一代信息技术产业发展实施细则》，重点扶持集成电路设计和封测业，最高奖励5000万元。

10月

1日 日本富士通向美国安森美公司出售8英寸厂股权，安森美持8英寸厂的60%股权。

10日 美国政府宣布对外国投资半导体、电信及国防等27项关键技术行业加强监管的新规定，外国投资者在美国投资工业时，须通知美国外国投资委员会。

10日 华为正式对外披露了其新一代的Arm服务器芯片Hi 1620。Hi

1620 的 48 核版本的 CPU 和英特尔 Skylake 8180 的 SPECint 性能相当，但在功耗方面比后者低 20%。

18 日　韩国三星宣布量产内建 EUV 技术 7 纳米工艺。

11月

4 日　天津市滨海新区信息技术创新中心对外发布了我国首款自主研发的 RapidIO 二代交换芯片——NRS1800，填补了我国在交换芯片领域空白。

5 日　美国苹果公司拟 2020 年推出首款 5G iPhone。

7 日　中星微最新 AI 视频处理器芯片"星光智能二号"摘得"世界互联网领先科技成果"，谱写中国芯人工智能发展篇章的又一重大里程碑事件。

7 日　美国超威半导体公司（AMD）正式发布全新一代 Radeon Instinct MI60、Radeon Instinct MI50，均基于 7 纳米工艺的升级版 Vega 架构核心，是全球首个 7 纳米 GPU。

13 日　成都出台《成都市支持集成电路设计业加快发展的若干政策》，这是成都首次针对集成电路设计业制定专项政策。

20 日　欧盟各国政府和欧洲议会的谈判代表对外国直接投资（FDI）立法草案达成共识。欧盟将限制"关键技术"投资领域如半导体、机器人和人工智慧等。

21 日　江苏华存发布国内首颗自研嵌入式 40 纳米工规级存储芯片 HC5001 及应用存储解决方案。

22 日　华为已与全球多个运营商签署了 22 份 5G 网络合同，将 5G 技术商业化。

12月

1 日　韩国三大运营商 SK、KT 与 LG U＋同步在韩国部分地区推出 5G

服务，这也是新一代移动通信服务在全球首次实现商用。

5日 英国《金融时报》报道，英国电信（British Telecom）将在未来两年内从其核心4G网络中彻底移除华为设备，以确保公司的手机业务符合内部政策。

6日 台积电总裁兼副董事长魏哲家透露，将在南科六厂旁边新建一座8英寸晶圆厂。预计该晶圆厂的投资金额将超过新台币500亿元（约合16.2亿美元）。

6日 上海市政府透露，中芯国际正在上海建设面向下一代高端通信和消费类电子产品的12英寸芯片生产线，计划投资逾100亿美元，建成后将成为国内技术最先进的芯片生产基地。

7日 格罗方德宣布其先进的硅锗（SiGe）产品9HP目前可用于其300毫米晶圆制造平台的原型设计，为业界首个300毫米硅锗晶圆工艺。

10日 高通公司声明，福州中级人民法院裁定苹果侵犯了高通的两项专利，并发布了禁止销售iPhone 6S－X的禁令。

12日 中国台湾地区晶圆代工大厂联电召开董事会，预计投资274.06亿元新台币（约合61亿元人民币），将用来扩充8和12英寸晶圆厂产能。

14日 通富微电表示，AMD发布的7纳米EPYC处理器是他们封装的，通富微电成为第一家封测7纳米处理器的公司。

19日 韩国政府计划在10年内投入120兆韩元（约人民币7384亿元）执行一项大型半导体制造集群计划，该项计划将由4家大型半导体制造商，以及大约50家的上下游零组件或设备生产厂商来合作执行。

21日 韩国SK Hynix正式开工建设第7座半导体工厂——M16厂，总投资不低于15万亿韩元（约133亿美元）。虽然还没确定最终生产NAND Flash还是DRAM，但是这座晶圆厂确定将会采用最先进的EUV光刻技术。

25日 广州市工业和信息化委印发《广州市加快发展集成电路产业的若干措施》。

27日 北斗三号基本系统完成建设，即日起提供全球服务。发布会上提到，截至2018年11月，北斗导航型芯片、模块等基础产品销量突破7000万片。此外，自主北斗芯片跨入28纳米工艺时代，我国卫星导航专利申请累计5.4万件，居全球第一。

Abstract

Integrated circuit is not only the foundation of electronic information industry, but also a strategic, basic and leading industry that supporting economic and social development and guaranteeing national security. It has gradually developed into an important symbol to measure the comprehensive competitiveness of a country or region. In 2014, China put vigorous efforts to develop the integrated circuit industry into the government work report for the first time. In 2018, the government work report ranked the integrated circuit industry first in the real economy. China's economy has changed from a high-speed growth stage to a high-quality development stage. Accelerating the construction of a modern information technology industry system with integrated circuits as the core has become an urgent need for national strategies such as building a strong network country and a strong manufacturing country.

Rapid economic growth provides a positive growth environment for the development of integrated circuit industry. According to the World Monetary Fund (IMF) forecast, global economy steadily improved and the global gross domestic product (GDP) keep growing in 2018, and the United States, China, Japan, South Korea and other countries occupied an important position in the global integrated circuit industry. Driven by many positive factors, such as economy, policy, the global integrated circuit industry was expected to maintain a high growth rate of 16% in 2018. At the same time, it should be noted that in 2018, the rise of global trade protectionism and trade frictions in many countries affected the global investment of integrated circuit enterprises and adversely affected the import and export of products, equipment and technology related to integrated circuits.

China's integrated circuit industry maintained rapid growth in 2018, and the market size remained the first in the world. At the same time, the demand for imported products was also growing. The output, quantity and amount of imported integrated circuits were higher than those of previous year. Under the urgent demand of the market for the high-quality development of integrated circuit industry, with the promotion and support of relevant national and local incentive policies, and driven by the National Investment Fund for Integrated Circuit Industry and the local industrial funds, the innovation capability of the integrated circuit industry in China has been continuously improved, the number of large-scale enterprises has continued to increase, and the strength of key enterprises has been greatly enhanced. From the perspective of industry chain, in 2018, China's integrated circuit industry chain developed in an all-round way, and the demand for manufacturing industry increased. Domestic enterprises were also expanding 8-inch and 12-inch wafer factories on a large scale. The scale of manufacturing industry is the largest in the world. The design industry also developed well, and its scale accounts for the largest proportion of the total scale of integrated circuit industry. Haisi and Ziguang, two leading enterprises, have entered the top ten of the world's design enterprises with sales of over 100 million design enterprises, with breakthroughs in key products; Packaging & testing industry is strongest in China, ranking among the top three in the world; Equipment and materials industry has a strong momentum of development, and the development of domestic equipment and materials ushers in good opportunities. But at the same time, there is still a huge gap between China and foreign countries in the fields of high-end integrated circuit design, advanced process manufacturing, high-end equipment, key materials and so on.

China Industrial Control Systems Syber Emergency Response Team (CICS-CERT) has been tracking and researching the global integrated circuit industry, providing strong information support services for the development of integrated circuit industry in China. *Annual Report on the Development of Integrated Circuit Industry (2018-2019)* includes the General Report, National and Regional Reports, Industry Reports, Policies and Measures, Parks, Special Topics and Appendices. It conducts in-depth research and analysis on the development of integrated circuit industry in 2018 from various perspectives, including the development of integrated circuit industry in the United States, Europe, Japan,

Abstract

Asia-Pacific region and China. The development of integrated circuit industry chains, such as designing, manufacturing, packaging and testing, equipment and materials industry. Relevant policies and measures, development experience of major global parks, development of major Chinese parks, etc. are also discussed in this paper. Hot issues such as artificial intelligence chips, three-dimensional stacking and military integrated circuits are also discussed.

The main data resource of *Annual Report on the Development of Integrated Circuit Industry (2018 – 2019)* is IC Insights, World Semiconductor Trade Statistics Association (WSTS), China Semiconductor Industry Association, authoritative research and consulting institutions at home and abroad, official website of enterprises and research and collation of network information. There may be some mistakes or omissions, for which we expect your criticism and correction.

Keywords: Integrated Circuit; Semiconductor; Regional Development; Key Technologies; Industrial Chain

Contents

I General Report

B. 1 Summary of the World Integrated Circuit Industry
Development　　　　　　　　　　　　　　　　　*Su Jiannan* / 001

Abstract: Integrated circuit is the foundation of the global electronic information industry and have gradually developed into an important indicator for measuring the comprehensive competitiveness of a country or region. In 2018, the global integrated circuit market expanded to 428 billion US dollars at a rate of 16%, and will continue to grow in the next few years; United States dominates the designing industry; The world's major pure wafer manufacturers gather in Asia-Pacific, China is the leader in packaging industry, the United States, Japan and Netherlands are strongest in the equipment industry, and Japan is the monopoly in material industry; Advanced technology is the driving force of the integrated circuit industry; The growth of integrated circuit products market slowed down in 2018; Automotive electronics will become the strongest driving force for the development of integrated circuits.

Keywords: Integrated Circuit; Market Size; Shipment; Average Selling Price

II National and Regional Reports

B. 2 Overview of the US Integrated Circuit Industry
Development in 2018　　　　　　　　　　　　*Feng Yuanyuan* / 031

Abstract: In 2018, the US integrated circuit industry maintained a relatively stable development trend. Although the market size is still significantly behind the Asia-Pacific region, it continues to grow. The US continues to lead the development of the integrated circuit industry, with a leading global output value. Among the top 10 global giants, US companies occupy six seats and contribute nearly half of the global market share. The US integrated circuit design capability is far ahead, and it has monopoly position in the world of high-end integrated circuit products. The outward migration of manufacturing capacity is the weakness of the US integrated circuit industry, and the US government is taking various measures to vigorously promote the return of manufacturing. In the future, driven by the demand of 5G, artificial intelligence, and national security, the US will accelerate innovation and change in the fields of integrated circuit advanced technology and security chip technology, and will continue to play an important role in promoting the development of the global integrated circuit industry.

Keywords: United States; Market Scale; Design Industry; Manufacturing

B. 3 Overview of the European Integrated Circuit Industry Development in 2018   *Feng Yuanyuan* / 048

Abstract: In 2018, the European integrated circuit industry maintained a relatively stable development trend in market share, and it still lages far behind the Asia-Pacific and the US. The overall strength is mainly led by the three giant companies: STMicroelectronics, NXP and Infineon. The equipment industry in the industry chain is unique. The lithography machine in Netherlands ranks first in the world, and the research and development of automotive semiconductors is the world's forefront. The European integrated circuit industry has integrated M&A activities frequently, which has weakened the overall competitiveness. Faced with the downturn in the development of the integrated circuit industry, the EU and the industry are vigorously calling for independent control and action to promote the strong alliance of all Europe, stepping up the pre-emptive layout of semiconductor technology in emerging fields such as artificial intelligence and smart cars, and jointly improving the competitiveness of European integrated circuit industry.

Keywords: Europe Market Scale; Lithography Machine; Automotive semiconductor

B.4 Overview of the Japanese Integrated Circuit Industry
　　　Development in 2018　　　　　　　　　　　　*Jia Dan* / 062

Abstract: Japan is a global powerhouse in the integrated circuit industry area, but in recent years, Japan's integrated circuit industry is shrinking in size. In 2018, Japan's integrated circuit market accounted for only 6.9% in the global integrated circuit market, which was almost the same as 2017. Japan's monopoly position in the field of semiconductor materials can not be shaken. In 2018, the market share of silicon wafer and masks are accounted for far more than 50% of the global total market; Japan's equipment supply capacity leads the world's top three in the integrated circuit equipment market, further more, among the world's top 10 equipment companies, Japan occupied 5 seats; In 2018, the main application market of Japanese integrated circuits were in the field of computers and communications, accounting for more than half of the total; Manufacturing capacity is still strong, and domestic market supply exceeds demand. As Japan's capital investment in the integrated circuit industry climbs year by year, the competitiveness of the integrated circuit industry cannot be underestimated.

Keywords: Japan; Semiconductor; Industry; Materials

B.5 Overview of the Integrated Circuit Industry Development
　　　of Asia-Pacific Region in 2018　　　　　　　　*Jia Dan* / 077

Abstract: The Asia-Pacific region is the world's largest integrated circuit market, with the world's largest demand for integrated circuits. In 2018, the total size of integrated circuits market of Asia-Pacific region accounts for 60% of the global market, leading the world; The world's major foundries gather in Asia-Pacific region, accounting for more than 70% of the global total foundries; In 2018, the main application market of integrated circuits in Asia-Pacific region were in the field of computers and communications, and the market for communication was the strongest in the world, with more than half of the global market. With the further increase in capital investment in the integrated circuit industry in China, Taiwan, and South Korea in recent years, the development of the integrated circuit industry in the Asia-Pacific region is promising.

Keywords: Asia-Pacific; Semiconductor Market; Industry

B.6 Overview of the Integrated Circuit Industry Development of China in 2018　　　　　　　　　　　　　*Su Jiannan* / 092

Abstract: In 2018, China's integrated circuit industry was booming, with the largest market in the world. The output of integrated circuits, The output, quantity and amount of imports of integrated circuits were higher than previous year. With the support of the National Integrated Circuit Industry Development Promotion Program and other related policies, and with the promotion of the first and second phases of the National Integrated Circuit Industry Fund, the industrial chain has developed in a coordinated way. The scale of the design industry accounts for the largest proportion of the total scale of the integrated circuit industry, leading enterprises enter the top ten in the world; With the large-scale expansion of 8-inch and 12-inch fabs, the growth scale of manufacturing industry ranked first in the world. In the future, driven by the demand of artificial intelligence, 5G and automotive electronics, the market space of China's integrated circuit industry will be further expanded.

Keywords: China; Design Industry; Manufacturing

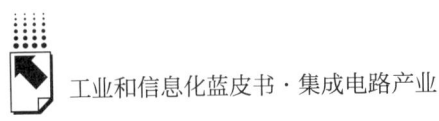

Ⅲ Industry Reports

B.7 Overview of the Development of Integrated Circuit
　　　Design Industry in the World　　　*Su Jiannan* / 112

Abstract: Integrated circuit design industry is located in the upstream of integrated circuit industry, which is the core foundation, with high technical barriers, needs to invest a large number of high-end talents, as well as long-term technical accumulation and experience precipitation. At present, the integrated circuit design industry is developing rapidly, with a scale of over 100 billion US dollars, accounting for more than a quarter of the total scale of the integrated circuit industry. The global integrated circuit design industry is highly monopolized by the US and occupies the largest market share. China and Taiwan are the most important participants in this industry cause they are advancing at a relatively fast pace. Europe, Japan and Korea occupy a small market share. At the same time, with Moore's Law moving towards the economic and physical limits, the design industry is also facing enormous challenges. The government and industry are exploring a variety of ways to continue to meet the needs of integrated circuit for lower power consumption, lower cost and higher performance. With the shrinkage of process size, the cost of research and development of integrated circuit design and the cost of streaming also increase exponentially. It is difficult for small and medium-sized enterprises to enter the field of high-end integrated circuit product design, strong companies in this industry will be stronger, and the trend will be more obvious.

Keywords: Design Industry; Process; Framework

B.8 Overview of the Development of Integrated Circuit
　　　Manufacturing Industry in the World　　　*Su Jiannan* / 123

Abstract: Integrated circuit manufacturing is the core component of integrated circuit industry chain, is the strategic, basic and leading industry of national economic and social development, is the important support of national security, and the most important part of Chinese industrial upgrading. At present, all countries in the world are actively expanding the scale of integrated circuit manufacturing industry, upgrading the technological level and seizing market share. The development of global integrated circuit manufacturing industry is in full swing. In the future, the investment of integrated circuit manufacturing industry will remain high, manufacturing enterprises will be stronger, wafer production capacity will continue to expand, and process level will continue to improve.

Keywords: Wafer; Foundry; Manufacture

B.9 Overview of the Development of Integrated Circuit Packaging and Testing Industry in the World

Jia Dan / 144

Abstract: As a traditional field in the semiconductor industry, the packaging and testing industry has evolved with the development of semiconductor technology. Nowadays, the purpose of integrated circuit packaging is not only to save space and protect internal structures, but has begun to transform into the need for improving the performance of the device. Choosing the right package method to improve performance has become more and more challenging. In the future, advanced packaging technology will dominate the integrated circuit packaging and testing market development direction, and integrated circuit packaging will move toward miniaturization and lightness. However, with the increasing complexity of integrated circuit design, advanced packaging faces more and more challenges.

Keywords: Packaging; Test; Industry; Market

B.10　Overview of the Development of Integrated Circuit
　　　　Equipment and Materials Industry in the World

Feng Yuanyuan, Fan Zengjie / 162

Abstract: Equipment and materials technology are the cornerstone of the development of integrated circuit industry. The development of technology relies on the equipment and materials. In 2018, the market scale of global integrated circuit equipment industry continued to increase steadily, South Korea continued to take the lead. China developed strongly, surpassing Taiwan for the first time with a market growth rate of up to 56%, and jumped to the second place in the world, followed by Taiwan and Japan. Global integrated circuit core equipment manufacturing technology is controlled by a few countries and enterprises such as the US, Japan, the Netherlands, and the trend of equipment supply monopoly is still increasing. The global integrated circuit materials market has increased slightly. Taiwan has won the crown for the ninth consecutive year. China continued to rank second, followed by Korea and Japan. Judging from the production of materials industry, Japanese enterprises have absolute advantages. As far as China's integrated circuit equipment industry is concerned, equipment and materials are relatively weak links in our country. With the advantages of national policies, high-end key equipment and materials have developed from scratch, which has formed a certain supporting capacity. In the future, there will also be good opportunities for the development of domestic equipment and materials.

Keywords: Equipment Industry; Materials Industry; Market Scale; Wafer Manufacturing

Ⅳ　Policies and Measures

B.11　Major Policies for the Development of Integrated
　　　　Circuit Industry in China

Jia Dan / 181

Abstract: In order to create a positive and healthy environment for the development of integrated circuit industry, improve the quality and level of industrial development, and promote the in-depth integration of informatization and industrialization, China has promulgated a number of policies for the development of integrated circuit industry since 2000, and local governments have also seized the important strategic opportunity, vigorously develop the integrated circuit industry, and provide relevant policies for the development of integrated circuit industry in line with local conditions. This topic has summarized the major integrated circuit industry policies that are still being implemented by the state and local governments.

Keywords: Macro environment; Industrial policy; Local policy

B.12 Overview of the National and Local Integrated Circuit Industry Fund in China　　　　*Su Jiannan, Feng Hua* / 196

Abstract: Since the establishment of the National Integrated Circuit Industry Investment Fund in September 2014, the first phase of the investment of the Big Fund has been completed, covering leading enterprises, potential enterprises and projects in the design, manufacture, packaging & test and equipment & materials areas, with remarkable results. At the same time, the big fund has also played a full role of leverage, not only to attract private capital into the integrated circuit industry, but also to promote local governments to set up more than 500 billion RMB of industrial funds, which has set off a boom in the development of China's integrated circuit industry.

Keywords: Big Fund; Local Industry; Fund

B.13 Analysis and Enlightenment of American Next Generation Military Semiconductor Technology Development
　　　　Feng Yuanyuan, Fan Zengjie and Zhang Jiexue / 204

Abstract: As Moore's Law is come to an end due to the technical and economic constraints, a large number of new technologies have emerged in semiconductor industry in three major areas: new devices, high density packaging and new computing paradigm. Faced with the turning point of the development of the semiconductor industry, the US Department of Defense jointly initiated a semiconductor development revolution that no longer relies on traditional "equal-scale shrinkage" in industry and academia to ensure that the US continues to lead in basic electronics. The Defense Advanced Research Projects Agency (DARPA) took advantage of organizational innovation, launched three major projects from the end of 2016 to August 2017: Joint University Microelectronics Project (JUMP), Electronics Resurgence Initiative (ERI) and Common Heterogenous Integration and Intellectual Property Reuse Strategies Program (CHIPS), pushing forward the next generation of semiconductor technology through JUMP and ERP projects, bringing about a revolutionary change in the entire electronic component development and production chain through the CHIPS project, and strive to open a new era of military semiconductor technology development.

Keywords: Next Generation Semiconductor; Joint University Microelectronics; Electronic Renaissance; Chip

V Parks

B.14 Development Experience of Integrated Circuit Industrial Parks in the US, Japan and Taiwan

Su Jiannan, Lang Yujie / 218

Abstract: The US, Japan and Taiwan have the world's leading integrated circuit industries, and the agglomeration and driving effects of industrial parks play a huge role in the process of industrial development. Silicon Valley in the US, Jiuzhou Silicon Island in Kyushu, and Hsinchu Science Industrial Park in Taiwan are all successful representatives of integrated circuit industrial parks. They have long history and rich development experience. They have played a great role in promoting the capability of integrated circuit industry, adjusting the industrial structure of countries and regions, and even promoting the overall improvement of industrial competitiveness.

Keywords: Silicon Valley; Jiuzhou Silicon Island; Hsinchu Science Industrial Park

VI Featured Topics

B. 15 Analysis and Enlightenment of Global 200 mm Wafer Manufacturing Capacity *Feng Yuanyuan, Lang Yujie / 232*

Abstract: 200mm wafer has been playing an important role in the field of power electronics, discrete devices, micro-electromechanical systems and other chip manufacturing area. With the rapid development of the Internet of Things, 5G, mobile interconnection, automotive electronics and other fields, 200 mm wafers show great prospects due to their more cost advantages, and their demand exceeds the supply capacity. Chip manufacturers and equipment manufacturers are trying to increase their production capacity and new thinking about their development direction.

Keywords: 200 mm Wafer; Internet of Things ; Chip Manufacturing

B. 16 American Military Integrated Circuit Manufacturing Capacity Construction and Enlightenment
Feng Yuanyuan, Lang Yujie and Su Jiannan / 241

Abstract: The United States has been taking protective measures for integrated circuits used in key defense systems. Its military integrated circuit manufacturing capability mainly relies on the "Trusted foundry" project, and retains all the elements of its industrial chain in the country. The Ministry of National Defense designates the National Defense Microelectronics Center to carry out credible certification activities every year, and to manage all trusted OEM lines in three categories. The construction effect is remarkable, which ensures that advanced technology is "credible" and old technology is "available". However, due to the unique source of advanced manufacturing capability for military integrated circuits, the U. S. Department of Defense is constantly developing new ways to deal with the crisis, so the "Trusted foundry" project is constantly changing, and will be paid more and more attention by the Department of Defense.

Keywords: Military Integrated Circuits; Trusted Foundry; Trusted Authentication; Advanced Manufacturing

B.17 Development and Trend of AI Chips

Zhang Jiexue, Feng Yuanyuan / 252

Abstract: At present, artificial intelligence (AI) has become the biggest development hotspot in electronic information industry, and 2018 was called the year of Cambrian explosion of AI. As an important cornerstone of AI applications, AI chips attract all kinds of global chip giants and Internet companies to actively enter the field of AI chips. At present, AI is in the primary stage of development. In the future, there will be a huge space for development in materials, architecture, design concepts and application scenarios, which will bring great opportunities for the development of AI chips, but also bring many challenges.

Keywords: AI Chip; Image Processor; FPGA; ASIC

B.18 Development Status and Trend of Three-dimensional Silicon Through-hole Stacked Packaging Technology

Jia Dan, Zhang Jiexue / 264

Abstract: As the Moore's Law is about to fail, the functional density of the chip has reached the limit of two-dimensional packaging technology. Three-dimensional stacked packaging has become one of the important ways to maintain the rapid development of the semiconductor industry. Three-dimensional packaging can further enhance the transistor density, reduce size, shorten the connection, reduce power consumption, improve high-frequency performance, etc. The three-dimensional stacking packaging of connecting technology is the ultimate development direction of stacking packaging. The first device to realize three-dimensional stacked applications is memory. In the future, high, middle and low-end applications will be developed synchronously. The number of vertical integrators, packaging and testing factories, manufacturing factories and other enterprises will be further increased, and the industrial system will be gradually improved.

Keywords: Three-dimensional Package; Stacked Package; Silicon Through-hole; Wafer Level Package

B.19 Development Status of Radiation-Resistant Integrated Circuits for Space Applications *Su Jiannan / 276*

Abstract: Integrated circuits for space flight systems should not only deal with extremely harsh temperature, vibration and other environments, but also deal with ubiquitous cosmic radiation, which requires high anti-radiation performance of integrated circuits. Radiation-resistant integrated circuits are the key core electronic components of space flight systems. They are regarded as important strategic resources by foreign countries, and export control is strictly controlled. At present, the level of anti-radiation integrated circuits in our country lags far behind that in the United States, Europe and other countries and regions, and we need to make greater efforts to break through this bottleneck.

Keywords: Radiation-resistant; FPGA; CPU; DSP; Memory

B.20 Current Status and Trends of GaN Device Technology
and Applications *Feng Yuanyuan, Zhang Jiexue* / 294

Abstract: Gallium nitride (GaN) material is a kind of wide bandgap material, suitable for manufacturing high frequency, high power, high temperature resistant, radiation resistant semiconductor microelectronic devices, etc. It has great application prospects in both military and civilian fields. After continuous promotion in the United States and other countries since the 21st century, GaN devices and process technologies have matured rapidly, and a large number of products have been launched, and have been used in many weapons under research. GaN devices have balanced performance, energy efficiency, size, reliability, and cost, and have replaced the market for mature GaAs and silicon laterally diffused metal oxide semiconductors (LDMOS).

Keywords: Gallium Nitride; Power Device; Radiation Resistance

Ⅶ Appendices

B.21 Ranking of Global Important Integrated Circuit
Companies *Jia Dan* / 306

B.22 Chronicle Events in the Integrated Circuit Industry in 2018
Jia Dan / 321

社会科学文献出版社　　皮书系列

❖ 皮书起源 ❖

"皮书"起源于十七、十八世纪的英国，主要指官方或社会组织正式发表的重要文件或报告，多以"白皮书"命名。在中国，"皮书"这一概念被社会广泛接受，并被成功运作、发展成为一种全新的出版形态，则源于中国社会科学院社会科学文献出版社。

❖ 皮书定义 ❖

皮书是对中国与世界发展状况和热点问题进行年度监测，以专业的角度、专家的视野和实证研究方法，针对某一领域或区域现状与发展态势展开分析和预测，具备原创性、实证性、专业性、连续性、前沿性、时效性等特点的公开出版物，由一系列权威研究报告组成。

❖ 皮书作者 ❖

皮书系列的作者以中国社会科学院、著名高校、地方社会科学院的研究人员为主，多为国内一流研究机构的权威专家学者，他们的看法和观点代表了学界对中国与世界的现实和未来最高水平的解读与分析。

❖ 皮书荣誉 ❖

皮书系列已成为社会科学文献出版社的著名图书品牌和中国社会科学院的知名学术品牌。2016年，皮书系列正式列入"十三五"国家重点出版规划项目；2013~2019年，重点皮书列入中国社会科学院承担的国家哲学社会科学创新工程项目；2019年，64种院外皮书使用"中国社会科学院创新工程学术出版项目"标识。

中国皮书网

（网址：www.pishu.cn）

发布皮书研创资讯，传播皮书精彩内容
引领皮书出版潮流，打造皮书服务平台

栏目设置

关于皮书：何谓皮书、皮书分类、皮书大事记、皮书荣誉、
皮书出版第一人、皮书编辑部

最新资讯：通知公告、新闻动态、媒体聚焦、网站专题、视频直播、下载专区

皮书研创：皮书规范、皮书选题、皮书出版、皮书研究、研创团队

皮书评奖评价：指标体系、皮书评价、皮书评奖

互动专区：皮书说、社科数托邦、皮书微博、留言板

所获荣誉

2008年、2011年，中国皮书网均在全国新闻出版业网站荣誉评选中获得"最具商业价值网站"称号；

2012年，获得"出版业网站百强"称号。

网库合一

2014年，中国皮书网与皮书数据库端口合一，实现资源共享。

权威报告·一手数据·特色资源

皮书数据库
ANNUAL REPORT(YEARBOOK) DATABASE

当代中国经济与社会发展高端智库平台

所获荣誉

- 2016年，入选"'十三五'国家重点电子出版物出版规划骨干工程"
- 2015年，荣获"搜索中国正能量 点赞2015""创新中国科技创新奖"
- 2013年，荣获"中国出版政府奖·网络出版物奖"提名奖
- 连续多年荣获中国数字出版博览会"数字出版·优秀品牌"奖

成为会员

通过网址www.pishu.com.cn访问皮书数据库网站或下载皮书数据库APP，进行手机号码验证或邮箱验证即可成为皮书数据库会员。

会员福利

- 已注册用户购书后可免费获赠100元皮书数据库充值卡。刮开充值卡涂层获取充值密码，登录并进入"会员中心"—"在线充值"—"充值卡充值"，充值成功即可购买和查看数据库内容。
- 会员福利最终解释权归社会科学文献出版社所有。

数据库服务热线：400-008-6695
数据库服务QQ：2475522410
数据库服务邮箱：database@ssap.cn
图书销售热线：010-59367070/7028
图书服务QQ：1265056568
图书服务邮箱：duzhe@ssap.cn

社会科学文献出版社 皮书系列
SOCIAL SCIENCES ACADEMIC PRESS (CHINA)
卡号：512621961844
密码：

基本子库
SUB DATABASE

中国社会发展数据库（下设 12 个子库）

全面整合国内外中国社会发展研究成果，汇聚独家统计数据、深度分析报告，涉及社会、人口、政治、教育、法律等 12 个领域，为了解中国社会发展动态、跟踪社会核心热点、分析社会发展趋势提供一站式资源搜索和数据分析与挖掘服务。

中国经济发展数据库（下设 12 个子库）

基于"皮书系列"中涉及中国经济发展的研究资料构建，内容涵盖宏观经济、农业经济、工业经济、产业经济等 12 个重点经济领域，为实时掌控经济运行态势、把握经济发展规律、洞察经济形势、进行经济决策提供参考和依据。

中国行业发展数据库（下设 17 个子库）

以中国国民经济行业分类为依据，覆盖金融业、旅游、医疗卫生、交通运输、能源矿产等 100 多个行业，跟踪分析国民经济相关行业市场运行状况和政策导向，汇集行业发展前沿资讯，为投资、从业及各种经济决策提供理论基础和实践指导。

中国区域发展数据库（下设 6 个子库）

对中国特定区域内的经济、社会、文化等领域现状与发展情况进行深度分析和预测，研究层级至县及县以下行政区，涉及地区、区域经济体、城市、农村等不同维度。为地方经济社会宏观态势研究、发展经验研究、案例分析提供数据服务。

中国文化传媒数据库（下设 18 个子库）

汇聚文化传媒领域专家观点、热点资讯，梳理国内外中国文化发展相关学术研究成果、一手统计数据，涵盖文化产业、新闻传播、电影娱乐、文学艺术、群众文化等 18 个重点研究领域。为文化传媒研究提供相关数据、研究报告和综合分析服务。

世界经济与国际关系数据库（下设 6 个子库）

立足"皮书系列"世界经济、国际关系相关学术资源，整合世界经济、国际政治、世界文化与科技、全球性问题、国际组织与国际法、区域研究 6 大领域研究成果，为世界经济与国际关系研究提供全方位数据分析，为决策和形势研判提供参考。

法律声明

"皮书系列"(含蓝皮书、绿皮书、黄皮书)之品牌由社会科学文献出版社最早使用并持续至今,现已被中国图书市场所熟知。"皮书系列"的相关商标已在中华人民共和国国家工商行政管理总局商标局注册,如LOGO( )、皮书、Pishu、经济蓝皮书、社会蓝皮书等。"皮书系列"图书的注册商标专用权及封面设计、版式设计的著作权均为社会科学文献出版社所有。未经社会科学文献出版社书面授权许可,任何使用与"皮书系列"图书注册商标、封面设计、版式设计相同或者近似的文字、图形或其组合的行为均系侵权行为。

经作者授权,本书的专有出版权及信息网络传播权等为社会科学文献出版社享有。未经社会科学文献出版社书面授权许可,任何就本书内容的复制、发行或以数字形式进行网络传播的行为均系侵权行为。

社会科学文献出版社将通过法律途径追究上述侵权行为的法律责任,维护自身合法权益。

欢迎社会各界人士对侵犯社会科学文献出版社上述权利的侵权行为进行举报。电话:010-59367121,电子邮箱:fawubu@ssap.cn。

社会科学文献出版社